临近隧道爆破施工振动控制技术

梁庆国　李德武　朱　宇　谢飞鸿　著

本书的出版得到以下项目资助：
国家自然科学基金(41262010)
甘肃省科技计划(1310RJZA041)
甘肃省基础研究创新群体(145RJIA332)
长江学者和创新团队发展计划(IRT1139)

科学出版社

北　京

内 容 简 介

　　本书结合南疆铁路增建二线新库鲁塔格隧道的工程实践,阐述临近铁路隧道爆破施工的相关技术问题,包括依托工程新库鲁塔格隧道工程地质条件与围岩分类、临近隧道爆破施工监控、临近隧道爆破动力有限元数值模拟、爆破振动控制措施等内容。

　　本书反映临近隧道爆破施工技术科学研究与工程应用方面的最新水平,适合于学习、研究和应用临近隧道爆破施工技术的科研人员,也可供隧道与地下工程、岩土工程、地质工程等专业的高年级本科生和研究生阅读参考。

图书在版编目(CIP)数据

临近隧道爆破施工振动控制技术/梁庆国等著. —北京:科学出版社,2015.5

　　ISBN 978-7-03-044299-4

　　Ⅰ.①临… Ⅱ.①梁… Ⅲ.①隧道施工-爆破施工-振动控制-研究 Ⅳ.①U455.6

中国版本图书馆 CIP 数据核字(2015)第 100654 号

责任编辑:张艳芬 / 责任校对:鲁　素
责任印制:张　倩 / 封面设计:陈　敬

科 学 出 版 社 出版
北京东黄城根北街 16 号
邮政编码:100717
http://www.sciencep.com

三河市骏走印刷有限公司印刷
科学出版社发行　各地新华书店经销
*
2015 年 5 月第　一　版　开本:720×1000　1/16
2015 年 5 月第一次印刷　印张:15 1/4
字数:294 000

定价:88.00 元
(如有印装质量问题,我社负责调换)

前　　言

　　近年来,我国交通工程建设蓬勃发展,在众多高速铁路、高速公路、既有铁路增减二线等重大基础设施建设过程中,隧道工程的长度、埋深、规模、断面大小、施工难度等方面都在不断地刷新纪录。为了提高功效、节约成本特别是土地资源,充分利用既有工程建设的地勘成果和施工经验,通常会出现临近隧道施工的情况。钻爆法是目前山岭岩石隧道中常用的施工方法,大量与临近隧道爆破施工振动控制有关的学术论文已发表。本书则是结合依托工程南疆铁路增减二线工程新库鲁塔格隧道的工程实践,运用多种试验、测试、数值模拟、理论分析等方法,克服在既有高密度列车运行条件下的种种困难,通过现场监测获取宝贵的爆破施工振动监测数据,解决在临近隧道爆破施工过程中采用全断面法进行爆破掘进的关键技术问题。希望本书的出版能给类似的科学研究和临近隧道爆破施工振动控制工程实践提供有益的参考。

　　本书从研究依托工程新库鲁塔格隧道的工程地质条件入手,集室内外试验研究、现场测试、数理统计和回归分析、数值模拟、工程应用与检验等多种手段为一体,以确定既有隧道爆破振动控制阈值和降低爆破振动的措施与技术参数为重点,综合研究临近铁路隧道全断面爆破施工的关键技术问题,成果应用效果良好。

　　本书的研究成果已经成功地应用于南疆铁路复线工程的建设,不仅确保了新库鲁塔格隧道既有隧道衬砌安全和新建隧道按时顺利的完工,而且填补了国内临近铁路隧道全断面爆破施工技术的空白,为在类似地质和工程条件下的铁路工程爆破施工积累了大量宝贵的数据和工程经验,有助于丰富隧道力学和工程的研究内容,提高我国隧道工程钻爆法控制爆破施工的技术水平,具有较为广阔的推广应用水平。其中的主要创新点如下:

　　(1)基于对爆破速度和动应变实测数据的分析,根据分段起爆的炸药量和荷载作用的当量距离模拟分段三角形应力波组成的爆破振动荷载,将模拟的爆破振动荷载用于临近隧道爆破振动对既有隧道的动力响应数值模拟分析,得到新建隧道爆破振动引起的既有隧道衬砌速度时程曲线,与现场实测的速度时程曲线相比,无论从形状还是幅值方面都有较好的相似性,表明数值模拟的方法和结果是合理可行的。

　　(2)将动应变测试应用于既有隧道衬砌表面动力响应的研究,结合爆破速度测试的成果和数值模拟的成果,掌握既有隧道爆破振动的特点和稳定状态。充分利用岩体动力学的研究成果,结合岩体和既有隧道混凝土的静力学试验以及爆破振动的频谱特点,确定围岩和既有隧道衬砌的动力学计算力学参数,计算和实测结果较为一致,表明参数选取的合理性。现场实测和数值分析方面都得到较为一致的动应变与爆破速度的线性相关关系,提出了相应的阈值分级标准和对策建议。

(3)根据隧道爆破测试资料的综合分析,对全断面爆破施工开挖引起的临近隧道振动特征进行综合研究,提出具有针对性的降低爆破振动效应的工程措施,即控制毫秒微差爆破的前三段药量及炮眼布置,通过调整炮眼布置形式、段装药量及掏槽形式等方法来减少最大段装药量和降低爆破的夹制作用,采用两部二级掏槽方式,加大拉槽长度,减少掏槽段的单段起爆药量,可以达到降低最大爆破振动速度的目的。

(4)取消原设计中对既有隧道的加固处理方案,利用理论研究的成果确定合理的爆破速度阈值和降低爆破振动的措施,为既有线路的正常运营节约较为可观的时间和经济成本;在既有隧道安然无恙的前提下,新建隧道提前70余天顺利完工,为后续工程的建设提供宝贵时间,取得较为显著的经济效益和社会效益。

本书的撰写分工如下:第1章~第3章由兰州交通大学梁庆国教授撰写;第4章、附录A、附录B和附录C由兰州交通大学李德武教授和中铁二十一局朱宇高级工程师撰写;第5章由成都大学谢飞鸿教授撰写。

在本项研究的现场测试和室内外试验、数据处理与资料收集整理过程中,兰州交通大学的丁明波、李志安高级工程师、田世雄硕士、王众硕士、张铎硕士、张程红硕士、刘璐硕士、赵涛硕士、蒲建军硕士、张钦鹏硕士,中铁二十一局的唐述林教授级高级工程师、穆生武工程师、刘志龙工程师、石小清女士等提供了很多的帮助,中国水电顾问集团西北勘测设计研究院岩土试验研究中心协助完成围岩和混凝土试样的物理力学性质试验,在此表示衷心的感谢。

书中引用了部分国内外已有专著、文章、规范等的成果,在此向作者及相关人士表示感谢;特别感谢中铁二十一局集团有限公司科技处、第一工程公司等单位对本书内容所涉及研究项目的支持和协助。

限于作者水平,书中难免存在疏漏之处,敬请读者批评指正。

作　者
2015 年 1 月于兰州交通大学

目　　录

• iv •　　　　　　　　　　临近隧道爆破施工振动控制技术

　　　3.2.3　不同围岩级别的爆破速度统计规律 ················· 88
　　　3.2.4　测试成果及分析 ······································ 90
　3.3　爆破振动速度预测方法研究 ································· 91
　　　3.3.1　数据样本和计算方法 ······························· 91
　　　3.3.2　计算结果及分析 ······································ 94
　　　3.3.3　讨论 ··· 100
　　　3.3.4　小结 ··· 101
　参考文献 ··· 102
第4章　爆破振动弹塑性动力有限元动力分析 ············· 105
　4.1　分析理论和计算方法 ······································ 105
　4.2　二维有限元数值模拟 ······································ 108
　　　4.2.1　数值模型与计算参数 ······························ 108
　　　4.2.2　有限元体系的振型分析 ···························· 110
　　　4.2.3　新建隧道爆破振动荷载分析 ······················ 111
　　　4.2.4　计算结果及分析 ····································· 115
　4.3　Ⅲ级围岩爆破振动三维弹塑性有限元数值模拟分析 ····· 140
　　　4.3.1　模型的建立 ··· 140
　　　4.3.2　衬砌表面振动速度 ··································· 141
　　　4.3.3　衬砌振动位移 ······································· 145
　　　4.3.4　衬砌振动应力 ······································· 146
　　　4.3.5　衬砌振动速度阈值 ··································· 149
　4.4　小结 ··· 149
　参考文献 ··· 150
第5章　降低爆破振动的工程措施 ························· 151
　5.1　爆破振动速度阈值研究 ···································· 151
　　　5.1.1　同类工程爆破振动速度阈值的确定 ··············· 151
　　　5.1.2　关于爆破振动阈值速度的不同判别标准 ··········· 155
　　　5.1.3　由爆破振动所产生的最大应力确定允许振动速度阈值 ······· 158
　5.2　影响爆破振动速度的因素和控制方法 ·················· 161
　　　5.2.1　确定爆破振动速度的衰减方程 ··················· 161
　　　5.2.2　围岩级别对爆破振动速度的影响 ················· 162
　　　5.2.3　既有隧道结构形式对爆破振动速度的影响 ········· 163
　　　5.2.4　相邻两隧道间净距对爆破振动速度的影响 ········· 163
　　　5.2.5　开挖爆破形式对爆破振动速度的影响 ············· 163
　　　5.2.6　影响既有隧道振动速度的关键性因素分析和控制方法 ······· 166

第1章 绪 论

1.1 引 言

随着我国国民经济的发展,越来越多的单线铁路增建为复线,由于受到地形地质条件、环境保护和节约土地等方面的制约或限制,往往不得不将新建隧道与既有隧道之间的距离设计得很小,因此,在新建隧道施工过程中,既有隧道结构时常遭到破坏,从而危及行车安全。对于我国大多数山岭隧道而言,钻爆法施工占有较大的比重。在新建隧道施工时,爆破施工对既有隧道结构安全的影响主要表现在两个方面,即爆破振动影响和开挖引起围岩应力重分布影响。而对于中硬岩以上围岩隧道,爆破振动影响较大,如日本的荻津公路隧道、磁浮试验线上初狩隧道以及意大利的 Locoo Colio 公路隧道;而国内的西康线响水沟隧道、湘黔铁路增建II线坪口隧道、流潭隧道等,也因隧道间距较小,出现过既有隧道衬砌开裂、剥落等危及行车安全等现象[1]。因而,有关邻近隧道爆破施工或小间距爆破隧道施工对既有隧道安全性影响的研究,成为具有重要理论和现实意义的课题,近年来取得了较为丰硕的研究成果[2~6]。

目前国内在临近公路隧道爆破施工方面的理论研究和工程实践较多,而铁路隧道方面则较少,从目前相关文献报道来看,仅有少数几例,如株六铁路复线关寨1#隧道、湘渝二线蛇皮沟隧道等,并且爆破施工多采用分部开挖法,以减小单段或总药量,从而达到降低爆破速度的目的[7~11]。对临近隧道采用全断面爆破方法进行施工的尚不多见。众所周知,铁路隧道的稳定性、重要性和安全性等级,相比于公路隧道要高出很多,并且铁路隧道一般都是整条线路的控制性工程,基本没有可调节或备用的辅助方式,某个隧道因施工或其他因素导致的停运或中断,意味着整条线路的中断,与公路隧道相比所带来的经济损失和社会影响要大得多。特别是本项研究中的库鲁塔格隧道,是南疆铁路的控制性工程,因其特殊的地理位置和在南疆经济社会发展中的重要作用,而具有更为举足轻重的意义。

在建的新疆吐库铁路复线的控制性工程之一——新库鲁塔格隧道,与既有线路隧道平行设置,两隧道的中心距为22m,两边墙直线距离为15m。既有线路隧道修建于20世纪70年代末,施工技术和水平有限,加之经过近30多年的运营,新线隧道爆破施工对旧隧道的强度和整体稳定性的影响如何?我国颁布的国家标准《爆破安全规程》(GB 6722－2003)规定："交通隧道安全振动速度控制标准为10～20cm/s"[21]，而业主和设计单位要求，既有隧道衬砌表面的爆破振动速度上限为7cm/s，受此要求的限制，施工进度较为缓慢。那么，此界限值可否超越？能超越至多大，或者说是否还有振动速度的安全富余？在保证既有隧道安全的前提下，应如何优化施工参数和工艺等来加快新建隧道的施工进度，提高施工质量与安全性？这些问题不仅具有重要的理论意义，而且具有显著的经济效益和社会效益。

1.2　国内外研究现状

新建隧道爆破开挖施工对既有隧道结构安全性的影响是涉及岩石动力学、爆炸力学、工程地质和隧道工程等方面的复杂课题，近年来进行了较多的研究。已有的研究成果可大致分为岩体动力学特性[22~48]、爆破作用分析和数值模拟[12,19,20,49~66]、隧道爆破振动测试[13,14,59,67~85]，以及隧道爆破开挖减震技术[13,72,80,83,84,86,87]等方面，已获得了许多有价值的结论和经验方法。

1.2.1　岩体动力学特性

在爆炸或地震动力作用下，岩石的力学响应表现出比静力荷载作用时更为复杂的特性[22]。国内外对岩石动力学特性的实验研究主要有两大类型：一种是以疲劳荷载为主，主要应用于地震荷载或机械疲劳振动，如席道瑛等对南京大理岩[23]、葛修润院士等对砂岩等进行的循环荷载或疲劳荷载作用下的实验研究等[24]；另一种则是针对爆炸荷载或冲击型荷载的，如利用 Hopkinson 杆对岩石动力变形或强度特性的研究[25~27]、对花岗岩[28]、软岩[29]、岩体节理[30]动力学特性的研究等。在实验研究的基础上，杨仁华等[31]、李夕兵等[32]、杨春和[33]、东兆星等[34]、戚承志[35]等从理论上探讨了动力荷载作用下岩石力学特性的应变率效应及其机理。总的来说，关于岩体动力学特性的研究主要集中在动荷载的应变率效应对变形特性和强度特性的影响方面，具体而言就是动弹性模量[36~39]、动泊松比[40]、动抗拉强度、抗压强度及动抗剪切强度[28,41]。

耿乃光[38]应用高频脉冲法测量了弹性波在岩石样品中的传播速度，从而得到了岩石的动态杨氏模量 E_d，用单轴压缩试验测出的岩石应力应变曲线及切线法得到岩石静态杨氏模量 E_s，10 种岩石样品测量得到的 E_d 变化范围为 35.2～127GPa，E_s 的变化范围为 27.1～110GPa。对比结果表明：E_d/E_s 的变化范围为 1.15～1.30；对于辉长岩、辉绿岩和玄武岩等硬岩，E_d/E_s 的变化范围为 1.15～1.20；对于片麻岩、砂岩等软岩，E_d/E_s 的变化范围为 1.15～1.30；花岗岩的值界于硬岩和软岩之间，为 1.22。就岩体的动弹性模量(E_d)和静弹性模量(E_s)之间的

关系,按文献[38]实测的数据计算,有如下关系式:

$$E_d = 0.5686 E_s^{1.086}, \quad R^2 = 0.999 \tag{1.1}$$

式中,E_d 为岩石的动态杨氏模量,GPa;E_s 为岩石的静态杨氏模量,GPa;R 为相关系数。

王思敬等[36]根据我国若干工程 20 多组试验结果(地震法测得动弹性模量、千斤顶法测得静弹性模量),拟合出如下动弹性模量(E_d)和静弹性模量(E_s)的经验关系:

$$E_d = 2.9048 E_s^{0.7692} \qquad (E_s = 0.25 E_d^{1.3}) \tag{1.2}$$

$$E_d = 8.7577 E_s^{0.5882} \qquad (E_s = 0.025 E_d^{1.7}) \tag{1.3}$$

$$E_d = 20 E_s^{0.5} \qquad (E_s = 0.0025 E_d^{2.0}) \tag{1.4}$$

式中,括号内为原文公式,符号意义同上。其中,式(1.2)适合于岩石或完整岩体;式(1.3)适合于大部分岩体和破碎岩体;而对松散、破碎而有充水的岩体,式(1.4)也适用。这要根据现场的具体情况而使用。

沈明荣[39]等认为,岩体动弹性模量比静弹性模量高百分之几甚至 10 倍,一般岩体越完整,两者的差值越小,否则,两者的差值就越大。绝大多数(95%以上)岩体的动弹性模量 E_d 与静弹性模量 E_s 的比值在 1~20 倍,而 85%以上在 1~10 倍。从动弹性模量的数值来看,大多集中在 15~50GPa。动弹性模量 E_d 与静弹性模量 E_s 之间具有如下关系:

$$E_s = j E_d \tag{1.5}$$

或

$$E_d = \frac{E_s}{j} \tag{1.6}$$

式中,j 为折减系数,可按表 1-1 选取。

表 1-1　折减系数 j 与岩体完整性指数 K_v 的关系

岩体完整性指数 K_v	1.0~0.9	0.9~0.8	0.8~0.7	0.7~0.65	<0.65
折减系数 j	1.0~0.75	0.75~0.45	0.45~25	0.25~0.20	0.20~0.10

注:$K_v = \dfrac{V_{pm}^2}{V_{pr}^2}$,其中,$V_{pm}$ 为岩体纵波速度,m/s;V_{pr} 为完整岩块的纵波波速,m/s。

对于岩体在动力荷载作用下的泊松比,文献[39]认为"动泊松比与静泊松比很接近,故在一般计算中可直接取静泊松比代替动泊松比"。杨桂桐[40]给出了表 1-2 所示的常见岩石的建议参数,其中的动态泊松比则比静态泊松比小。

表 1-2　部分岩石力学性质指标

岩石种类	$E/(\times 10^4 \text{MPa})$		$G/(\times 10^4 \text{MPa})$		μ	
	动态	静态	动态	静态	动态	静态
石英岩	8.75	6.62	4.04	2.89	0.083	0.17
砾岩	7.80	7.10	3.81	3.10	0.024	0.13
页岩	8.72	6.75	3.70	2.69	0.180	0.27
砂岩	2.62	2.55	1.16	0.96	0.133	0.28
砾岩	8.60	7.45	3.71	3.17	0.156	0.19

戴俊[22]引述已有文献资料认为,在工程爆破的加载频率范围内可取

$$\mu_d = 0.8\mu_s \tag{1.7}$$

式中,μ_d 和 μ_s 分别为岩体的动泊松比和静泊松比。

就岩石动强度,一般认为,岩石的抗动荷载强度比抗静荷载强度高,一般高出 5~10 倍,其中坚硬岩石抗动荷载强度比抗静荷载强度高 5 倍以上,软岩可高出 10 倍[40]。文献[42]也认为,在冲击荷载作用下,岩石的强度也将提高 5~10 倍。动强度大于静强度的结论主要是在单轴压缩或拉伸试验资料的基础上得出的[43],而在有围压条件下强度的变化情况,限于试验条件的限制,成果较少。李海波等[28]采用岩石高压动三轴实验系统,对花岗岩在围压 0~170MPa 范围内进行试验,应变速率为 $10^{-4} \sim 10^0 \text{s}^{-1}$ 范围内的试验研究结果表明:花岗岩在动态压缩下的破坏模式与静态压缩下基本相同,而强度的增量约为 15%,但是弹性模量和泊松比随应变速率增加没有明显的变化,且结果比较发散。

由于实际中岩石性质具有典型的非均匀性和各向异性,岩体又是被各种结构面所切割,因此岩体中的各种节理和裂隙的产状、长度和充填特征等对爆炸应力波的传播具有重要影响,是影响爆破效果和爆炸地震波传播的重要因素。朱瑞庚[41]等综合各种岩石的动强度试验资料,按如下方法给出了岩体的动强度与静强度的关系。

岩石的动强度计算公式为

$$\sigma_p = \sigma_{p0}[1 + 0.12\lg V_H] = \overline{K_D}\sigma_{p0} \tag{1.8}$$

$$\sigma_c = \sigma_{c0}[1 + 0.06\lg V_H + 0.04\lg(V_H)^2 + 0.002\lg(V_H)^3] = \overline{K_D}\sigma_{c0} \tag{1.9}$$

式中,σ_p 和 σ_c 分别为岩石的动抗拉强度与抗压强度,0.1MPa;σ_{p0} 和 σ_{c0} 分别为岩石的静抗拉强度与抗压强度,0.1MPa;$V_H = \dfrac{\sigma_H}{\sigma_1}$,为加荷速率;$\sigma_H$ 为任意加荷速度 $(\sigma_H \geqslant 1)$,0.1MPa/s;σ_1 为加荷速度,取 $\sigma_1 = 0.1$MPa/s;$\overline{K_D}$ 为岩石动强度提高系数。

考虑到爆炸地震波作用下岩石的加荷速度可达10^6MPa/s,一般情况下岩石隧道的加荷速度在$10^1 \sim 10^3$MPa/s,按上述公式计算,岩石的动抗拉强度提高系数为1.24~1.48;同时,考虑到地质构造上存在的裂隙、节理等不利因素,使岩体的动强度低于岩石的动强度,所以取岩石的强度降低系数为0.80~0.90,因此,岩体的动强度提高系数为

$$K_D = (0.80 \sim 0.90)\overline{K_D} = 0.992 \sim 1.332 \qquad (1.10)$$

式中,K_D为岩体的动强度提高系数。

上述研究结果表明:岩石的加载频率效应对其动力变形特性和强度特性有重要影响,其表现就是在较高的加载频率下,其弹性模量和强度都有不同程度的提高;但是提高程度如何,是否应该考虑岩体动荷载作用时的应变率效应,现有的大多数计算分析中对参数的选取,并未给出详细说明,或者直接取静态参数进行计算。表 1-3 是国内部分文献对岩体计算参数的选取情况。

1.2.2 爆破作用分析和数值模拟

1. 爆破作用分析

炸药的爆炸反应是一个高温、高压和高速的过程,能量的转化、释放、传递和做功过程也极为短促,只有几十微秒(μs)到几十毫秒(ms)就完成了,岩石本身又具有各向异性和非均质性,装药爆炸后产生的高温、高压的爆生气体和强大的冲击波,是岩石在爆破过程中遭受破坏的外力根源。炸药爆炸的瞬间,在一个极短的时间内,炸药的能力以高温(3000℃)和高压(10~100GPa)的冲击波和气体形式释放出来。当爆轰波阵面到达炸药和岩石的分界面时,高强度的爆轰波就传播进入了岩石,传输给岩石的能量取决于炸药和岩石特性,岩石中波的传播类型是球面波还是柱面波则取决于炸药的形状和药卷的起爆方式。在传播过程中,岩体中的冲击波能量将随远离爆源而衰减,波形也将相应地发生变化,大体可分为如下三个作用区[49,50]:

(1)冲击波作用区。以径向和切向应力形式的冲击波传播进入岩石后,在炮孔孔壁近区,只要冲击波强度超过岩石的动力压缩强度,大部分能量就消耗于粉碎岩石。在距离爆源很小范围内,大致为3~7倍的药包半径(集中装药),或可能达到2~4倍的炮孔半径范围(柱状装药)。该区域的冲击波强度很大,波峰压力大大超过岩石的抗压强度,使岩石产生熔化流动、塑性变形或粉碎,因而也称为粉碎区。

(2)应力波作用区。由于冲击波随距离增加而很快地衰减,因此其衰减速率取决于离开炮孔的距离和岩石种类。该区域内冲击波衰减为不具有陡峭波峰的压缩应力波后,波阵面上的物质参数变得平缓,波速等于介质的声速。当压缩应力

表 1-3　国内部分文献中岩体物理力学计算参数取值

序号	密度/(kg/m³)	弹性模量/GPa	泊松比	抗剪强度		抗拉强度/MPa	抗压强度/MPa	纵波速度/(m/s)	波阻抗/[(kg/m³)·m/s]×10⁶	体积压缩模量/GPa	计算软件	文献
				黏聚力/MPa	内摩擦角/(°)							
1	2704	25	0.25	—	—	—	—	5200	14.2*	16.67*	ADINA	[4]
2	2850	740	0.26	40	—	25	—	5400	15.4	55.80	DYNA-2D	[8]
3	2850	74	0.26	40	—	25	—	—	—	55.80	DYNA-2D	[6]
4	2626*	4650	0.225	15.71	55.62	6.43	129.3	4500	118.2*	2818.18*	—	[44]①
5	2850	0.074	0.26	0.4	—	0.25	—	—	—	0.0558	DYNA-2D	[9]
6	2400	40	0.29	—	—	13	130	4000	100	31.75*	DYNA-2D	[10]
7	2890	93.49	0.283	33.17	43	228.15	9.8	6520.9	—	71.80*	DYNA-2D	[45]
8	2446*	20	0.25	1.0	50	0.6	9	—	—	13.33*	—	[12]
9	2345*	10	0.34	0.2	30	—	—	—	—	10.42*	—	[1]
10	2345*	10*	0.34	0.2	30	—	—	—	—	10.42*	ANSYS（Ⅲ类围岩）	[2]
	2548*	35*	0.25	1.3	38	—	—	—	—	23.3*	ANSYS（Ⅳ类围岩）	
11	2446*	14.8	0.2	0.25	36.5	1.03	13.5	—	—	24.67*	ANSYS	[46]
12	2243*	6.8	0.16	3.25	36.5	0.8	10.1	—	—	3.33*	ANSYS（Ⅱ类围岩）	[47]
	2712*	10.8	0.2	8.49	54.767	5.17	56.8	—	—	6*	（Ⅳ~Ⅴ类围岩）	
13	2650	39	0.25	—	—	—	—	4200	—	—	UDEC	[48]
14	2300	6	0.25	1.5	42.5	—	—	—	—	4*	FLAC³ᴰ	[15]
15	2650*	5.2	0.30	0.6	39	—	—	—	—	4.33*	—	[16]

续表

序号	密度/(kg/m³)	弹性模量/GPa	泊松比	抗剪强度		抗拉强度/MPa	抗压强度/MPa	纵波速度/(m/s)	波阻抗/[(kg/m³·m/s)×10⁶]	体积压缩模量/GPa	计算软件	文献
				黏聚力/MPa	内摩擦角/(°)							
16	2548	7	0.25	1.3	38	—	—	—	—	4.67*	ANSYS	Ⅲ类围岩 [17]
	2345	2	0.34	0.20	30	—	—	—	—	2.08*	ANSYS	Ⅳ类围岩
	1937	—	0.38	0.08	27	—	—	—	—	—	ANSYS	Ⅴ类围岩
17	2300	5*	0.3*	27	0.3	—	—	—	—	4.17	FLAC³ᴰ	[18]

* 为根据原文数据计算而得，其余为原文数据。① 为深孔爆破的计算参数。体积压缩模量 $K=\dfrac{E}{3(1-2\mu)}$，剪切模量 $G=\dfrac{E}{2(1+\mu)}$，E 为弹性模量，μ 为泊松比。

波到达自由面或不连续面时,部分能量就反射回介质内,而部分则穿过不连续面而继续传播,这取决于两种介质的相对阻抗。如果其阻抗相同,那么波的传播会越过边界而不会反射。如果是自由面(如空气作为其中某一介质),那么大多数压缩应力将以拉伸应力被反射回来。这种拉伸波增强了自由面的剥落,只要其应力幅值大于岩石的动态拉伸强度,反射波就有可能延伸既有裂缝或产生新的裂缝。对大多数炸药,离开炮孔附近范围的径向冲击波能量只有炸药总能量的 5%～15%[51]。该范围的岩石在应力波作用下产生应力和应变,可导致岩石破坏或残余变形,形成不同方向的节理裂隙,因而也称为裂隙区,其范围一般为 120～150 倍的药包半径。

(3) 弹性区。在药包半径 150 倍范围之外,应力波传播到该范围时已衰减为地震波,只能引起质点的弹性振动,而不能使岩石破坏。

尽管有各种各样的理论,但是岩石破碎的动态过程目前还不能精确描述。诸如应力波或气体压力确切作用、不连续岩体中炸药能量的分配、岩石的动力性质及其对吸收炸药能量的影响之类的不确定性,使得人们难以对破碎过程进行完整的数学或数值描述。根据现有的关于岩石破坏过程的知识和经验,对岩石爆破破碎的过程可推测出如下连贯的几个阶段[52]:

阶段 a:冲击波剧烈作用在爆孔壁上时,爆孔周边一个薄环内的岩石完全屈服了。这个屈服或粉碎区的大小取决于压力的加载率(升压时间)。升压时间受炸药类型和爆孔周围材料性质的影响。

阶段 b:从粉碎区产生的塑性和弹性波导致严重的破裂,并形成了一个环绕粉碎区的非线性区域。该区域的大小决定了后续气体对爆孔加压的有效半径。

阶段 c:在非线性区域内,塑性波几乎完全衰减。弹性波则继续向岩石外面传播并由于衰减而引起能量损失。当到达自由面时,弹性波以拉伸脉冲的形式被反射,由此造成了自由面的张裂缝和层裂破坏。此外,爆孔周围还由于波的作用而产生几个主要的裂缝。

阶段 d:高压爆轰产物膨胀,并向外推动已经变形(轻微膨胀)的爆室。在这个阶段,气体膨胀和向裂缝中的穿透促进了进一步的破碎,荷载开始卸除。粉碎区材料有可能渗透进新生裂缝里并封堵气体穿透路径。

阶段 e:气体全部进入岩体并形成了通向空气的路径。在该阶段,破碎几乎已经完成,荷载完全卸除,碎块开始飞溅。由于碎块中储存的应变能释放、碎块之间的撞击和相互作用、碎块内聚力对高压气体产生的加速力的抗力等,还有可能导致碎块的附加破坏。

表 1-4 给出了岩体中炸药能量用于岩石破碎的能量分配[51]。

表 1-4 岩体中炸药爆炸能量的分配

冲击波能量			爆生气体能量
径向	切向	环向	裂缝张开
炮孔粉碎、裂缝张开或延伸			裂缝生长或破碎
剥落能量和运动能量			块体位移
地震能量			运动能量
声波能量			碰撞或撞击

文献[53]认为炮孔柱状装药在岩石中爆破时,岩石的破裂、破碎及抛掷是爆炸应力波和爆生气体共同作用的结果。岩石中装药爆炸后产生的总爆破能量可分为爆炸冲击波能量和爆生气体膨胀能量两部分。前者主要消耗在岩石变形、开裂和形成粉碎区,后者则主要用于扩大爆腔、延伸裂隙和抛掷岩石。爆炸冲击波能量主要消耗在扩胀爆腔(E_1)、产生裂隙(E_2)和引起岩石弹性变形(E_3)上,这三部分能量占爆炸总能量的百分比分别用 η_1、η_2 和 η_3 表示,表 1-5 给出了几种岩石的爆破能量消耗率。

表 1-5 几种常见岩石的参数与爆破冲击波能量分配[53]

岩石类型	ρ_m/ (kg/m³)	E_m/ GPa	μ	c_p/ (m/s)	σ_c MPa	σ_t MPa	常数 a	常数 b	能量消耗率/% η_1	能量消耗率/% η_2	能量消耗率/% η_3	$\eta_1+\eta_2+\eta_3$
花岗岩	2670	70	0.24	5500	180	15	3600	1.0	20.5	6.2	16.5	43.2
玄武岩	2670	100	0.25	6200	250	18	2600	1.6	25.5	4.6	13.6	43.8
大理岩	2700	80	0.26	5000	160	12	4000	1.32	15.4	5.7	18.1	39.2
辉长岩	2980	80	0.25	6000	240	18	3500	1.32	14.6	6.0	17.9	38.5

注:① 计算采用 2# 岩石铵梯炸药,$\rho_0=1000$kg/m³,$D=3600$m/s;② 以单位装药长度计,在炮孔不耦合装药爆炸条件下。其余参数说明如下:ρ_m 为岩石密度;c_p 为岩石纵波波速;ρ_0 为炸药密度;D 为炸药爆破速度;σ_c 为岩石静单轴抗压强度;σ_t 为岩石抗拉强度;E_m 为岩石弹性模量。

2. 数值模拟

关于爆生气体和冲击波的破坏作用哪个为主,其主要破坏机理是什么等问题,向来争论不止[49~52]。文献[52]认为两种作用形式对爆破的不同阶段和不同的岩石起着不同的作用。爆炸冲击波及其衰减的应力波在于使岩石中产生新的裂纹并将原始的裂纹进一步扩展,爆生气体的作用是楔入这些裂纹使其贯穿形成块度并将其抛掷出去。基于此,爆破过程的数值模拟一般可分为两部分:前期应力波的动力作用和后期准静态压力作用下的岩石块体运动[53]。基于均匀连续介质的假设,对爆破应力波作用的动力有限元数值分析和波动分析是较为常用的方法[1~20,44~48]。

在数值模拟分析中,确定合理的爆破荷载参数,如峰值应力、荷载加卸载时间、振动总时间及加载边界等,对计算成果具有重要影响。一般地,将爆破荷载简化为一条具有加载和卸载过程的平滑曲线或三角形波。而荷载峰值、加载和卸载时间、计算总时间是爆破荷载确定的四个主要参数。爆破荷载确定后,再以压力形式把荷载作用在施工炮孔或隧道周边上,作用方向为垂直炮孔或隧道周边的法线方向。

峰值荷载的确定主要有两种方法:第一种是理论计算方法,第二种是统计数据拟合的经验方法。现分述如下。

1) 理论计算方法[50]

在耦合装药条件下,岩石中的柱状药包爆炸后,向岩石施加强冲击荷载为 $p_{\max}$:

$$p_d = \frac{1}{4}\rho_0 V^2 \tag{1.11}$$

$$p_{\max} = \frac{2\rho c_p}{\rho c_p + \rho_0 V} p_d \tag{1.12}$$

式中,ρ 和 ρ_0 分别为炸药与岩石的密度,$\mathrm{kg/m^3}$;V 和 c_p 分别为炸药爆破速度及应力波在介质中的传播速度,$\mathrm{m/s}$;p_d 和 $p_{\max}$ 分别为爆腔压力及作用在孔壁上的初始峰值压力,MPa;

若采用不耦合装药,则岩石中的透射冲击波压力为

$$p_{\max} = \frac{1}{2} p_d \left(\frac{r_0}{r_e}\right)^6 \left(\frac{l_c}{l_b}\right)^3 n \tag{1.13}$$

式中,r_0 和 r_e 分别为炮孔半径和药卷半径,mm;l_c 和 l_b 分别为装药长度和炮孔长度,m;n 为炸药爆轰产物膨胀碰撞孔壁时的压力增大系数,一般取 $n=10$。

岩体中的冲击波不断向外传播而衰减,最后变成应力波,其中任一点的径向应力和切向应力可表示为

$$\sigma_r = \frac{p_{\max}}{\bar{r}^{\,\alpha}} \tag{1.14}$$

$$\sigma_r = b\sigma_\theta \tag{1.15}$$

$$\bar{r} = \frac{r}{r_0} \tag{1.16}$$

$$\alpha = 2 - \frac{\mu}{1-\mu} = 2 - b \tag{1.17}$$

$$b = \frac{\mu}{1-\mu} \tag{1.18}$$

式中,σ_r 和 σ_θ 分别为岩石中的径向应力和切向应力,MPa;r 为应力波传播距离,

m；r_0 为药孔半径，m；α 为应力波衰减指数；b 为切向应力和径向应力的比例系数；μ 为岩石泊松比。

2）经验方法[12,15,54]

爆破荷载应力峰值按式（1.19）和式（1.20）求解：

$$p_{\max} = \frac{139.97}{Z} + \frac{844.81}{Z^2} + \frac{2154}{Z^3} - 0.8034 \quad (1.19)$$

$$Z = \frac{R}{\sqrt[3]{Q}} \quad (1.20)$$

式中，Z 为比例距离；R 为炮眼至荷载作用面的距离，m，Q 为炮眼装药量，意义同上，上式的相关系数平方为 $R^2 = 0.8674$，故相关系数为 $R = 0.9313$。

爆破荷载波形的选择和加卸载时间的计算主要有三种类型：第一类为三角形波形加载，第二种是指数型，第三种是谐波函数或平滑曲线型。

三角形波形是其中应用较为广泛的一种，文献[42]中指出："岩土介质内任一点的爆炸压缩波多呈三角形荷载形式，其超压在经过峰值以后急剧衰减，而按卸载波传播。其典型的加载到峰值应力的升压时间其量级约为 10ms，而卸载时间约为 100ms"。这也是大多数爆破振动数值模拟分析采用的波形和时间量级，如表 1-6 所示。

第二种荷载波形最早由 Sharpe[55,56] 提出，按照爆破等效孔穴理论，在无限介质中球对称爆破的情况下，爆破震源可以看做是一等效空腔内壁上作用一随时间变化的均布压力[56,57]：

爆破荷载随时间的变化可表示为

$$P(t) = P_{\max} f(t) \quad (1.21)$$

式中，$P_{\max}$ 表示脉冲的峰值，可用前述的式（1.11）～式（1.13）计算，或采用文献[57]中的方法；$f(t)$ 通常取为指数型的时间滞后函数，其表达式为

$$f(t) = P_0 (e^{-n\omega t\sqrt{2}} - e^{-m\omega t\sqrt{2}}) \quad (1.22)$$

式中，n 和 m 为无量纲的与距离有关的阻尼参数，它们的值决定爆炸脉冲的起始位置和脉冲波形；ω 为介质的纵波速度 c_p 和炮孔直径 a 的函数，即

$$\omega = \frac{2\sqrt{2}c_p}{3a} \quad (1.23)$$

丁桦等[56]通过分析认为，ω 就是空腔振动的自振频率。

P_0 是当 $t = t_R$ 时使 $f(t_R)$ 成为无量纲的最大值 1.0 的常数，即

$$P_0 = \frac{1}{e^{-n\omega t_R\sqrt{2}} - e^{-m\omega t_R\sqrt{2}}} \quad (1.24)$$

t_R 通常称作爆炸脉冲的起始时间，它是 n、m 和 ω 的函数：

$$t_R = \frac{\sqrt{2}\ln\left(\frac{n}{m}\right)}{(n-m)\omega} \quad (1.25)$$

表 1-6 爆破荷载数值模拟参数取值

序号	荷载峰值/MPa	加载时间/ms	卸载时间/ms	总计算时间/ms	波形类型	荷载计算模型	开挖隧道断面尺寸	间距/m	工程类型	计算软件		文献
1	11000	10	90	—	三角形	—	5m(跨)	24(中心距)	铁路隧道	ADINA		[4]
2	3.546	12	100	500	三角形	—	—	2~18	铁路隧道	—		[1]
3	3.564	12	100	500	三角形	理论法	—	0.5~2.5R (R 半径)	隧道	ANSYS	III类围岩	[2]
	6.657										IV类围岩	
4	0.052*	0.53*	3.16*	3.69*	三角形	经验法	高 2m 宽 2.2m	20	水工隧道	—		[12]
5	11900	0.4*	3.6*	—	指数型	理论法	11m(跨)	—	公路隧道	ANSYS		[46]
6	7.41	0.5	2.5	—	指数型	理论法	高 5m 宽 8m	—	公路隧道	ANSYS	II类围岩	[47]
	6.75	0.5	2.5								IV~V类围岩	
7	—	2	5	7	三角形	理论法	—	—	边坡	UDEC		[48]
8	—	10	80	150	三角形	经验法	11.6m(跨)	8,1 (上下)	公路隧道	FLAC3D		[15]
9	10	1	9	10	三角形	—	16.22m (跨)	4.87/7.30	公路隧道	—		[16]
10	1.7	12	112	500	三角形	经验法	10m(跨)	3.75~21.86	公路隧道	ANSYS		[17]
11	—	8	48	—	三角形	理论法	80~100m²	12	公路隧道	FLAC3D		[19]

* 为根据原文数据计算而得,其余为原文数据。

对于每一个工程,先给出 n、m 的一个初值,应用现场量测结果与理论计算对比,逐步修正参数 n、m,使得按上述模型计算得到的脉冲波形与实测结果足够接近。

此外,蒋进军[58]等建议采用如下形式的爆炸荷载压力表达式:

$$P(t) = p_0 t\, e^{-at} \tag{1.26}$$

式中,α 为衰减系数;p_0 为使 $P(t)$ 为峰值时的对应值;Low 等[54]还提出过如下形式的荷载波形表达式:

$$P_t = P_{r\max}\, e^{-at} \tag{1.27}$$

式中,$P_{r\max}$ 为峰值反射压力;α 为压力衰减率。

对于第三种波形,可有不同的形式。龙源等[44]在研究深孔爆破振动时,将爆炸波对岩石介质的作用经过粉碎区、破裂区衰减后作用于弹性区的荷载波形取为谐波的一段,以消除因数值积分方法引起的加速度间断,其数学表达式为

$$p(t) = \begin{cases} \sigma_r\left(\dfrac{1}{2} - \dfrac{1}{2}\cos\dfrac{\pi}{t_s}t\right), & t<0 \qquad (1.28) \\[2mm] 0, & t>0 \qquad (1.29) \end{cases}$$

式中,t_s 为爆破荷载的总作用时间,同下述式(1.32)。

杨伟林[59]等将多炮微差爆炸对岩土介质产生的脉冲压力波表示为多个单炮压力脉冲的叠加。对单炮脉冲压力波时程,用爆压 $p(t)$ 和时间 t 按 $p(t)/p_m$、t/τ 进行归整后,近似用下式表示:

$$p(t)/p_m = \begin{cases} 16(t/\tau)^3, & 0\leqslant\dfrac{t}{\tau}<0.25 \\[2mm] \left[1-48\left(\dfrac{t}{\tau}-0.5\right)^2\dfrac{t}{\tau}\right], & 0.25\leqslant\dfrac{t}{\tau}<0.5 \\[2mm] \left[1+48\left(\dfrac{t}{\tau}-0.5\right)^2\left(\dfrac{t}{\tau}-1\right)\right], & 0.5\leqslant\dfrac{t}{\tau}<0.75 \\[2mm] 16\left(1-\dfrac{t}{\tau}\right)^3, & 0.75\leqslant\dfrac{t}{\tau}<1.0 \end{cases} \tag{1.30}$$

式中,τ 为脉冲宽度,ms;p_m 为爆轰波对岩土介质的爆压最大值,GPa;其波形如图 1-1 所示。

对于三角形波,爆破荷载的加卸载时间大多按文献[50]的方法进行计算[50]。

加载时间(上升段):

$$t_r = \frac{12\sqrt{\bar{r}^{2-\mu}}Q^{0.05}}{K} \tag{1.31}$$

总作用时间:

$$t_s = \frac{84\sqrt[3]{\bar{r}^{2-\mu}}Q^{0.2}}{K} \tag{1.32}$$

$$K = \frac{E}{3(1-2\mu)} \qquad (1.33)$$

式中,t_r 为上升段时间,s;t_s 为总的作用时间,s;$\bar{r}$ 为对比距离,同式(1.16);Q 为炮眼装药量,kg;若是同时起爆,即为总药量;如是延时起爆,则为单段最大药量;K 为体积压缩模量,0.1MPa;μ 为岩石泊松比。

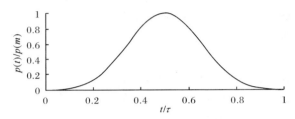

图 1-1　按式(1.30)计算的钟形脉冲波

戚承志等[35]将作用在岩石表面的应力在时间和空间上的变化表示为

$$\sigma(x,t) = \frac{1}{2}\sigma_m \Big[1 + \cos\frac{\pi x}{2}\Big]f(t), \quad x \in [0,2] \qquad (1.34)$$

$$f(t) = \begin{cases} \dfrac{t}{\theta}, & t \leqslant \theta \\[2mm] \dfrac{\tau - t}{\tau - \theta}, & t > \theta \end{cases} \qquad (1.35)$$

式中,σ_m 为应力峰值,MPa;τ 和 θ 分别为压应力持续时间及上升段时间,s。文献[35]中取 $\sigma_m = 100$MPa,$\tau = 2.022 \times 10^{-3}$s,$\theta = 0.233 \times 10^{-3}$s。

除了理论计算,对爆破荷载加卸载时间的确定主要是依据对现场观测资料的分析来综合确定,如文献[59]对国内一些爆破地震动的记录进行了分析,这些爆破记录的爆破药量从数公斤至数千吨不等,爆心距最近的仅几米远,最远的约500m。根据爆破地震记录,观测点地面震动从开始至振幅最大值发生的时间间隔,最小的为17ms,最大为40ms。文献[4]则认为:爆破荷载曲线典型的加载到峰值应力的升压时间为8～12ms,卸载时间通常为40～120ms。这与文献[42]的观点基本一致。

对于爆破荷载作用总时间的确定,一般根据装药形式、段数或根据对爆破测试记录的分析来确定施加的脉冲荷载个数,即总作用时间。

确定了爆破荷载峰值、应力波形、加卸载时间和总计算时间后,就可以根据计算工况来进行计算分析。但是上述方法大多是针对单个炮孔或适合于集中装药等情况,对于实际的隧道爆破开挖施工而言,涉及多个炮孔的相互影响和作用叠加。因此,在上述单孔爆破荷载计算模型的基础上,许锡宾等[47]、荣耀等[57]研究了多孔控制爆破的荷载计算方法。根据该方法,定义多孔爆破荷载布孔影响系数

为 η,则多孔爆破荷载可表示为

$$P'_{\max} = \eta P_{\max} \tag{1.36}$$

影响系数 η 与孔的布置有关,还和单孔爆破的荷载大小、孔深、孔径大小等有关,根据经验,孔深、孔径大小等影响可暂不考虑,只考虑单孔爆破荷载的大小和孔的布置对影响系数 η 的影响。药量相等、药包分散程度不同时,爆破地震效应也不相同。沿炮孔中心连线方向药包越分散,地震动加速度降幅越大,为 25.2%~46%;垂直炮孔中心连线方向在药包半径 a_0 的 400~500 倍范围内,随着药包的分散,地震动速度并未减小,反而增大,但在超过 400~500 倍时则地震动速度急剧下降。

单孔爆破荷载峰值的大小随距离的衰减关系可表示为

$$P_r = \frac{D^3}{8r^3} P_{\max} \tag{1.37}$$

式中,$P_{\max}$ 为单孔爆破荷载峰值;r 为计算点离爆孔的距离,m;D 为爆孔直径,m;P_r 为距离爆孔为 r 处经过衰减后的荷载峰值。

多孔爆破荷载的峰值可表示为

$$P'_{\max} = \left(\frac{P_1}{r_1^3} + \frac{P_2}{r_2^3} + \cdots + \frac{P_n}{r_n^3} \right) \frac{D^3}{8} \tag{1.38}$$

式中,P_n 表示距离爆孔为 r_n 处的爆破荷载峰值。

假设在一次爆破中,每个爆孔产生的爆破荷载峰值是相等的,即等于 $P_{\max}$,则式(1.38)可改写为

$$P'_{\max} = \left(\frac{1}{r_1^3} + \frac{1}{r_2^3} + \cdots + \frac{1}{r_n^3} \right) \frac{D^3}{8} P_{\max} \tag{1.39}$$

即

$$\eta = \left(\frac{1}{r_1^3} + \frac{1}{r_2^3} + \cdots + \frac{1}{r_n^3} \right) \frac{D^3}{8} \tag{1.40}$$

对于爆炸荷载作用下岩土材料的本构模型研究,孙钧院士等[42]认为可以按照弹塑性模型来分析,其主要结论如下:

(1)因为动载大,所以岩土介质的塑性应变也比较大,由于岩土体被应力波逐次进一步压密,因此其应变强化现象十分显著。

(2)加载升压时间短,卸载速度也快,这样导致材料变形速度快,应变速率对计算有较大影响。用于地冲击计算做动力试验时,典型的加载到峰值应力的升压时间的量级约为 10ms,而卸载时间约为 100ms。

(3)在多维应变问题中,不仅体积变形要考虑进来,对爆炸波传播起主要作用的塑性剪切变形也必须在岩土弹塑性应力应变关系中加以考虑,因而模型中需引入应力偏量关系。这样,在主应力空间中不仅需考虑破坏包面,还要计入加载函数,即用数学形式表达和描述的帽盖面。

　　(4)岩土介质内任一点的爆炸压缩波多呈三角形荷载形式,其超压在经过峰值以后都急剧衰减,而按卸载波传播。此时,与静态加压的情况不同,原先已被压实的岩土体又将产生回弹膨胀现象,因此塑性应变可以表示为可逆的过程,弹塑性计算时,加、卸载的应力应变路径各不相同,其形变模量也各异。

　　爆破振动数值模拟的常用软件可分为两种类型:一种是功能强大的商业软件,如 ANSYS、ADINA、FLAC^{3D}、UDEC 等;另一种是专门用于爆破或核爆计算的专业软件,如 DYNA2D、SHALE 等[52]。上述的爆破荷载确定及岩土体动力学参数和本构模型研究等大多是为了解决爆破应力波作用下岩土体动力响应,更多地着力于解决爆破中远区的振动情况,所以采用这些商业软件计算时必须要确定这些参数。国内采用这种方法模拟爆破振动响应的参数取值如表 1-6所示。

　　而对于诸如 DYNA2D、SHALE 和 LS-DYNA 等专业软件,则主要着眼于解决爆破近区或破碎区的情况,所以对爆生气体的膨胀作用考虑较多,一般是通过一维球对称流体弹塑性模拟爆炸波在岩石中的传播[61],计算对象分为爆室部分和岩石部分,两部分通过爆室壁耦合。爆室中的爆生产物状态量由状态方程求出,以此结果作为边界条件,来求解岩石中的动力学参量。在采矿、地下核爆炸分析中常采用这些软件。常见的描述爆生产物压力和比容的关系有如下三种。

　　(1)冥律状态方程[51]。

　　作为模型的默认方程,其形式为

$$P = P_0 \left(\frac{V_0}{V} \right)^{\gamma} \tag{1.41}$$

式中,P_0 和 V_0 分别为爆生气体的初始压力和体积;P 和 V 分别为爆生气体的最终膨胀状态下的压力和体积;γ 为常数,通过实验或热动力学计算确定。

　　这个方程假设传递到围岩中的热量忽略不计,且气体膨胀是绝热的。进而,它忽略了气体密度的变化和气流进入岩石的湍流性质。在早期的有关爆孔压力的研究中,γ 的取值范围为 1.2~1.4。Ouchterlony 建议参考 Ficket 和 Davis 的研究采用如下公式来计算:

$$\gamma = \sqrt{1 + \frac{D^2}{2Q}} \tag{1.42}$$

式中,D 为炸药爆破速度;Q 为炸药爆热。

　　SHALE 程序中即包含冥律状态方程[52]。

　　(2)HOM 状态方程。

　　HOM 状态方程是洛斯阿拉莫斯国家实验室(Los Alamos National Laboratory,LANL)的固态爆轰产物状态方程,对 TNT 炸药,其形式为[52,61]

$$\ln P = A + B(\ln V) + C(\ln V)^2 + D(\ln V)^3 + E(\ln V)^4 \tag{1.43}$$

式中，P 为爆生气体的压力；V 为爆生气体的体积；A、B、C、D 和 E 为常数。

SHALE 程序中还包含 HOM 状态方程[62]。文献[61]采用的计算常数为

$$A = -3.66524588562$$
$$B = -2.4671426161$$
$$C = 2.284615733 \times 10^{-1}$$
$$D = 6.0497692516 \times 10^{-2}$$
$$E = -1.93025884483 \times 10^{-2}$$

（3）JWL 状态方程。

这个方程将爆轰产物的压力与其相对体积和内能联系起来，形式如下[51,52]：

$$P = A\left(1 - \frac{\omega}{R_1 V}\right) e^{-R_1 V} + B\left(1 - \frac{\omega}{R_2 V}\right) e^{-R_2 V} + \frac{\omega E}{V} \tag{1.44}$$

式中，ω、R_1、R_2、A、B 和 E 为常数。部分计算采用的常数项如表 1-7 所示。

表 1-7 JWL 状态方程采用的炸药主要参数

炸药密度/ (g/cm³)	爆破速度/ (m/s)	爆轰 压力/GPa	A/ GPa	B/ GPa	R_1	R_2	ω	E/ GPa	文献
1.31	5600	—	214.4	0.182	4.2	0.9	0.15	4.192	[52]，[63]，[104]
1.0	3600	1.03							[45]
1.56	6700	22.25	650.0	9.25	4.2	1.1	3.4	8.5	[64]
1.20	5500	—	220	0.2	4.4	1.0	0.09	—	[65]
1.64	6930	27	374	3.23	4.15	0.95	—	7	[69]

Braithwaite 等讨论了 JWL 状态方程模拟商业炸药爆轰的不当之处，而且 Katsabanis 等确认，采用 JWL 状态方程产生了错误的结果[51]。但国内似乎没有这方面的讨论。

在临近爆破施工的振动响应分析中，爆破荷载的加载方式通常有三种：第一种也是最常用的一种就是将钻孔爆破荷载作为均布荷载垂直于新建隧道内壁上，波形选择一般为三角形或指数型，如文献[1]、[2]、[4]、[15]～[18]、[46]、[47]等；第二种是采用专业软件如 DYNA 等，将新建隧道的爆破荷载等效为某一当量药包，用软件自带模块进行加载，如文献[6]、[8]～[10]等；第三种则相对较为少见，即将爆破荷载按三角形波施加在既有隧道衬砌结构上，其荷载峰值按式（1.14）～式（1.18）或其他形式的衰减规律进行折减，如文献[15]所采用的方法。

由于隧道爆破的炮眼半径一般较小，通常为 30～50mm，而隧道开挖断面一般在 5m 以上的跨度或高度，且采用毫秒微差控制爆破技术，因此，对既有隧道爆破振动的影响主要取决于单炮或单段最大药量，所以采用第一种加载方式，加载时间量级为 10ms 左右是比较合理的，而总的加载波段数或持续时间则取决于爆破断面装药分段情况。

现有理论或数值模拟结果表明：爆破地震波在爆源近区的衰减比中、远区要大得多，前者的衰减幅度为后者的 2～5 倍；用萨道夫斯基经验公式估算出的爆源近区和远区质点振动速度将大于实际值，尤其在近区，这种扩大作用更为显著；爆破引起的岩体地震波主频率与药量、距离成反比关系；地震波作用时间与爆破药量成正比关系，而与距离成反比关系。岩石的强度越高，岩体完整性越好，爆炸应力波和地震波的传播越远，虽然岩体本身的破坏临界速度也越高，但其能量传入隧道衬砌后，将不利于衬砌的安全[66]。近距离或小间距隧道爆破开挖时，既有隧道的迎爆侧边墙和拱部及曲率变化点处的爆破振动速度最大，而背爆侧则相对较小。掏槽方式、单段最大药量、分段起爆的时间间隔或延迟时间等爆破参数对新建隧道周边围岩和既有隧道衬砌爆破振动特征具有重要影响，可以通过调整上述参数来降低爆破振动破坏，降低爆破施工对既有隧道的影响。

1.2.3　隧道爆破振动测试

爆破及其引起的岩体破坏和振动是一个复杂的瞬态作用过程，岩体的地质结构和力学特性分布又很不均匀，现有的理论分析或数值模拟还不能十分完全或精确地对之进行研究。例如，在上述的数值模拟研究方法中，只能对爆破冲击波作用或爆生产物膨胀作用造成的岩体破坏和振动进行模拟，但是其理论基础之一就是能量守恒，即岩体的破碎和振动能量完全由炸药能量转化而来。文献[67]的研究结果却表明：在爆破作用下岩体中原始裂隙和新生裂隙的破裂发展会产生次生的弹性波，尽管单个裂隙产生的纵波或横波很微弱，但由于众多裂隙破裂能量的叠加耦合效应，产生的次生地震波足以达到爆破地震波的量级，显然，现有的数值模拟方法和软件还无法考虑这种次生破裂的能量释放。因此，爆破测试则成为必要的研究方法和手段。

目前，爆破测试的主要项目有如下几种[68]：

① 爆破地震效应观测；

② 爆破冲击波压力及速度测量；

③ 爆破作用下岩体或结构应变测量；

④ 岩体爆破效应探测；

⑤ 爆破噪音测量；

⑥ 爆破过程的高速摄影。

其中,对爆破振动效应的观测是临近隧道爆破测试的主要项目。通常用给定测点质点振动的某个物理量如速度、加速度、位移、应力或应变等来考察爆破振动强度。一般情况下,大多采用爆破速度来反映爆破振动强度[68,69]。大量的实测结果分析表明,爆破速度(V_p)与炸药量(Q)、爆心距(R)、振波传播路径上的岩土性质及测点条件(K、m、n)等有关,可采用下式来表示[68,70,71]:

$$V_p = KQ^m R^n \qquad (1.45)$$

式中,V_p 为质点地震动的峰值速度,mm/s;Q 为炸药药量,kg;R 为爆源至观测点的距离,m;K、m 和 m 表示传播介质物理性质的参数。

对于集中药包爆破,有[68]

$$V_p = K\left(\frac{Q^{1/3}}{R}\right)^\alpha \qquad (1.46)$$

对于延长药包爆破,有[68]

$$V_p = K\left(\frac{Q^{1/2}}{R}\right)^\alpha \qquad (1.47)$$

印度规范(IS 6922—1973)中建议采用的公式为[70]

$$V_p = K\left(\frac{Q^{2/3}}{R}\right)^\alpha \qquad (1.48)$$

式中,α 即为式(1.14)、式(1.17)中的应力波衰减指数。

日本规划中采用的公式则为[71]

$$V_p = K\frac{Q^{0.75}}{R^2} \qquad (1.49)$$

式中,露天爆破时取 $K=100$;隧道爆破时 $K=300$。

式(1.46)表示的关系是应用最广泛的,即著名的萨道夫斯基公式,国标《爆破安全规程》(GB 6722—2011)[21]中即推荐使用该式来进行分析,对于常见类型岩土,其常数项 K、α 的一般取值范围见表 1-8,国内部分实测资料回归系数值见表 1-9[13,14,59,72~82]。

表 1-8　不同岩性的 K、a 值

岩性	K	a
坚硬岩石	50～150	1.3～1.5
中硬岩石	150～250	1.5～1.8
软岩石	250～350	1.8～2.0

表 1-9　采用萨道夫斯基公式预测爆破速度的常数项 K,α 值

序号	岩石种类	装药类型	K	α	相关系数	方向或隧道名称	文献
1	—	柱状分段	98.33	1.61	0.7450	径向	[72]
			53.87	1.47	0.7044	切向	
2	黑云花岗片麻岩	柱状装药	90.584	1.4236	0.99	—	[73]
3	砂岩和泥岩夹砂岩	柱状分段	232.8	1.89	—	—	[74]
4	花岗斑岩与石英砂岩	药包爆破	323.7	1.688	—	—	[59]
5	新鲜完整的钾长花岗岩	柱状装药	89.5	1.58	0.945	垂直向	[75]（考虑高差修正）
			94.3	1.43	0.936	水平向	
6	—	柱状分段	176.5	1.76	0.90	径向	[14]
			78.0	1.50	0.93	切向	
7	花岗片麻岩	掏槽爆破	276	1.55		秦岭隧道	
8	中等风化流纹斑岩	中槽爆破	148	1.34		招宝山隧道	
9	风化石和土	掏槽爆破	89.5	1.70	—	八达岭隧道	[13]
10	风化花岗岩	中槽爆破	280	2.08		梧桐山隧道	
11	弱风化花岗岩	中槽爆破	150	1.76		梧桐山隧道	
12	节理发育的多层页岩	柱状装药	350	1.97	—	—	[76]
13	完整性好的花岗岩	柱状装药	108.12	1.9738	—	垂直向	[77]
			381.43	2.3783	—	水平向	
14	矽卡岩型铜矿体	柱状装药	170.6	0.802	0.912	顶板	[78]
			183.6	0.945	0.875	边帮	
15	—	柱状装药	663.385	1.929		线性回归法	[79]
			120.995	1.354		非线性回归法	
16	—	柱状分段	227	1.073		拱顶	[80]
			219	1.674		拱肩	
17	绢云钠长石英片岩	柱状分段	160.7	1.77		垂直	[81]
			171.58	1.83		水平	
18	微晶灰岩夹薄层页岩	柱状装药	52	1.0281		x 向	[82]（考虑高差修正）
			73	1.2863	—	y 向	
			78	1.0280		z 向	

注:萨道夫斯基公式为 $V = K\left(\dfrac{\sqrt[3]{Q}}{R}\right)^{\alpha}$,其中 V 为测得的爆破速度,cm/s,Q 为药量,kg。

陆遐龄[85]曾通过条形装药、药量为 4t 的现场洞室大爆破试验,测试了药室下方基岩中的岩石应力与应变,讨论了岩体中爆炸应力波的传播特征,参考国内外有关应力波衰减指数 α 的取值,认为衰减指数是某一爆炸条件下应力波传播的一个较稳定的特征参数。张志呈[71]则汇总了应力波衰减指数 α 与岩体波阻抗 ρc_p 之间的相关关系,如表 1-10 所示。

表 1-10 应力波衰减指数 α 与岩体波阻抗 ρc_p 的相关关系[71]

装药类型	物理量	衰减关系	相关系数	适用条件
集中(球形)药包	速度、应变、应力	$\alpha = -8.78 \times 10^{-7} \rho c_p + 2.81$	0.943	$0.056 \leqslant \dfrac{\sqrt[3]{Q}}{R} \leqslant 2.2$ $4.8 \times 10^5 \leqslant \rho c_p \leqslant 13 \times 10^5$
条形(柱状)药包	速度、应变、应力	$\alpha = -2.86 \times 10^{-7} \rho c_p + 1.89$	0.956	$0.65 \leqslant \dfrac{\sqrt[3]{Q}}{R} \leqslant 4.67$ $3.25 \times 10^5 \leqslant \rho c_p \leqslant 12.61 \times 10^5$
条形(柱状)药包	加速度	$\alpha = -1.39 \times 10^{-7} \rho c_p + 3.59$	0.946	$0.1 \leqslant \dfrac{\sqrt[3]{Q}}{R} \leqslant 7.22$ $3.25 \times 10^5 \leqslant \rho c_p \leqslant 12.61 \times 10^5$
条形(柱状)药包	位移	$\alpha = -4.23 \times 10^{-7} \rho c_p + 1.16$	0.946	$0.71 \leqslant \dfrac{\sqrt[3]{Q}}{R} \leqslant 4.31$ $5.15 \times 10^5 \leqslant \rho c_p \leqslant 7.12 \times 10^5$
药包形状未知	应力	$\alpha = 4.11 \times 10^{-7} \rho c_p + 2.92$		中国科学院武汉岩土力学研究所根据现场试验得出

注:Q 的单位为 kg,R 的单位为 m。

如果将式(1.49)改写为

$$V_p = K \frac{Q^{0.75}}{R^2} = K \left(\frac{Q^{3/8}}{R} \right)^2 \tag{1.50}$$

则式(1.46)～式(1.49)可以表示为如下统一的形式:

$$V_p = K \left(\frac{Q^s}{R} \right)^\alpha \tag{1.51}$$

式中,s 分别等于三分之一、二分之一、三分之二和八分之三,可分别称作平方根、立方根、三分之二和八分之三标度定律,立方根标度是 1968 年 Ambraseyes 等在爆破辐射源为球形的假设基础上提出的,平方根标度是 1980 年由 Siskind 等根据炸药在圆柱形爆孔中分布的假设基础上提出来的[70]。式(1.51)还可以用双对数坐标系表示为一条直线,即

$$\lg V_p = \lg K - \alpha \lg \frac{R}{Q^s} \tag{1.52}$$

显然,采用不同的 s 回归得出的形如式(1.51)的参数 K 和 α 都不相同,对爆破振动强度衰减关系的拟合程度高低则各不相同。文献[70]的研究结果显示:三

分之二标度既不适合预测长距离的地震动,也同样不适合预测近距离的地震动;利用立方根标度对小距离(<10m)的安全药量估计太小,因而难以产生有效爆破;而且在 20~25m 范围之外,立方根标度给出的药量估计又偏于不保守。由于大多数采矿或隧道开挖爆破采用的都是柱状装药,如果假设爆孔中单位长度上的炸药药量是恒定的,那么爆孔的直径将正比于炸药药量的平方根,平方根标度将大致地正比于爆炸到观测点的距离与爆孔半径的比值。

在此基础上,Tripathy 等[70]利用 14 个工程的实测数据,用平方根标度的方法来推导不同岩石中爆炸波的衰减关系。对于四种岩石中的爆破,其 95% 置信度的回归方程为(相关系数除两个分别为 0.90 和 0.93 之外,其余均大于 0.95,平均为 0.966):

$$\lg V_p = 2.839 - 1.36\lg\left(\frac{R}{\sqrt{Q}}\right) \pm 0.457, \quad 玄武岩 \tag{1.53}$$

$$\lg V_p = 2.602 - 1.40\lg\left(\frac{R}{\sqrt{Q}}\right) \pm 0.464, \quad 花岗岩 \tag{1.54}$$

$$\lg V_p = 2.814 - 1.55\lg\left(\frac{R}{\sqrt{Q}}\right) \pm 0.457, \quad 石英岩 \tag{1.55}$$

$$\lg V_p = 3.196 - 1.68\lg\left(\frac{R}{\sqrt{Q}}\right) \pm 0.513, \quad 砂岩 \tag{1.56}$$

由式(1.53)~式(1.56)的回归关系得出的应力波衰减指数 α 分别为 1.36(玄武岩)、1.40(花岗岩)、1.55(石英岩)和 1.68(砂岩),K 值则分别为 690.2(玄武岩)、399.9(花岗岩)、651.6(石英岩)和 1570.4(砂岩)。式(1.52)中的 $\lg K$ 可以看做是爆破振动速度在爆源处的初始值[70],其随着比例距离 $\frac{R}{\sqrt{Q}}$ 的增大而衰减。由此也可以认为,波阻抗越低的岩石中产生的初始爆破速度越大,这与式(1.12)中波阻抗越小,初始压力越大的变化趋势是一致的。

1.2.4　隧道爆破开挖减震技术

通过前面的讨论可知,隧道爆破开挖引起的应力波传播和衰减受多种因素的影响,如炸药的密度和爆破速度、炮眼布置、装药结构、起爆网络、测点与爆源中心的距离、传播路径上的岩土体强度和完整性、测点地形地貌特征等。通常在小净距隧道施工时,爆破振动对相邻隧道产生的最大振动速度出现在迎爆侧的边墙和拱部,拱部的最大振动速度稍小于边墙处,但远大于底板和背爆侧。一般而言,迎爆侧振动速度是背爆侧振动速度的几倍甚至几十倍。

在邻近隧道爆破施工时,为防止或减轻爆破振动对既有隧道与建筑结构的影响,通常采取如下措施[13,72,80,83,84,86,87]:

1) 控制最大段装药量

将一次爆破的所有炮孔分成较多段按顺序起爆,段数越多,单段爆破最大药量越少,特别对于掏槽爆破、底板眼爆破和预裂爆破等相关炮眼应尽可能减小单段爆破药量,这种分段微差爆破将使最大振动速度明显降低[76~87]。

2) 调整装药结构

可采用不耦合装药方式,适当减小炮孔内线装药密度,并加强爆孔密封,在保证既不超挖、也不欠挖的前提下,有效地减轻爆破振动。

3) 采用合理的掏槽方式

"有无进尺看掏槽",隧道爆破开挖的关键是掏槽,掏槽成功与否直接影响爆破效果,且掏槽的深度亦直接影响隧道掘进的循环进尺[83]。但由于掏槽孔爆破时只有一个自由面,其夹制作用最大,因此引起的爆破振动也最强烈。除了控制药量之外,一般可采取楔形掏槽、设置中空大直径减震孔[84,86]、掏槽孔偏远于既有结构迎爆侧等措施。

4) 优化起爆网络,适当延长微差爆破的分段间隔时间

为保证小间距段掘进爆破时相邻段别不发生明显振动速度叠加而使振动加强,必须选择合理的微差时间,在选择雷管段数时,应加大相邻段别的段位差[13,84]。在振动要求较高地段,为了减轻对邻近隧道的振动影响,除应适当减小炮孔内线装药密度之外,还可采取周边预裂爆破技术阻隔爆破地震波向外传播。

5) 分部开挖,严格控制进尺

如果采用全断面爆破开挖且调整上述参数措施后仍不能有效降低爆破振动,就只能采用台阶法或分部开挖方法,并严格控制进尺,降低炮孔装药量。

1.3 本书的内容与技术路线

1.3.1 研究内容

通过上述对国内外研究现状的梳理和分析可知,目前在临近隧道爆破施工振动控制方面,采用数值模拟进行研究的较多,但是从衬砌和围岩本身强度与稳定状态出发,采用多种测试手段和分析方法,系统研究全断面爆破开挖对临近隧道爆破振动响应方面的研究尚不多见。故而,本书的研究思路是,通过既有隧道衬砌现状检测、现场试验和有限元数值模拟等研究工作,确定既有隧道衬砌爆破振动的合理速度阈值及减震技术措施。主要的研究内容与拟解决的关键问题如下:

① 围岩和衬砌力学参数的确定;

② 既有隧道衬砌振动速度与动应力之间的关系;

③ 保证既有隧道衬砌安全的振动速度阈值的确定;

④ 降低爆破振动速度的技术措施。

1.3.2　技术路线

围绕以上研究目标和关键技术问题,本研究的技术路线可简述如下。

1) 既有隧道衬砌与围岩工程性质研究

既有隧道已经修建近 30 年,隧道衬砌混凝土厚度和力学性能直接影响新线爆破振动的速度阈值,为了确定一个合理的速度阈值,需要对既有隧道衬砌做如下检测:

① 既有隧道衬砌强度检测;

② 既有隧道衬砌钻孔取样,并对钻孔取样进行强度实验;

③ 围岩表观强度及节理发育特征调查;

④ 进口平导内和出口掌子面钻芯取样,并进行岩样物理力学参数测定。

2) 现场爆破振动测试

主要包括如下几个方面:

① 不同爆破情况下,既有隧道衬砌迎爆侧振动速度测试;

② 不同爆破情况下,既有隧道衬砌迎爆侧表面应变和应力测试;

③ 确定现场围岩条件下振动速度与动应力之间的关系。

3) 爆破振动的动力有限元数值模拟

通过大量的数值模拟来补充完善,然后推求现场围岩条件下振动速度与动应力之间的关系。需要进行的数值模拟有:

① 不同爆破工况下,既有隧道衬砌迎爆侧最大振动速度分析;

② 不同爆破工况下,既有隧道衬砌迎爆侧最大主应力分析;

③ 确定不同爆破工况下既有隧道衬砌表面最大振动速度与主应力的相关性。

4) 降低爆破振动的新建隧道施工技术措施

① 结合数值分析和现场实测结果,进行不同施工方案、不同爆破情况下既有隧道衬砌安全性评价;

② 确定保证既有隧道衬砌安全的振动速度阈值。

参 考 文 献

[1] 王明年,潘晓马,张成满,等.邻近隧道爆破振动响应研究[J].岩土力学,2004,25(3):412-414.

[2] 毕继红,钟建辉.邻近隧道爆破震动对既有隧道影响的研究[J].工程爆破,2004,10(4):69-73.

[3] 刘慧,史雅语,冯叔瑜.招宝山超小净间距双线隧道控制爆破监测[J].爆破,1997,14(4):

25-28.

[4] 阳生权. 小线间距施工隧道爆破地震影响下既有隧道围岩线性动力分析[J]. 工程爆破, 1998,4(1):1-6.

[5] 刘慧. 邻近爆破对隧道影响的研究进展[J]. 爆破,1999,16(1):57-63.

[6] 杨年华,刘慧. 近距离爆破引起的隧道周边振动场[J]. 工程爆破,2000,6(2):6-10.

[7] 刘加尧. 临近既有线的新隧道开挖爆破减震技术[J]. 工程爆破,2000,6(2):77-81.

[8] 刘慧. 近距侧爆情况下马蹄形隧道动态响应特点的研究[J]. 爆炸与冲击,2000,20(2): 175-181.

[9] 吴浩艺,刘慧,史雅语,等. 邻近侧向爆破作用下既有隧道减震问题分析[J]. 爆破,2002, 19(4):74-76,78.

[10] 谭忠盛,杨小林,王梦恕. 复线隧道施工爆破对既有隧道的影响分析[J]. 岩石力学与工程学报,2003,22(2):281-285.

[11] 姚勇,何川,晏启祥,等. 董家山隧道小净距段爆破控制的数值模拟[J]. 岩土力学,2004, 25(2):501-506.

[12] 刘国华,王振宇. 爆破荷载作用下隧道的动态响应与抗爆分析[J]. 浙江大学学报,2004, 38(2):204-209.

[13] 彭道富,李忠献,杨年华. 近距离爆破对既有隧道的振动影响[J]. 中国铁道科学,2005, 26(4):73-76.

[14] 阳生权,周健,李雪健. 小净距公路隧道爆破震动观测与分析[J]. 工程爆破,2005,11(3): 62-65.

[15] 赵东平,王明年. 小净距交差隧道爆破振动响应研究[J]. 岩土工程学报,2007,29(1): 116-119.

[16] 李云鹏,艾传志,韩常领,等. 小间距隧道爆破开挖动力效应数值模拟研究[J]. 爆炸与冲击,2007,27(1):75-81.

[17] 姚勇,何川,周俐俐,等. 爆破振动对相邻隧道的影响性分析及控爆措施[J]. 解放军理工大学学报(自然科学版),2007,8(6):702-708.

[18] 曹孝君,张继春,吕和林. 隧道掘进爆破引起地表振动的数值模拟与现场监测分析[J]. 中国公路学报,2007,20(2):87-91.

[19] 李宁,顾强康,张承客. 相邻洞室爆破施工对已有洞室的影响[J]. 岩石力学与工程学报, 2009,28(1):30-38.

[20] 蔚立元,李术才,徐帮树. 青岛小净距海底隧道爆破振动响应研究[J]. 土木工程学报, 2010,43(8):100-108.

[21] 中华人民共和国国家标准. 爆破安全规程(GB 6722－2011)[S]. 北京:中国标准出版社,2011.

[22] 戴俊. 岩石动力学特性与爆破理论[M]. 北京:冶金工业出版社,2002,5:147-149.

[23] 席道瑛,刘云平,刘小燕等. 疲劳荷载对岩石物理力学性质的影响[J]. 岩土工程学报, 2001,23(3):292-295.

[24] 葛修润,卢应发. 循环荷载作用下岩石疲劳破坏和不可逆变形问题的探讨[J]. 岩土工程学

报,1992,5,14(3):56-60.

[25] Shoockey D A,Peterson C F,Curran D R. Failure of rock under high rate tensile loads[A]. Reginald H J R Hardy&Robert Stefanko. New horizons in rock mechanics—proceedings fourteen symposium on rock mechanics held at the Pennsylvania State University[C]. American Society of Civil Engineers,1973:708-738.

[26] Liu J F,Zhao J,Bian H Y. Dynamic tests on Butkit Timah granite using the split bar[A]. Wang S J,Fu B J,Li Z K. Frontiers of rock mechanics and sustainable development in the 21st century[C]. Proceedings of 2001 ISRM International Symposium —2nd Asian Rock Mechanics Symposium,Beijing:A. A. Balkema Publishers,2001:11-14.

[27] Li H B,Zhao J,Li T J. Experimental studies of mechanical properties of rock material under dynamic compression [A]. Wang S J,Fu B J,Li Z K. Frontiers of rock mechanics and sustainable development in the 21st century[C]. Proceedings of 2001 ISRM international symposium —2nd Asian Rock Mechanics Symposium. 2001,9:11-14.

[28] 李海波,赵坚,李俊如,等. 花岗岩动态压缩力学特性的实验以及理论研究[J]. 辽宁工程技术大学学报(自然科学版),2001,20(4):474-477.

[29] 邱一平,卢应发. 软岩动、静力学特性试验研究[C]//中国青年学者岩土工程力学及其应用讨论会文集. 北京:科学出版社,1994,12:273-279.

[30] 李宁,陈文玲,张平. 动荷作用下非贯通裂隙介质的强度性质[J]. 自然科学进展,2000,10(11):1029-1034.

[31] 杨仁华,李茂生. 岩土中应力波传播规律[C]//第二届全国岩石动力学学术会议论文选集. 武汉:武汉测绘科技大学出版社,1990.

[32] 李夕兵,古德生. 岩石在不同加载波条件下能量耗散的理论探讨[J]. 爆炸与冲击,1994,14(2):129-139.

[33] 杨春和,曹祥国. 高应变速率对岩石力学特性影响实验研究及其损伤本构关系的探讨[C]//中国青年学者岩土工程力学及其应用讨论会文集. 北京:科学出版社,1994,12:286-290.

[34] 东兆星,单仁亮. 岩石在动载作用下破坏模式与强度特性研究[J]. 爆破器材,2000,29(1):1-5.

[35] 戚承志,赵跃堂,钱七虎. 强度的应变率效应对剥离破坏影响的数值分析[J]. 岩石力学与工程学报,2004,23(7):1091-1094.

[36] 王思敬,吴志勇,董万里,等. 水电工程岩体的弹性波测试[M]//中国科学院地质研究所. 岩体工程地质力学问题(三). 北京:科学出版社,1980,9:229-253.

[37] 郑永来,席道瑛. 岩石杨氏模量的应变率效应研究[C]//中国青年学者岩土工程力学及其应用讨论会文集. 北京:科学出版社,1994,12:119-123.

[38] 耿乃光,郝晋升,李纪汉,等. 岩石动态杨氏模量的对比测量研究[C]//第二届岩石动力学学术会议文集. 武汉:武汉测绘科技大学出版社,1990,10:50-54.

[39] 沈明荣,陈建峰. 岩体力学[M]. 上海:同济大学出版社,2006,7:52-55.

[40] 杨桂桐. 岩体的动力特性及震动波在岩体中的传播[J]. 金属矿山,1992,21(6):33-38.

[41] 朱瑞赓,等. 爆破地震波作用下岩石隧道的临界震动速度[C]//土岩爆破文集(第二辑). 北京:冶金工业出版社,1985,7:285-291.

[42] 孙均,侯学渊. 地下结构[M]. 北京:科学出版社,1991:696-697.

[43] 周维垣. 高等岩石力学[M]. 北京:水利电力出版社,1990,6:216-222.

[44] 龙源,冯长根,徐全军,等. 爆破地震波在岩石介质中传播特性与数值计算研究[J]. 工程爆破,2000,6(3):1-7.

[45] 林士炎,李长洪,乔兰,等. 爆破震动对高速路边坡影响的数值模拟[J]. 北京科技大学学报,2003,25(6):507-509.

[46] 郑际汪,陈理真. 爆破荷载作用下隧道围岩稳定性分析[J]. 矿山压力与顶板管理,2004,4:53-55.

[47] 许锡宾,赵明阶,荣耀. 公路隧道爆破掘进振动效应研究[J]. 水运工程,2004,368(9):74-78.

[48] 夏祥,李俊如,李海波,等. 爆破荷载作用下岩体振动特征的数值模拟[J]. 岩土力学,2005,26(1):50-56.

[49] 杨永琦. 矿山爆破技术与安全[M]. 北京:煤炭工业出版社,1991:185-237.

[50] 王文龙. 钻眼爆破[M]. 北京:煤炭工业出版社,1984.

[51] Ali Mortazavi. Modeling of rock blasting in jointed media using discontinuous deformation analysis[D]. PhD Thesis,Queen's University Kingston,Ontario,Canada,1999.

[52] 杨军. 岩石爆破理论模型及数值计算[M]. 北京:科学出版社,1999:2-20.

[53] 宗琦,杨吕俊. 岩石中爆炸冲击波能量分布规律初探[J]. 爆破,1999,16(2):1-6.

[54] Hsin Y L,Hong H. Reliability analysis of reinforced concrete slabs under explosive loading [J]. Structural Safety,2001,23:157-178.

[55] 李宁,Swoboda G. 爆破荷载的数值模拟与应用[J]. 岩石力学与工程学报,1994,13(4):357-364.

[56] 丁桦,郑哲敏. 爆破震动等效载荷模型[J]. 中国科学(E辑),2003,33(1):82-90.

[57] 荣耀,赵明阶,黄红元. 公路隧道爆破荷载的计算分析[J]. 公路交通技术,2005,1:91-94.

[58] 徐全军,龙源,张庆明,等. 微差爆破震动叠加起始位置数值模拟[J]. 力学与实践,2000,22(5):45-48.

[59] 杨伟林,杨柏坡. 爆破地震动效应的数值模拟[J]. 地震工程与工程振动,2005,25(1):8-13.

[60] 李秀地,蒋树屏,刘元雪,等. 小净距隧道扩建爆破动力响应数值模拟方法研究[J]. 地震工程学报,2014,36(4):784-789.

[61] 王铁良,张建鑫,韩学安. 岩石中爆炸波传播的数值模拟[J]. 计算物理,2000,17(1,2):126-130.

[62] 张继春,刘浩吾. 岩体爆破松裂区的损伤机制及其数值模拟[J]. 爆炸与冲击,1996,16(3):250-258.

[63] 刘运通,高文学. 爆炸荷载下岩石损伤的数值模拟研究[J]. 岩石力学与工程学报,2001,20(6):789-792.

[64] 鞠杨,夏昌敬,谢和平,等. 爆炸荷载作用下煤岩巷道底板破坏的数值分析[J]. 岩石力学与

工程学报,2004,23(21):3664-3668.

[65] 王新宇,邵珠山,乔汝佳.小净距下穿铁路隧道爆破振动的响应研究[J].应用力学学报,
2013,30(4):527-532.

[66] 吴祥云,赵玉祥,任辉启,等.提高岩体中地下工程承受动载能力的技术途径[J].岩石力学
与工程学报,2003,22(2):262-265.

[67] Johnson L R,Sammis C G. Effects of rock damage on seismic waves generated by explosions[J]. Pure Applied Geophysics,2000,158:1869-1908.

[68] 孟吉复,惠鸿斌.爆破测试技术[M].北京:冶金工业出版社,1992,12:90-95.

[69] 刘拓.公路隧道爆破对邻近引水隧洞振动响应的分析与实测研究[J].隧道建设,2014,
34(12):1126-1130.

[70] Tripathy G R,Gupta I D. Prediction of ground vibrations due to construction blasts in
different types of rock[J]. Rock Mechanics & Rock Engineering,2002,35(3):195-204.

[71] 张志呈.定向断裂控制爆破[M].重庆:重庆出版社,2000,5:34-35、540-546.

[72] 李树良.对邻近隧道爆破施工的几点体会[J].铁道建筑技术,1998,4:26-28.

[73] 王民寿,胡继生,杨兴国.小湾水电站地下厂房洞室围岩爆破震动的动力特征[J].云南水
利发电,2001,17(1):35-39.

[74] 郭建群,张继春,许海亮.人和场隧道掘进爆破的地震效应试验研究[J].中国铁道科学,
2003,24(4):92-95.

[75] 王玉杰,梁开水,田新邦.周宁水电站地下厂房开挖爆破地震波衰减规律的研究[J].岩石
力学与工程学报,2005,24(22):4111-4114.

[76] 闫鸿浩,李晓杰,曲艳东.爆破振动速度测试精细分析[J].岩土力学,2007,28(10):
2091-2094.

[77] 唐海,李海波,蒋鹏灿,等.地形地貌对爆破振动波传播的影响实验研究[J].岩石力学与工
程学报,2007,26(9):1817-1823.

[78] 史秀志,田建军,王怀勇.冬瓜山矿爆破振动测试数据回归与时频分析[J].爆破,2008,
25(2):77-81.

[79] 吕涛,石永强,黄诚,等.非线性回归法求解爆破振动速度衰减公式参数[J].岩土力学,
2007,28(9):1871-1878.

[80] 姜德义,陈玉,任松.超小净距交叉隧道的爆破振动监测与控制技术[J].西部探矿工程,
2008,10:188-191.

[81] 刘玉山,陈建平.大轩岭小净距隧道爆破振动监测与分析[J].爆破,2008,25(2):92-94.

[82] 刘新荣,黄明,祝云华,等.浅埋大跨隧道掘进中爆破振动控制与监测[J].中国地质灾害与
防治学报,2008,19(2):44-48.

[83] 李利平,李术才,张庆松,等.小间距隧道爆破动力响应分析[J].公路交通科技,2008,
25(7):100-106.

[84] 陆遐龄.岩体中爆炸应力波的试验研究[J].岩石力学与工程学报,1992,11(4):364-372.

[85] 徐良.新大成二线隧道爆破掘进施工技术[J].爆破 2008,25(2):36-38.

[86] 付士根,许开立.爆破振动效应预报及减震措施[J].中国安全生产科学技术,2006,2(6):
45-48.

第 2 章　工　程　概　况

2.1　自然概况及工程简介

新库鲁塔格隧道位于既有库鲁塔格隧道右侧,是南疆铁路吐鲁番至库尔勒之间的控制性重点工程。其线间距约 22m,隧道起讫里程为 DyK438＋881～DyK442＋013,全长 3132m,为单线隧道,与既有隧道长度相等且平行设置,洞口齐平(见图 2-1 和图 2-2)。线路坡度为 1299m 3‰的上坡和 1833m 3‰的下坡。既有平导位于新建隧道左侧约 2m,长 1479.27m。隧道进口段 1368.93m 由既有平行导坑扩挖而成。

图 2-1　新库鲁塔格隧道与老新库鲁塔格隧道进口端洞门(右侧为新建隧道)

新库鲁塔格隧道采用全断面光面爆破方法施工,炮眼直径为 40mm,采用的炸药为新疆雪峰民用爆破器材有限责任公司生产的岩石硼化硝铵炸药和 2 号岩石乳化炸药,炸药直径为 32mm,故为不耦合装药,装药径向不耦合系数为 1.25。装药段长度一般占炮眼长度的三分之二,故装药系数为 0.67。采用眼底起爆,无填塞。起爆方法为电起爆,采用的毫秒导爆雷管也是新疆雪峰公司生产。导爆雷管的延期时间及段别标志见表 2-1。

图 2-2　新库鲁塔格隧道与老新库鲁塔格隧道出口端洞门（左侧为新建隧道）

表 2-1　新库鲁塔格隧道使用的导爆雷管延期时间及段别标志

段别	1	2	3	4	5
延期时间/ms	0～12.5	12.6～37.5	37.6～62.5	62.5～92.5	92.6～130
段别	6	7	8	9	10
延期时间/ms	130.1～175	175.1～225	225.1～280	280.1～345	345.1～420
段别	11	12	13	14	15
延期时间/ms	420.1～505	505.1～600	600.1～705	705.1～820	820.1～950
段别	16	17	18	19	20
延期时间/ms	950.1～1100	1100.1～1300	1300.1～1550	1550.1～1850	1850.1～2150

　　图 2-3(a)～(c)分别为进口端Ⅱ级、Ⅲ级和Ⅳ级围岩的全断面光面爆破炮眼布置及药量分配示意图,图 2-4(a)～(c)分别为出口端Ⅱ级、Ⅲ级和Ⅳ级围岩的全断面光面爆破炮眼布置及药量分配示意图。根据围岩级别的不同,进口端每个开挖循环的炸药消耗量在 94.8～126.2kg 不等;出口端每单位循环的炸药消耗量在 133.3～167.7kg 不等。

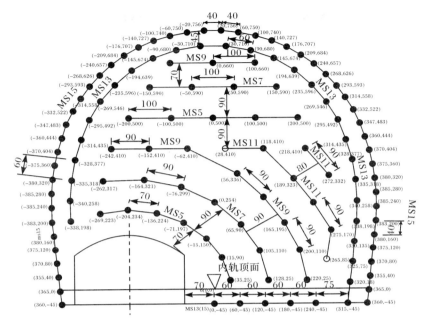

Ⅱ级围岩全断面光面爆破设计图

Ⅱ级围岩全断面光面爆破炮眼药量分配表(单线)

序号	上下台阶	炮眼分类	炮眼数/个	雷管段数/段	炮眼长度/cm	炮眼装药量			备注
						每孔药卷数/(卷/孔)	单孔装药量/(kg/孔)	合计药量/kg	
1		周边眼	46	MS15		5	0.75	34.5	
2		内圈眼	28	MS13		4	0.60	16.8	
3		扩槽眼	7	MS5		7	1.05	7.35	
4	全断面	掘进眼	12	MS7	2.5	6	0.90	10.8	—
5			12	MS9		5	0.75	9.0	
6			9	MS11		5	0.75	6.75	
7		底板眼	8	MS13		8	1.20	9.6	
8		合计	122	—			—	94.8	

(a) 进口端Ⅱ级围岩全断面爆破开挖炮孔布置及装药分配

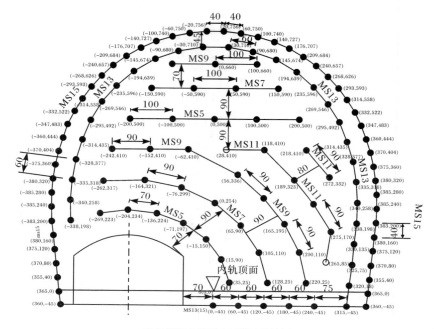

Ⅲ级围岩全断面光面爆破设计图

Ⅲ级围岩全断面光面爆破炮眼药量分配表(单线)

序号	上下台阶	炮眼分类	炮眼数/个	雷管段数/段	炮眼长度/cm	炮眼装药量			备注
						每孔药卷数/(卷/孔)	单孔装药量/(kg/孔)	合计药量/kg	
1	全断面	周边眼	46	MS15	300	6	0.9	41.5	—
2		内圈眼	28	MS13		4	0.60	16.8	
3		扩槽眼	7	MS5		8	1.20	8.4	
4		掘进眼	12	MS7		7	1.05	12.6	
5			12	MS9		6	0.90	10.8	
6			9	MS11		6	0.90	8.10	
7		底板眼	8	MS13		9	1.35	10.8	
8		合计	122	—	—	—	—	108.9	

(b) 进口端Ⅲ级围岩全断面爆破开挖炮孔布置及装药分配

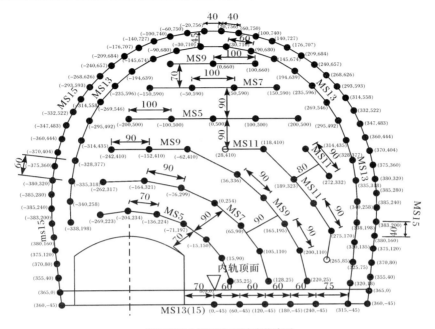

IV级围岩全断面光面爆破设计图

IV级围岩全断面光面爆破炮眼药量分配表（单线）

序号	上下台阶	炮眼分类	炮眼数/个	雷管段数/段	炮眼长度/cm	炮眼装药量			备注
						每孔药卷数/（卷/孔）	单孔装药量/（kg/孔）	合计药量/kg	
1		周边眼	46	MS15		7	1.05	48.3	
2		内圈眼	28	MS13		5	0.75	21.0	
3		扩槽眼	7	MS5		8	1.20	8.4	
4	全断面	掘进眼	12	MS7	300	8	1.20	14.4	—
5			12	MS9		7	1.05	12.6	
6			9	MS11		7	1.05	9.45	
7		底板眼	8	MS13		10	1.50	12.0	
8		合计	122	—	—	—		126.2	

（c）进口端IV级围岩全断面爆破开挖炮孔布置及装药分配

图 2-3

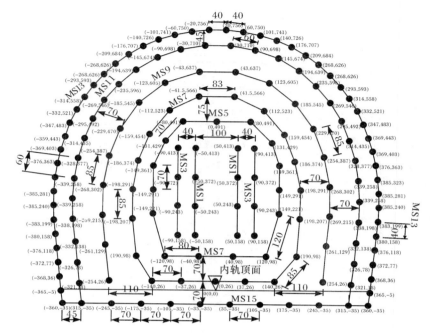

Ⅱ级围岩全断面光面爆破设计图

Ⅱ级围岩全断面光面爆破炮眼药量分配表(单线)

序号	上下台阶	炮眼分类	炮眼数/个	雷管段数/段	炮眼长度/cm	炮眼装药量			备注
						每孔药卷数/(卷/孔)	单孔装药量/(kg/孔)	合计药量/kg	
1		周边眼	46	MS13		5	0.75	34.5	
2		内圈眼	28	MS11		6	0.90	25.2	
3		掏槽眼	8	MS1		7	1.05	8.40	
4			8	MS3	2.5	7	1.05	8.40	
5	全断面		13	MS5		6	0.90	11.7	—
6		掘进眼	19	MS7		6	0.90	17.1	
7			18	MS9	—	6	0.90	16.2	
8		底板眼	10	MS11		8	1.20	12.0	
9		合计	150	—	—	—	—	133.5	

(a) 出口端Ⅱ级围岩全断面爆破开挖炮孔布置及装药分配

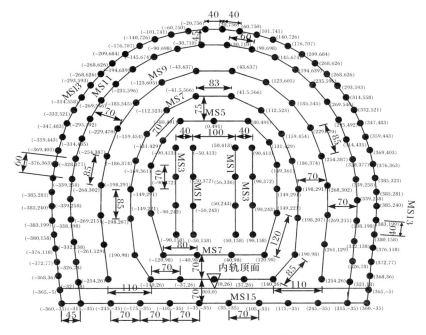

Ⅲ级围岩全断面光面爆破设计图

Ⅲ级围岩全断面光面爆破炮眼药量分配表(单线)

序号	上下台阶	炮眼分类	炮眼数/个	雷管段数/段	炮眼长度/cm	炮眼装药量			备注
						每孔药卷数/(卷/孔)	单孔装药量/(kg/孔)	合计药量/kg	
1		周边眼	46	MS13		6	0.9	41.4	
2		内圈眼	28	MS11		7	1.05	29.4	
3		掘槽眼	8	MS1	300	8	1.20	9.6	
4			8	MS3		8	1.20	9.6	
5	全断面	掘进眼	13	MS5		6	0.9	11.7	—
6			19	MS7		6	0.9	11.7	
7			18	MS9	—	6	0.9	11.7	
8		底板眼	10	MS11	—	9	1.35	13.5	
9		合计	150	—		—		138.6	

(b) 出口端Ⅲ级围岩全断面爆破开挖炮孔布置及装药分配

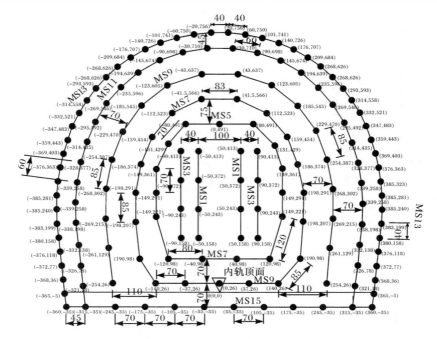

Ⅳ级围岩全断面光面爆破设计图

Ⅳ级围岩全断面光面爆破炮眼药量分配表（单线）

序号	上下台阶	炮眼分类	炮眼数/个	雷管段数/段	炮眼长度/cm	炮眼装药量			备注
						每孔药卷数/（卷/孔）	单孔装药量/（kg/孔）	合计药量/kg	
1	全断面	周边眼	46	MS13	300	6	0.90	41.4	—
2		内圈眼	28	MS11		8	1.20	33.6	
3		掏槽眼	8	MS1		9	1.35	10.8	
4			8	MS3		8	1.20	9.6	
5		掘进眼	13	MS5		8	0.20	15.6	
6			19	MS7		8	0.20	22.8	
7			18	MS9	—	7	1.05	18.9	
8		底板眼	10	MS11	—	10	1.5	15	
9		合计	150	—	—	—	—	167.7	

（c）出口端Ⅳ级围岩全断面爆破开挖炮孔布置及装药分配

图 2-4　爆破开挖炮孔断面设计图与装药量分配

2.2 工程地质概要

2.2.1 工程地质特征

1. 地形地貌特征

隧道所穿越的库鲁塔格山为南天山向东延伸的支脉,是塔里木盆地与焉耆盆地的分水岭,其山脊走向为 N-N-W,宽为 4～6km。地形起伏不大,为低中山,山体平均高程 1250～1300m,相对高差约 200m。因临近塔里木盆地边缘,地表风化剥蚀严重,山体多呈低山秃岭状,基岩破碎裸露,无植物生长。

2. 地层岩性

隧道进口端地层为第四系全新统及中更新统洪积地层,主要岩性为细圆砾土。洞身通过地段地层为元古代爱尔基斯群杨吉布拉克组(P_{ty})正长岩、闪长岩、花岗岩、片麻岩及大理岩,岩性详细特征如表 2-2 所示。

3. 地质构造

区域大地构造经历多期拼合、裂解、隆起、沉降伴随褶皱、断裂和岩浆活动,在古生代晚期拼合连为一体,奠定了本区大地构造的基本格局。此后又经过多期漫长的地壳构造运动。中生代至老第三纪,区内处于地壳构造运动相对稳定期,古生代的天山褶皱山系被剥蚀夷平,基本呈现准平原状。新第三纪开始,受到印度板块与欧亚大陆碰撞的持续挤压作用,区内开始了新构造运动。老断裂再度活化,天山山体随之隆升,塔里木地台沉降,山前地层挤压褶皱,重新塑造出现代新构造地貌格局。

1) 北轮台断裂(F1)

本工程通过的断裂为北轮台断裂,该断裂为区域性大断裂,是天山褶皱系与塔里木地台的分界断裂。长度大于 300km,为长期继承性活动断裂。该断裂位于进口端基岩区与山前倾斜洪积平原区的交界处,与洞身相交里程 DyK438+990～DyK439+033,断层的性质为逆断层,断带宽约 40m,为断层角砾及断层泥所充填,主要由混合片麻岩和花岗岩的碎片组成,已胶结,产状为 N40°～50°W/70°。

2) 次级断裂

逆断层(f1),与洞身相交里程 DyK438+882～DyK439+897,延伸 2～3km,断带宽 15～20m,断带内为压碎的大理岩岩块,已胶结,产状为 N35°W/78°N。

表 2-2　库鲁塔格隧道洞身通过地段地层岩性特征表

序号	地层名称	符号	分布范围	主要特征	岩土施工工程分级
1	第四系全新统细圆砾土	Q_4^{p16}	DyK438+882~DyK438+945 地表	层厚1~2m,浅黄色,颗粒以圆棱状为主,粒径2~10mm占50%,大于10mm占20%,小于2mm占20%,余下为粉黏粒充填,成分主要为花岗岩,变质岩类,中密	Ⅱ级普通土·σ_0=400kPa
2	第四系中更新统细圆砾土	Q_2^{p16}	下伏于第四系全新统细圆砾土层下	浅黄色,颗粒以圆棱状为主,粒径2~10mm占50%,大于2mm占20%,颗粒成分主要为花岗岩,变质岩类,已胶结,为泥质胶结,成岩程度差,土体密实	Ⅳ级软石·σ_0=800kPa
3	断层角砾	—	DyK438+970~DyK439+010 地表	灰黑色,灰白色,为断层破碎带,角砾为周围碎裂的变质岩,并夹杂有断层泥,已胶结	Ⅳ级软石·σ_0=500kPa
4	正长岩	P_{ty}^{ξ}	DyK438+990~DyK439+390	灰白色,具细晶花岗,碎裂结构,块状构造,岩石主要矿物成分为长石,石英,岩体结构致密,坚硬,节理发育,风化层厚2~3m,弱-强风化;主要节理产状:J1:N20°W/50°S,d1=0.5~2.0m;J2:N30°W/10°N,d2=1~2.0m	风化层Ⅳ级软石·σ_0=800kPa;风化层以下Ⅴ级次坚石·σ_0=1200kPa
5	花岗岩	P_{ty}^{γ}	DyK439+390~DyK441+070	浅红色,部分为灰色,中,粗粒结构,块状构造,成分以石英,长石,黑云母及其他暗色矿物为主,岩体较破碎,风化层厚2~5m,弱-中风化,节理较发育;主要节理产状:J1:N50°E/75°S,d1=0.5~2.0m;J2:N35°W/50°S,d2=0.5~2.0m	风化层Ⅳ级软石·σ_0=800kPa;层以下Ⅴ级次坚石·σ_0=1200kPa
6	片麻岩	P_{ty}^{Gn}	DyK441+070~DyK441+970	灰黑色,粗粒花岗结构,片麻状构造,主要矿物成分为石英,长石,黑云母,角闪石及其他暗色矿物,暗色矿物定向排列,呈黑白相间条带状,岩质较硬,风化层厚2~5m,弱-中风化;节理发育,主要节理产状:J1:N30°E/80°N,d1=0.2~0.5m;J2:E-W/70°N,d2=0.2~0.5m	风化层Ⅳ级软石·σ_0=800kPa;风化层以下Ⅴ级次坚石·σ_0=1200kPa

续表

序号	地层名称	符号	分布范围	主要特征	岩土施工工程分级
7	闪长岩	P_{ty}^{δ}	出露在库鲁塔格山南坡低丘区,隧道围内分部较少	灰黑色,变晶交代结构,块状构造,主要矿物分为斜长石、黑云母及少量磁铁矿,方解石、白云石,岩体结构致密,坚硬,节理发育。风化层厚 2~5m,弱-强风化,主要节理产状:$J1$:N75°E/55°S,$d1=0.5~2.0m$; $J2$:N50°W/60°S,$d2=1~2.0m$	风化层 IV 级软石,$\sigma_0=800kPa$,风化层以下 V 级次坚石,$\sigma_0=1200kPa$
8	大理岩	—	出露地表	白色,表面呈黄色,花岗变晶结构,块状构造,主要矿物成分为方解石、白云石,局部地段受断层影响,岩体破碎,节理发育	风化层厚 2~5m,强风化;风化层 IV 级软石,$\sigma_0=800kPa$;风化层以下 V 级次坚石,$\sigma_0=1200kPa$

逆断层(f2),位于隧道出口端,延伸长度数十公里,与洞身相交里程 DyK441+940～DyK441+960,破碎带宽约 20m,为断层角砾及断层泥所充填,主要由混合片麻岩和花岗岩的碎片组成,已胶结,断层产状为 N42°W/65°N。

4. 水文地质特征

根据现场地质调查,均未发现有地下水活动,洞身所通过的地表沟床也无地表径流,只有大气降水形成的暂时性地表径流。从隧道进出口右侧废弃的既有线平行导洞的调查分析来看,该平行导洞里面未衬砌,部分段落塌落,无法进行全面调查,平行导洞里无地下水涌出,反映本隧道洞身地段基岩裂隙水不发育,预测该隧道的涌水量较小,预计出水量小于 100m³/d。隧道进口处第四系地层也未见地下水出露,推测地下水埋深应大于 30m。

5. 地震动参数及气象

地震动参数:该区地震动峰值加速度为 0.15g;地震动反应谱特征周期:0.35s。(相当于地震烈度为七度);气象:平均气温 10.7℃,最热月平均气温 26.4℃,最冷月平均气温－6.9℃。年平均降水量 57.4mm,年最大降水量 117.6mm,年平均蒸发量 2714.7mm。最大冻结深度 0.63m。

2.2.2　隧道围岩分布

图 2-5 为新库鲁塔格隧道纵断面及围岩分布,按图 2-5 的数据统计,该隧道围岩以Ⅲ级围岩为主,长度为 1557m,占全部的 49.7%;其次为Ⅳ级围岩,长度为 800m,占全部的 25.5%;Ⅱ围岩长度为 658m,占全部的 21.0%;Ⅴ级围岩最少,长度为 117m,占全部的 3.7%。各级围岩占全部隧道围岩长度的比例关系如图 2-6 所示。

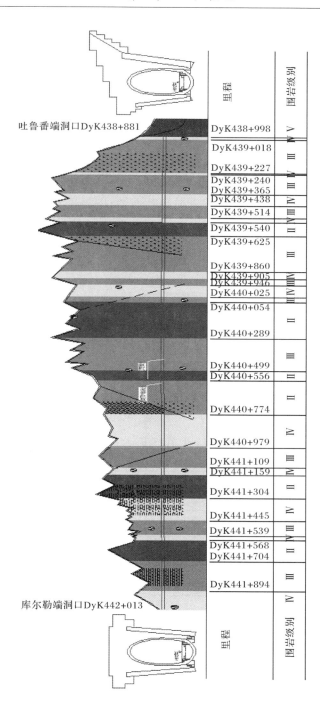

里程	围岩级别
DyK438+998	Ⅴ
DyK439+018	Ⅲ
DyK439+227	Ⅳ
DyK439+240	Ⅲ
DyK439+365	Ⅳ
DyK439+438	Ⅳ
DyK439+514	Ⅲ
DyK439+540	Ⅱ
DyK439+625	Ⅲ
DyK439+860	Ⅲ
DyK439+905	Ⅳ
DyK439+946	Ⅲ
DyK440+025	Ⅲ Ⅳ
DyK440+054	Ⅱ
DyK440+289	Ⅲ
DyK440+499	Ⅲ
DyK440+556	Ⅱ
DyK440+774	Ⅱ
DyK440+979	Ⅳ
DyK441+109	Ⅲ
DyK441+159	Ⅳ
DyK441+304	Ⅱ
DyK441+445	Ⅳ
DyK441+539	Ⅲ
DyK441+568	Ⅱ
DyK441+704	Ⅲ
DyK441+894	Ⅳ

吐鲁番端洞口DyK438+881

库尔勒端洞口DyK442+013

图 2-5　新库鲁塔格隧道纵断面图及围岩分布

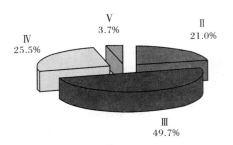

图 2-6　新库鲁塔格隧道各级围岩比例

图 2-7 为新库鲁塔格隧道Ⅲ级围岩衬砌断面图；图 2-8 为既有隧道直墙式衬砌断面图。

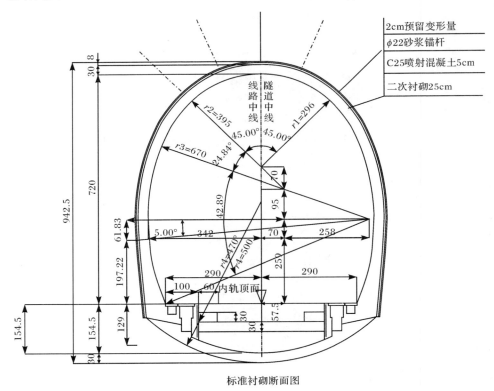

标准衬砌断面图

图 2-7　新库鲁塔格隧道Ⅲ级围岩衬砌断面图（单位：cm）

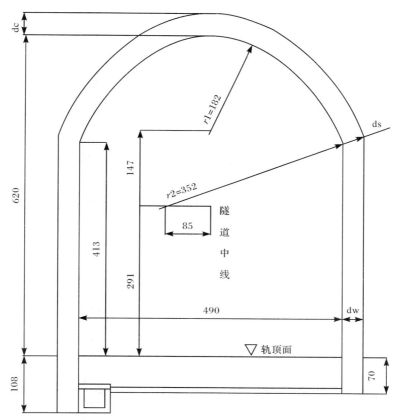

图 2-8　老库鲁塔格隧道衬砌断面图(单位:cm)

dw 为边墙衬砌厚度;dc 为拱顶衬砌厚度;ds 为拱脚衬砌厚度。上述厚度是随围岩

坚固性系数 f 变化的[1]

2.3　围岩物理力学参数测定

　　室内实验主要是测定围岩试样和既有衬砌混凝土材料的物理力学参数,结合现场结构面调查和回弹测试等,确定围岩和既有隧道衬砌的物理力学参数,为数值模拟提供计算指标。

2.3.1　围岩试样采集和现场调查

　　围岩试样的采集和现场调查主要在新建隧道进口端平导内进行。共采集 5 组样品,编号分别为 Y1~Y5,如图 2-9 所示。其中 Y1 和 Y2 为Ⅱ级围岩,Y3、Y4 和 Y5 为Ⅲ围岩。Y5 为直接在平导内边墙上钻取的试样,如图 2-10 所示。Y2~

Y5 为选取的岩块在实验室加工制样,如图 2-11 所示。

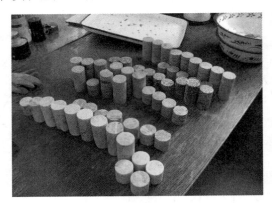

图 2-9　加工好待试验的岩石试样

图 2-10　现场试样钻取

图 2-11　室内加工的岩块

取样之前,描述了围岩的结构面分布并测定了岩石表面回弹值。表 2-3 为试样 Y1、Y3~Y5 处的结构面分布特征和岩石表面回弹值。表 2-4 为试样 Y1~Y5 的岩性描述。

表 2-3　新建隧道平导内岩心计划取样位置简表

岩样编号	结构面分布特征	平均回弹值
Y1	主要发育 1 组共 2 条可见长度大于 20m 的结构面。产状为:倾向 250°,倾角 4.4°,其间距约 1.4m。充填白色粉末状方解石夹泥,厚度约 0.5cm,有渗水,夹层物质呈糊状。整体巨块状结构,岩壁表面有爆破卸荷裂隙	62
Y3	共有 4 条主要结构面,其特征分别为:①倾向 230°,倾角 59°,可见长度约 2.5m,石英充填物质,局部压碎,自顶板至底板上宽下窄,最宽约 5cm,至底板处尖灭;②走向 140°,近似直立,沿洞周环形封闭性分布,充填白色粉末状方解石夹层,宽度 1~7cm;③倾向 165°,倾角 41°,可见长度 3m,充填厚度约 0.5cm	49
Y4	共有 4 条主要结构面,其特征分别为:①倾向 205°,倾角 32°,可见长度大于 5m,厚度约 1cm;②倾向 90°,倾角 55°,可见长度 2.3m,白色粉末状方解石充填,厚度约 0.5cm;③倾向 85°,倾角 38°,沿洞周环形分布,白色粉末状方解石充填,夹层厚度 0.1~0.5cm。④倾向 90°,倾角 39°,可见长度 1.5cm,无充填	59
Y5	主要发育 3 组主要结构面,可见长度 1~2m,每组 2~3 条,无充填,属硬性结构面,分别为:①倾向 256°,倾角 79°,间距大于 1m;②倾向 96°,倾角 85°,间距 20~30cm;③倾向 146°,倾角 34°,间距大于 30~40m	56

表 2-4　试样岩性地质特征

岩样编号	地质特征
Y1	灰浅绿色蛇纹石化岩石,具斑驳状色纹,致密块状,质地较软,硬度小于小刀(即小于 5.5),为斑状变晶结构,块状构造。主要由辉石、绿泥石、碳酸岩等矿物组成。其中辉石为墨绿色,呈粒状结晶体,具玻璃光泽;绿泥石为暗绿色,呈隐晶质和鳞片状集合体,显珍珠光泽或蜡状光泽;碳酸岩为浅黄绿色,隐晶质集合体,具蜡状光泽,且与稀盐酸起剧烈反应
Y2	灰白色石英岩,致密块状,坚硬,硬度大于小刀,为中粒变晶结构,块状构造。由粒径为 1~3mm 的石英晶体组成,在岩石断面上有极少数的 0.5~1mm 大小的黑色矿物零星分布。石英粒状晶体为灰白色,具玻璃光泽或油脂光泽,断口平坦
Y3	灰绿色绿泥石片岩,具细鳞片变晶结构,片状构造。由细鳞片状的绿泥石,以及胶状钙镁碳酸岩矿物组成,晶体绿泥石为墨绿色,细鳞片状,具有珍珠光泽,质软,呈定向排列状的集合体,钙镁质矿物为灰白色,以斑点和条带状分布于其中,无明显晶体特征,可与稀盐酸反应
Y4	灰白色或淡绿色大理岩,具粒状变晶结构,条带状构造,主要矿物为白云石、方解石及少量石英,晶体呈粒状集合体,具玻璃光泽和油脂光泽,各类矿物在岩石中均为条带状分布,可与稀盐酸起反应

岩样编号	地质特征
Y5	灰黑色闪长片麻岩,具粒状变晶结构,片麻状构造,主要有黑云母、斜长石、石英及角闪石矿物组成。黑云母为黑褐色,呈细鳞片状集合体,定向排列;斜长石为白色板粒状集合体,具玻璃光泽,硬度大于小刀;石英为白色粒状散体,具油脂光泽;角闪石为黑色粒状,具玻璃光泽

2.3.2　围岩物理力学参数

室内试验由中国水电顾问集团西北勘测设计研究院岩土试验研究中心完成,试验项目和结果如表 2-5 所示,试验按照工程岩体试验方法标准(GB/T 50266—1999)[2] 的要求完成。其中,单轴抗压强度试验和直剪试验分别如图 2-12 和 2-13所示。图 2-14 是单轴抗压强度试验典型的压坏岩样,图 2-15 是直剪试验完成后典型的破坏岩样。图 2-16 是 Y1-1 岩样的应力应变关系曲线,其他岩样的应力应变关系曲线的形状类似,故从简。

表 2-5　室内试验测出的围岩物理力学参数

岩样编号	颗粒比重	密度/(g/cm³)		孔隙率/%	吸水率/%	饱和吸水率/%	单轴抗压强度 R_c/MPa		软化系数	抗剪强度		变形模量/GPa	容重/(kN/m³)
		干	饱和				干	饱和		C/MPa	φ		
Y1	2.87	2.86	2.86	0.35	0.08	0.10	143	113	0.79	4.0	53°12′	30.1	28.1
Y2	2.66	2.65	2.65	0.38	0.18	0.21	200	180	0.9	6.1	54°49′	22.7	26.0
Y3	2.89	2.88	2.91	0.35	0.08	0.10	126	110	0.87	3.8	50°11′	12.3	28.3
Y4	2.73	2.72	2.72	0.37	0.06	0.07	135	113	0.84	4.2	51°45′	19.6	26.7
Y5	2.73	2.72	2.74	0.37	0.13	0.15	113	102	0.9	3.3	50°56′	13.5	26.7

由表 2-5、图 2-14～图 2-16 可以看出,岩石的单轴抗压强度都较高,其破坏形式为典型的脆性劈裂破坏,应力应变关系曲线在初始压密完成后,几乎为一直线,说明该类岩石大都属于典型的硬岩和线弹性介质,其变形模量和抗剪强度也较高,但由于受结构面切割,围岩完整性差异较大。考虑爆破动力加载特性的影响,在进行爆破动力分析时,一般应将围岩强度和变形参数提高若干倍,参考绪论部分有关岩体动力参数的取值经验和范围,对强度参数不做提高或折减,仅提高变形参数,具体为:对于变形模量,按 $E_d=8.7577E_s^{0.5882}$ 计算[3],对于泊松比,按 $\mu_d=0.8\mu_s$ 计算[4]。然后将 Y1 和 Y2 的参数求平均值作为Ⅱ级围岩的动参数值,而将Y3、Y4 和 Y5 的参数求平均值作为Ⅲ级围岩的动参数值。这样得出的计算参数

值如表2-6所示。

表 2-6 围岩计算参数取值

参数类型	围岩级别	单轴抗压强度 R_c/MPa		抗剪强度		变形模量/GPa	泊松比	容重/(kN/m³)
		干	饱和	C/MPa	φ			
静参数	Ⅱ级围岩	171.50	146.50	5.05	54°00′	26.40	0.22	27.05
	Ⅲ级围岩	171.50	108.33	3.77	50°57′	15.13	0.25	27.23
动参数	Ⅱ级围岩	124.00	146.50	5.05	54°00′	59.92	0.176	27.05
	Ⅲ级围岩	124.67	108.33	3.77	50°57′	43.07	0.20	27.23

图 2-12 单轴抗压强度试验

图 2-13 直剪试验

图 2-14　单轴抗压强度破坏的岩样

图 2-15　直剪试验破坏的岩样

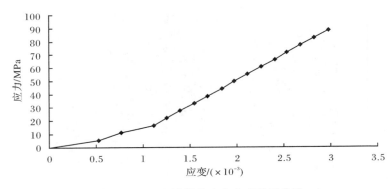

图 2-16　Y1-1 试样的应力应变关系曲线

2.3.3　既有隧道衬砌表面回弹值和计算参数的确定

1. 既有隧道衬砌表面回弹值

图 2-17 是对既有隧道衬砌表面用回弹仪直接回弹而得出的初始值,未考虑炭化深度的折减,其位置主要与其中的避车洞编号相对应,其中,避车洞编号从进口端向出口端依次增大,平均每 30m 就是一个避车洞。可以看出,回弹值大多为 30～40,个别点为 35,其平均为 36。按最大炭化深度 6mm,修正系数 0.6 折算,其抗压强度为 18～24MPa,平均为 21.6MPa。

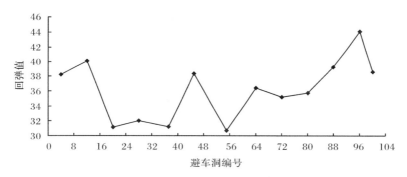

图 2-17　既有隧道衬砌表面回弹值随避车洞编号的变化

2. 既有隧道衬砌混凝土取样测试

由于既有隧道是 1979 年竣工的,自投入运营后一直是南疆铁路的控制性工程,线路运输任务繁重,平均 15～20min 就有一列车通过,因此钻芯取样不能在边墙上进行,只得选择避车洞。图 2-18 是在第 1 个避车洞内钻取混凝土芯样的情况,图 2-19 是钻取的一个试样。

混凝土芯样的钻取过程极为困难,因为衬砌混凝土颗粒较粗,性质很脆,故经常发生卡钻和芯样脆断现象,经多次钻取,都无功而返。最终,仅图 2-19 所示的芯样勉强接近规范试验要求的尺寸。在室内只做了这个试样的单轴抗压强度,其强度为 17MPa,图 2-20 是破坏后的混凝土试样。

由于难以取得足够数量的混凝土试样进行室内物理力学参数试验,因此,对既有隧道衬砌混凝土的物理力学参数只能参考现有相关文献中的取值,根据文献[5]和[6]的取值,本项目的混凝土确定为 C20 混凝土,其强度和容重按照试验值,其中抗压强度乘 1.5 倍作为动抗压强度,而其他参数则参考文献[5]和[6]的取值,最终确定的计算参数如表 2-7 所示。

图 2-18　避车洞内钻取混凝土芯样

图 2-19　钻取的混凝土芯样,直径 10.1cm,高约 10cm

图 2-20　抗压强度试验破坏后的混凝土芯样

表 2-7　既有衬砌混凝土计算参数取值

材料	类型	弹性模量/GPa	泊松比	容重/(kN/m³)	黏聚力/MPa	内摩擦角/(°)
C20 砼	静	28.00	0.20	25.00	1.80	50.0
	动	35.00	0.16	25.00	1.80	50.0

2.4　小　　结

新库鲁塔格隧道的围岩性质较为坚硬,单轴抗压强度最小为 113MPa,最大为 200MPa,破坏形式为劈裂破坏,其应力应变具有较好的线性关系,近似为线弹性关系。但受结构面的切割,其完整性程度有所下降。最后确定计算参数时,对强度参数不做改变,而对变形参数考虑动力荷载作用时的应变率效应,参考其他研究成果适当提高。

既有隧道的衬砌混凝土颗粒粗,性质脆,虽然其表面回弹值较高,但在小避车洞钻取混凝土芯样时,很难获得符合要求的试样,唯一一个试样所得的单轴抗压强度仅为 17MPa,按最大炭化深度 6mm,从回弹值估算的抗压强度平均为 21.6MPa。因此,在数值计算中,近似将既有隧道衬砌混凝土的标号取为 C20,并参考同类研究成果,确定了数值计算的物理力学参数。

参 考 文 献

[1] 铁道部运输局基础部. 铁路隧道检测技术手册[M]. 北京:中国铁道出版社,2007.

[2] 中华人民共和国国家标准. 工程岩体试验方法标准(GB/T 50266-1999)[S]. 北京:中国计划出版社,1999.

[3] 王思敬,吴志勇,董万里,等. 水电工程岩体的弹性波测试. 中国科学院地质研究所著,岩体工程地质力学问题(三)[M]. 北京:科学出版社,1980,9:229-253.

[4] 戴俊. 岩石动力学特性与爆破理论[M]. 北京:冶金工业出版社,2002,5:147-149.

[5] 王明年,潘晓马,张成满,等. 邻近隧道爆破振动响应研究[J]. 岩土力学,2004,25(3):412-414.

[6] 毕继红,钟建辉. 邻近隧道爆破震动对既有隧道影响的研究[J]. 工程爆破,2004,10(4):69-73.

第3章　既有隧道爆破振动特性研究

目前,工程中常见的爆破振动测试方法主要以结构物表面垂直向振动速度为主,采用动应变测试结构表面振动特性的尚不多见。本章采用动应变测试、爆破速度测试和数理统计等综合方法,对依托工程-新库鲁塔格隧道爆破施工过程中引起的既有隧道衬砌表面振动特点进行测试分析,以期为掌握既有隧道衬砌的振动与安全稳定状态,提供数据支持,并为后续的数值模拟提供理论依据。

3.1　既有隧道迎爆侧衬砌动应变测试

3.1.1　测试系统及断面布置

本项目采用 DH5938 动态信号测试分析系统进行既有隧道衬砌表面迎爆侧动应变测试。DH5938 动态信号测试分析系统包含动态信号测试系统所需的信号调理器(应变、振动等调理器)、直流电压放大器、低通滤波器、抗混滤波器、16 位 A/D 转换器,以及采样控制和计算机通信的全部硬件,是以计算机为基础、智能化的动态信号测试分析系统,测试和数据采集系统见图 3-1。应变测量时,输入桥路方式、应变计电阻、导线电阻、应变计灵敏度系数,软件完成对测量结果的自动修正。输入被测试件材料的弹性模量和泊松比,软件将完成两片直角应变片主应变及方向的计算。

图 3-1　动应变测试系统

　　测试共进行 15 次,其中在库鲁塔格隧道进口端测试 13 次,出口端 2 次,编号依次为 C1~C15(C14 和 C15 在既有隧道出口端)。15 次测试的应变片布置方式有三种,图 3-2 为 C2~C6 断面测试点布置图,为布片方式一(环向布片),其里程和各通道位置等见表 3-1;图 3-3 为 C7、C8 断面测试点布置图,为布片方式二(纵向布片),其里程和各通道位置等见表 3-2;图 3-4 和图 3-5 为 C14 断面测试点布置图,为布片方式三(特殊布置),其里程和各通道位置等见表 3-3。C14 断面在既有隧道出口端,位于横通道 88 内,横通道垂直于既有隧道边墙,长 6.5m,高 2.9m,宽 3m,两边墙里程分别为:Dyk441+467.1 和 Dyk441+464.1,应变片的布置为:1,2 通道在横通道边墙上下行侧,3,4 和 5,6 通道在横通道掌子面上。在动应变测试同时,还在相应位置设置爆破速度仪进行同步测试。爆破速度测试的通道和位置对应关系见图 3-2~图 3-4 和图 3-6。

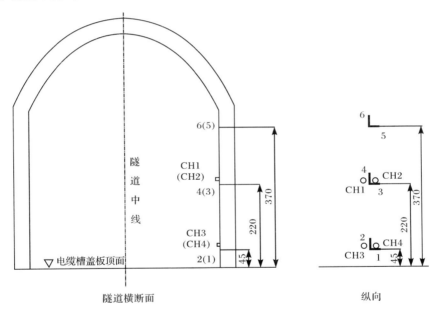

图 3-2　C2~C6 断面测试点布置图(布片方式一,单位:cm)

表 3-1　动应变测试断面布置表(方式一)

断面编号	断面里程/m	掌子面里程/m	1,2 通道高度/m	3,4 通道高度/m	5,6 通道高度/m
C1	Dyk439+333.4	Dyk439+332	0.45	2.18	3.70
C2	Dyk439+338.5	Dyk439+335	0.45	2.18	3.60
C3	Dyk439+342.1	Dyk439+338	0.45	2.20	3.70

续表

断面编号	断面里程/m	掌子面里程/m	1,2通道高度/m	3,4通道高度/m	5,6通道高度/m
C4	Dyk439+342.1	Dyk439+341	0.45	2.20	3.70
C5	Dyk439+347	Dyk439+344	0.45	2.26	3.70
C6	Dyk439+347	Dyk439+345.5	0.45	2.26	3.70
C12	Dyk439+366.5	Dyk439+364.5	0.45	2.25	3.45
C13	Dyk439+366.5	Dyk439+367.5	0.45	2.25	3.45
C15	Dyk441+462.8	Dyk441+459.3	0.45	2.25	3.25

注:所有应变片布置高度为距轨顶面距离。

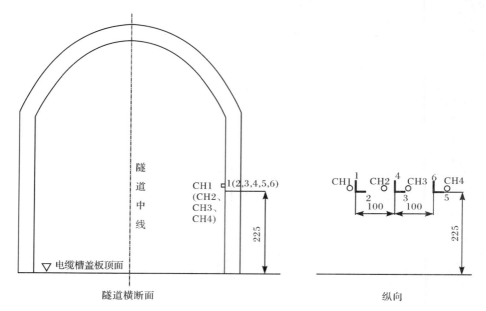

图 3-3　C7、C8 断面测试点布置图(布片方式二,单位:cm)

表 3-2　动应变测试断面布置表(方式二)

断面编号	断面里程/m			掌子面里程/m
	1,2通道	3,4通道	5,6通道	
C7	Dyk439+348	Dyk439+349	Dyk439+350	Dyk439+348.5
C8	Dyk439+352.5	Dyk439+353.5	Dyk439+354.5	Dyk439+351.5
C9	Dyk439+355.5	Dyk439+356.5	Dyk439+354.5	Dyk439+354.5

断面编号	断面里程/m			掌子面里程/m
	1,2 通道	3,4 通道	5,6 通道	
C10	Dyk439+357.5	Dyk439+356.5	Dyk439+358.5	Dyk439+357.5
C11	Dyk439+360.5	Dyk439+361.5	Dyk439+362.5	Dyk439+360.5

注:所有应变片布置高度均为距 2.25m。

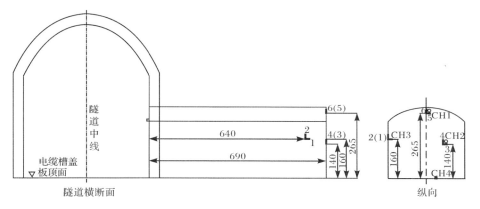

图 3-4　C14 断面测试点布置图(布片方式三,单位:cm)

图 3-5　应变片布置方式三——位于横通道 88 内

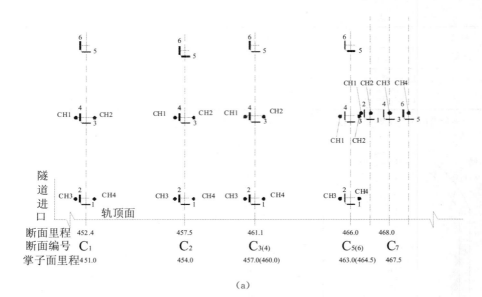

(a)

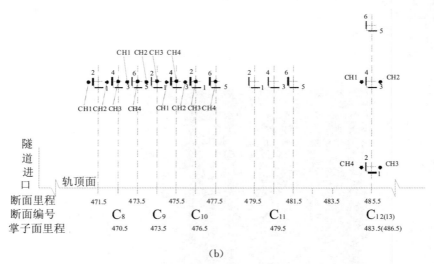

(b)

图 3-6 迎爆侧动应变测试断面沿里程布置图

①图中的里程是指距离既有隧道进口的绝对长度,未进行与新线里程的换算,而在表中则进行了换算;
②1,2,3,4,5,6 表示对应应变仪通道号;③1,3,5 通道对应的应变片均为水
平方向,即为平行于地面方向,而 2,4,6 通道对应的应变片为垂直方向;
④CH1,CH2,CH3,CH4 表示对应爆速仪通道号

表 3-3　动应变测试断面布置表(方式三)

断面	断面里程(m)和高度(m)			掌子面里程/m
编号	1,2 通道	3,4 通道	5,6 通道	
C14	Dyk441+467.1	Dyk441+464.95	Dyk441+465.6	Dyk441+467.8
	高度:1.6	高度:1.4	高度:2.65	

　　15 次测试总的断面布置如图 3-6 所示。对不同的测点布置,1、3、5 通道的应变片始终为纵向平行于钢轨,2、4、6 通道的应变片始终为环向,且分别垂直于 1、3、5 通道,见图 3-7 和图 3-8。

图 3-7　粘贴好的应变片

图 3-8　粘贴应变片(布置方式一)

3.1.2　测试结果及分析

现场测试获得的最大动应变所处通道的典型动应变时程曲线见图 3-9～图 3-20。

1. 动应变峰值出现时间和振动持续时间

在既有隧道迎爆侧衬砌表面进行动应变测试,列车通行引起的电磁场和列车风影响,使得测试元件性能不稳定,再加上在粘贴应变片的过程中,出于安全考虑而反复避车,故不能保证使每个应变片都能正常工作,因此测得的数据有部分异常,有些则因干扰信号太强以致无法进行分析。其中,C1、C10 和 C11 因围岩软弱、破碎而几乎未采集到数据,与之相应布置的爆破速度测试记录信号也很微弱。有 10 个测试断面获得了完整的动应变测试数据,其动应变最大值及其相应的时刻等如表 3-4 所示。

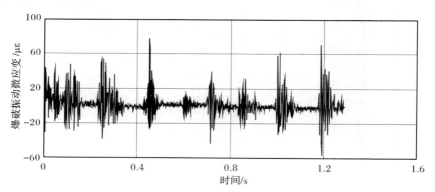

图 3-9　C2 断面 6 通道动应变时程曲线(掌子面里程 Dyk439＋335)

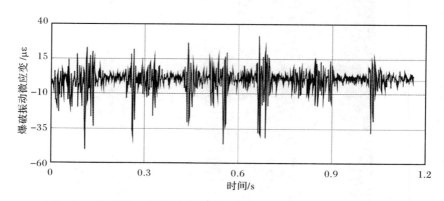

图 3-10　C3 断面 6 通道动应变时程曲线(掌子面里程 Dyk439＋338)

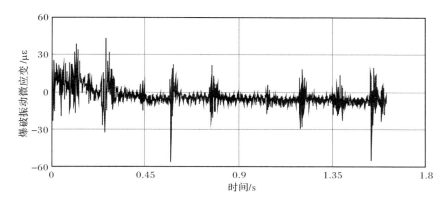

图 3-11　C4 断面 6 通道动应变时程曲线(掌子面里程 Dyk439＋341)

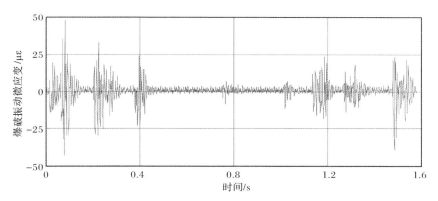

图 3-12　C5 断面 5 通道动应变时程曲线(掌子面里程 Dyk439＋344)

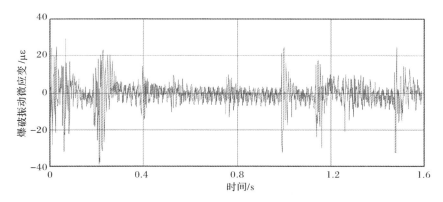

图 3-13　C6 断面 5 通道动应变时程曲线(掌子面里程 Dyk439＋345.5)

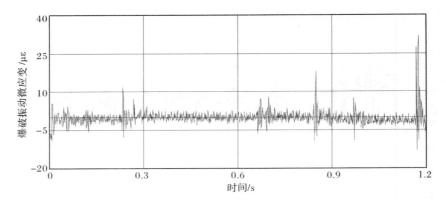

图 3-14　C7 断面 6 通道动应变时程曲线(掌子面里程 Dyk439＋348.5)

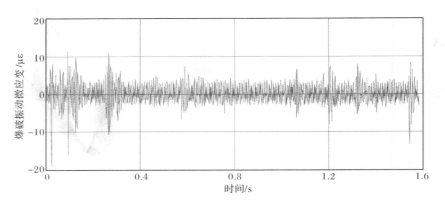

图 3-15　C8 断面 2 通道动应变时程曲线(掌子面里程 Dyk439＋351.5)

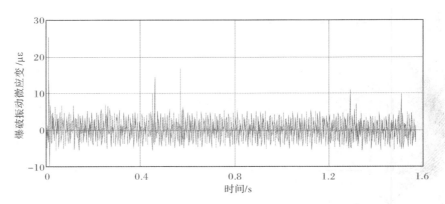

图 3-16　C9 断面 2 通道动应变时程曲线(掌子面里程 Dyk439＋354.5)

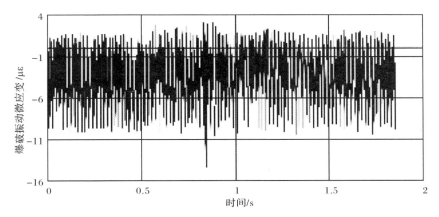

图 3-17　C10 断面 5 通道动应变时程曲线（掌子面里程 Dyk439＋357.5）

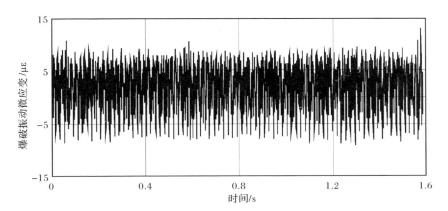

图 3-18　C13 断面 5 通道动应变时程曲线（掌子面里程 Dyk439＋367.5）

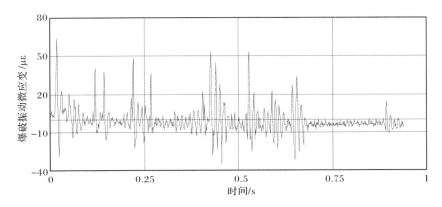

图 3-19　C14 断面 3 通道动应变时程曲线（掌子面里程 Dyk441＋467.8）

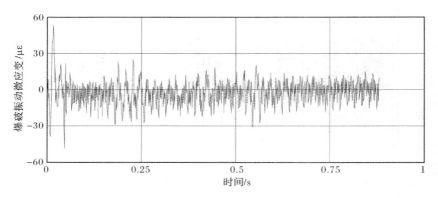

图 3-20　C15 断面 3 通道动应变时程曲线(掌子面里程 Dyk441+459.3)

　　表 3-4 是各测试断面中动应变最大值及其对应通道和估算的拉应力,其中 C2~C6 断面,以及 C15 断面采用布片方式一,其峰值对应通道均为 5 或 6,说明在最高处的 5,6 通道,其动应变最大。由此而估算的既有隧道迎爆侧衬砌混凝土中产生的最大动拉应力平均值为 1.29MPa。

　　由表 3-5 可以看出,各通道波段数约为 8 个波段,这与新建隧道爆破炮孔布置大致相同。爆破振动持续时间约为 1.36s,峰值大致发生在第 2~3 个波段上。

表 3-4　各通道动应变最大值及其对应通道

布片方式	断面编号	应变峰值/μɛ	估算拉应力/MPa	对应通道编号	距轨顶面距离/m
方式一	C2	77.39	2.17	6	3.6~3.7
	C3	50.42	1.41	6	3.6~3.7
	C4	55.78	1.56	6	3.6~3.7
	C5	44.85	1.26	5	3.6~3.7
	C6	38.95	1.09	5	3.6~3.7
	C15	53.59	1.50	3	2.25
方式二	C7	31.65	0.89	6	2.25
	C8	18.88	0.53	2	2.25
	C9	25.33	0.71	2	2.25
方式三	C14	64.38	1.80	3	1.40
平均值		46.12	1.29	—	—

注:拉应力估算时采用的混凝土弹性模量为 28GPa。

表 3-5　动应变测试数据整理表

断面编号	通道编号	断面最大值及对应时刻	起至时间		振动时间	各通道波峰(谷)之值												备注
			起	至		1	2	3	4	5	6	7	8	9	10	11	12	
C2	9_1	77.39/201.51 起爆后 0.21s	200.31	201.58	1.27	7.23	-9.99	7.35	-7.91	-5.96	-4.49	-5.84	-6.69	—	—	—	—	—
	9_2		200.32	201.56	1.24	8.67	5.38	6.96	4.40	-4.63	-4.39	-4.51	—	—	—	—	—	4,5 通道未连接
	9_3		200.32	201.57	1.25	3.52	-7.84	7.06	-6.13	-6.00	-3.93	-5.76	-5.88	—	—	—	—	—
	9_6		200.32	201.61	1.29	47.97	53.34	**77.39**	14.16	-43.21	31.37	61.77	70.92	—	—	—	—	—
C3	9_1	-50.42/15.85 起爆后 0.10s	15.75	16.83	1.08	-4.13	-4.98	-4.25	4.42	-6.69	-3.64	-4.25	—	—	—	—	—	—
	9_2		15.75	16.83	1.08	-25.59	-21.19	-20.83	-18.63	-18.14	-9.84	12.25	—	—	—	—	—	4 通道异常
	9_3		15.75	16.82	1.07	11.29	10.43	10.56	12.27	16.29	7.87	8.73	7.75	—	—	—	—	—
	9_5		15.74	16.84	1.10	6.53	-6.53	6.16	5.43	-6.17	-6.04	—	—	—	—	—	—	—
	9_6		15.74	16.90	1.15	**-50.42**	-41.26	-30.52	-46.39	-41.63	-18.80	-37.96	—	—	—	—	—	—
C4	9_1	-55.78/139.12 起爆后 0.61s	138.51	140.10	1.59	-5.08	-7.16	4.19	-4.60	3.70	3.83	-4.84	6.27	—	—	—	—	—
	9_2		138.53	140.16	1.63	-23.41	-12.18	-7.17	-22.43	8.82	-19.99	-15.96	4.91	-13.40	-8.39	-15.47	—	—
	9_3		138.53	140.16	1.63	-8.66	-7.93	12.09	6.36	-12.32	10.38	4.40	14.05	10.75	-9.15	-7.32	8.43	—
	9_4		138.54	140.17	1.63	54.08	41.87	50.78	22.34	21.00	28.81	6.84	32.59	17.94	57.13	—	—	异常
	9_5		138.54	140.16	1.62	7.33	8.79	5.72	6.70	4.70	6.22	4.63	6.51	5.79	—	—	—	异常
	9_6		138.54	140.15	1.61	25.14	22.83	38.08	13.79	42.84	-14.89	**-55.78**	22.58	-17.21	-29.42	-22.58	55.05	—
C5	9_1	47.85/130.08 起爆后 0.08s	130.06	131.52	1.46	8.65	-4.75	5.11	-7.09	-3.80	4.14	7.31	—	—	—	—	—	—
	9_2		130.00	131.54	1.54	1.09	-15.42	6.92	9.36	12.17	-5.65	-7.73	7.77	-7.85	5.94	—	—	—
	9_3		130.01	131.58	1.57	9.34	-25.69	8.24	8.85	4.70	-13.49	6.41	9.95	-9.15	—	—	—	4 通道异常
	9_5		130.00	131.58	1.58	19.16	**47.85**	33.32	24.29	-8.43	-11.60	24.04	18.06	-39.31	—	—	—	—
	9_6		130.01	131.57	1.56	8.12	-23.74	-14.59	-18.62	-4.82	-8.00	-8.12	-13.49	—	—	—	—	—

续表

断面编号	通道编号	断面最大值及对应时刻	起至时间 起	起至时间 至	振动时间	各通道波峰(谷)之值 1	2	3	4	5	6	7	8	9	10	11	12	备注
C6	9_1		106.81	108.37	1.56	-7.21	5.98	4.76	5.12	5.49	-4.64	-4.89	-5.25	—	—	—	—	4通道异常
	9_2		106.79	108.35	1.56	-7.61	10.70	11.92	-6.14	-6.02	-1.53	8.87	8.38	—	—	—	—	
	9_3	-38.95/107.00 起爆后0.21s	106.79	108.35	1.57	-12.19	-15.12	-11.34	9.41	-7.19	8.68	-17.32	-8.90	9.90	—	—	—	异常
	9_5		106.79	108.38	1.59	-32.11	**-38.95**	-14.53	-10.19	-12.87	-32.41	-29.96	21.17	-32.53	—	—	—	
	9_6		106.78	108.37	1.58	-10.57	-17.90	7.64	-7.89	-8.50	-10.09	8.71	-12.89	—	—	—	—	
C7	9_1		306.63	307.86	1.23	27.55	-15.05	12.17	-19.81	6.07	-13.46	-17.49	11.39	-24.45	—	—	—	
	9_2		306.63	307.88	1.25	-12.62	7.49	-11.64	-8.10	-6.88	-7.86	-8.71	—	—	—	—	—	
	9_3	31.65/307.81 起爆后1.18s	306.61	307.83	1.22	8.30	-6.84	-5.13	-8.18	7.32	5.00	-7.70	-10.99	—	—	—	—	
	9_4		306.63	307.84	1.21	-12.09	-8.17	-7.82	-12.94	6.10	-8.92	-8.17	-13.19	15.62	—	—	—	
	9_5		306.63	307.85	1.22	-5.69	6.64	-4.59	-5.32	4.57	-3.61	5.18	-8.25	—	—	—	—	
	9_6		306.63	307.84	1.21	-9.0	-5.58	11.32	7.66	17.79	-9.18	**31.65**	—	—	—	—	—	异常
C8	9_1		35.45	37.03	1.58	-8.72	-6.40	-7.82	-3.84	-4.45	4.34	-7.38	-6.40	-8.24	—	—	—	
	9_2		35.44	37.02	1.58	**-18.88**	-15.95	11.03	7.49	6.51	-8.14	7.98	-13.26	—	—	—	—	
	9_3	-18.88/35.46 起爆后0.02s	35.44	37.02	1.58	12.27	11.54	13.98	-5.80	-7.26	10.31	-10.80	10.80	16.42	—	—	—	
	9_4		35.45	37.02	1.57	9.90	-10.36	7.95	-4.75	10.15	8.31	5.75	-12.56	—	—	—	—	
	9_5		35.45	37.02	1.57	-11.63	-10.46	-10.94	-4.72	4.92	-6.92	-10.33	-7.16	-14.00	—	—	—	
	9_6		35.45	37.03	1.58	12.44	9.00	10.15	-3.81	-3.67	-8.67	4.76	-4.64	-8.43	—	—	—	

续表

断面编号	通道编号	断面最大值及对应时刻	起至时间 起	起至时间 至	振动时间	各通道波峰(谷)之值 1	2	3	4	5	6	7	8	9	10	11	12	备注
C9	9_1		32.13	33.70	1.57	−8.33	5.34	−4.67	−5.77	−6.50	−5.65	6.56	—	—	—	—	—	—
	9_2		32.13	33.70	1.57	**25.33**	6.78	7.02	14.35	16.79	10.93	9.83	—	—	—	—	—	—
	9_3	25.33/32.14 起爆后 0.01s	32.13	33.66	1.53	10.61	−7.58	−8.80	11.95	−7.09	−6.85	8.41	6.85	—	—	—	—	—
	9_4		32.13	33.67	1.54	15.49	−8.26	−7.17	−7.78	12.73	7.12	−7.17	—	—	—	—	—	—
	9_5		32.11	33.66	1.55	−12.68	−6.57	8.77	−7.06	−4.62	−5.11	−6.08	−9.14	—	—	—	—	—
	9_6		32.13	33.68	1.55	−10.60	6.49	−4.99	6.73	−5.23	−4.13	—	—	—	—	—	—	—
C14	9_1		28.24	39.16	0.93	−17.80	−8.89	−14.75	19.79	−9.62	−8.16	17.72	6.73	—	—	—	—	—
	9_2		28.25	28.96	0.71	−13.61	−6.89	6.17	−6.03	−9.08	8.15	−8.82	−6.74	−5.77	—	—	—	5 通道异常
	9_3	64.38/28.25 起爆后 0.02s	28.23	29.17	0.94	**64.38**	39.72	47.90	53.76	53.27	−22.06	33.86	13.96	—	—	—	—	—
	9_4		28.23	29.15	0.92	13.55	5.62	8.55	−7.05	12.48	8.82	−11.20	−4.85	—	—	—	—	—
	9_6		28.24	29.17	0.96	−21.01	15.56	−19.23	−10.93	−29.24	19.23	−26.06	8.68	—	—	—	—	—
C15	9_3		14.23	15.11	0.89	**53.59**	−28.69	−22.22	−30.64	−18.19	−18.55	—	—	—	—	—	—	1,2,5 通道异常
	9_4	53.59/14.25 起爆后 0.02s	14.23	15.08	0.85	−49.27	−25.10	−23.51	−24.61	−24.86	−19.85	−17.04	—	—	—	—	—	—
	9_6		14.23	15.07	0.85	−31.57	−16.44	−14.17	−14.05	−14.90	−17.34	—	—	—	—	—	—	—

注:表中数据加黑是为了突显其最大值,全书同。

2. 动应变的主频

动应变主频的计算方法如下:如图 3-21 所示,对每个测试断面的各通道的记录,用动应变测试分析软件将实测波形放大,找到峰值最大的波段;然后,找到该峰值的波峰最大值与相对应的波谷的时间差,即 $\frac{T}{2}$;再根据公式 $f = \frac{1}{T}$,计算出各断面各通道主频[1]。计算出的各断面不同通道的主频见表 3-6。

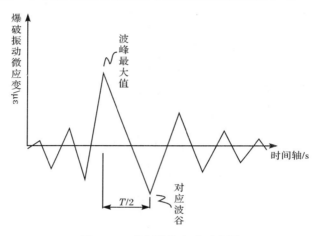

图 3-21　主频计算方法示意图

表 3-6　测试断面各通道主频统计表　　　　　　　（单位:Hz）

断面编号	通道编号					
	1	2	3	4	5	6
C2	250	166.67	100	异常	异常	166.67
C3	250	125	250	125	250	166.67
C4	250	125	250	异常	异常	100
C5	166.67	250	166.67	异常	250	250
C6	250	166.67	250	异常	250	250
C7	250	166.67	250	250	250	异常
C8	125	166.67	166.67	250	166.67	166.67
C9	125	125	125	125	125	125
C14	166.67	100	125	125	100	166.67
C15	250	250	125	250	异常	250
统计平均值	208.334	164.168	180.834	187.500	198.810	184.4089

由表 3-6 可知,各通道动应变的主频在 $100 \sim 250 \mathrm{Hz}$,平均值在 $150 \sim 200 \mathrm{Hz}$,说明在现有爆破设计参数的情况下,既有隧道衬砌迎爆侧最大值振动时频率较高,由于两个隧道的边墙净距 15m,开挖断面尺寸为净距 15m 的 $1/2 \sim 1/3$,单次爆破总药量在 $90 \sim 150 \mathrm{kg}$,故应属于爆破荷载作用范围的近区或中近区。

3. 最大动应变与配合测试的最大爆破速度之间的相关关系

隧道进、出口爆破速度振动速度测试设备为成都中科动态仪器有限公司生产的 IDTS 3850 爆破振动监测仪。该仪器的主要性能、技术指标如下:

通道数:4 通道,各通道并行采集;

采样长度:每通道 16k 样点/段×8,最大 128k 样点/段可选;

采样速率:$1 \sim 200 \mathrm{kHz}$,8 档可选,a/o 分辨率 12bit(满量程的 1/4096);

量程:$\pm 0.4 \mathrm{V}$,$\pm 2 \mathrm{V}$,$\pm 20 \mathrm{V}$ 分三档可选;

软件:配全中文界面软件,支持 Win98/2000/NT/XP 系统;

尺寸大小:$15 \mathrm{cm} \times 11 \mathrm{cm} \times 4.5 \mathrm{cm}$,重 0.8kg;

传感器:速度传感器(频响 $5 \sim 300 \mathrm{Hz}$);加速度传感器(频响 $0.2 \sim 2 \mathrm{kHz}$);

采样率为 10000.00sps,各通道的量程均为 20.0V,传感器灵敏度为 28.00V/EU,振动分辨率达 0.0016cm/s,读数精度为 0.5%。

在隧道进口进行动应变测试的同时,配合使用爆破振动速度仪进行测试断面的爆破振动速度测试。测试方式分为三种,环向布置测试通道(图 3-22)、横向布置测试通道(图 3-23)以及在大避车洞内测试(图 3-24)。

图 3-22　应变片与爆破速度检波器布置关系示意图(布片方式一)

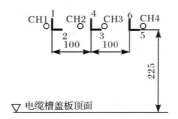

图 3-23　应变片与爆破速度检波器布置关系示意图(布片方式二)

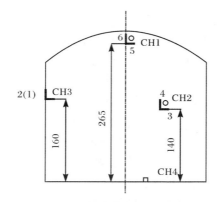

图 3-24　大避车洞(88)内应变片与爆破速度检波器布置关系示意图(布片方式三)

配合动应变测试的爆破速度测试结果见表 3-7。

根据波动力学[2],有

$$\sigma_p = \rho C_p V \tag{3.1}$$

式中,σ_p 为应力波在某点产生的法向应力;ρ 为岩体密度;V 为质点振动速度;C_p 为岩体纵波速度。

依据单向应力状态下弹性体的应力应变关系,有

$$\sigma_p = \varepsilon E \tag{3.2}$$

式中,ε 为动应变;E 为弹性模量。

由式(3-1)和式(3-2)可得

$$\varepsilon = \frac{\rho C_p}{E} V = \xi V \tag{3.3}$$

式中,$\xi = \dfrac{\rho C_p}{E}$,因为 ρ、C_p、E 为常量,即 ξ 为常量,故 $\varepsilon \propto V$。

在分析中,因动应变与爆破速度的测试仪器采集频率不同,动应变的采样率为千分之一秒,而爆破速度则是万分之一秒,虽然持续时间上两者差距不大,但在分析中很难从精确时间上一一对应地建立联系。由于两者波形大致相同,波段数,

表 3-7　爆破振动速度实测表

断面编号	通道编号	最大值/(cm/s)/[时刻/ms]	振动时间/s	最大反应通道对应的各通道峰(谷)值/(cm/s)										
				1	2	3	4	5	6	7	8	9	10	11
C1	CH1	18.0455	—	8.9714	9.6562	6.1293	−2.6709	9.0741	−5.4445	−3.3899	−1.7121	8.1153	18.0455	—
	CH2	−12.0176	—	4.8409	−5.1117	1.6588	0.6093	−1.6249	−1.7265	−1.4557	−2.3020	−3.5206	−12.0176	—
	CH3	4.3496	—	4.3496	3.2282	1.1214	0.2718	4.1457	−1.5292	−0.8835	−1.8690	2.1748	−3.8739	—
	CH4	2.5341	—	−2.5341	2.5341	−1.0137	−0.2703	1.6556	−0.7096	0.8109	1.5543	1.0812	−3.8519	—
C2	CH1	−3.8693/−90.2	1.2717	−3.8693	3.6639	−3.2187	0.8903	−2.6024	−1.2669	2.0545	2.8421			
	CH2	−3.9946/145.9	1.2740	3.3514	−3.9946	−2.7420	−1.0156	−3.1821	1.1848	−1.5572	3.5206			
	CH3	4.1117/190.7	1.2342	−3.6020	−4.1117	−3.6700	−0.8495	3.0583	1.7670	−2.6166	−2.7525			
	CH4	5.1696/142.4	1.2214	−3.9532	5.1696	4.1222	−0.3717	−2.9058	1.5881	−1.7570	2.1625			
C3	CH1	13.5598/432.6	1.0565	10.3753	−8.8686	13.5598	6.3690	12.3613	−5.1705	7.6702				
	CH2	16.2153/656.3	1.0348	12.3223	13.6764	10.0542	13.9810	16.2153	−5.3148	−5.9580				
	CH3	13.2187/1013	1.0488	9.6167	−7.9176	−9.8546	−7.5438	−7.1021	5.9467	13.2187				
	CH4	8.3795/657.9	1.0653	−6.5549	−6.1157	5.8454	−5.7440	±8.3795	4.0546	−5.9805				
C8	CH1			8.6632	−8.5947	−4.1433	−4.1433	−2.8078	−6.3005	−8.4577	−6.2320	−4.6569	−6.8141	
	CH2			−10.494	12.2546	−4.2993	−4.3331	−4.8070	−7.9553	9.0386	−6.5674	−6.2965	−14.6242	
	CH3			20.7286	21.5101	−4.6214	−9.9565	11.0779	17.2965	20.9324	16.5489	9.3788	25.6898	
	CH4			−14.664	17.4686	−3.3788	4.9331	3.5478	6.9942	−9.9000	5.6427	2.5003	9.7648	
C9	CH1			−4.2460	−1.7121	3.0133	−3.1503	0.4451	0.9930	−1.1642	2.7736	−2.9106		
	CH2			−2.5389	1.5572	−3.1144	−2.5389	0.4401	0.7448	−1.2187	2.6066	−2.5051		
	CH3			7.1700	3.4321	−6.3545	4.7914	−0.3738	−0.6456	−2.2088	2.6166	−4.5195		
	CH4			−7.8727	2.2638	−4.5276	−5.1358	−0.8109	−0.9461	−1.5205	−3.5478	−5.4737		

续表

断面编号	通道编号	[最大值/(cm/s)] [时刻/ms]	振动时间/s	— 最大反应通道对应的各通道波峰(谷)值/(cm/s)										
				1	2	3	4	5	6	7	8	9	10	11
C13	CH1	—	—	-2.7051	-3.6296	-3.6639	-2.5681	4.8623	0.7553	-2.7736	4.1433	-2.0203/17.6346	-24.0378	3.4584
	CH2	—	—	1.8280	1.7942	1.3202	±0.8463	-3.0467	0.4739	0.9479	1.2525	0.5078/-12.3223	23.4259	±2.1666
	CH3	—	—	-1.7330	1.8350	-1.5292	0.9175	2.2428	-0.7816	-0.9855	-1.3932	0.7476/-9.4808	7.0681	3.6700
	CH4	—	—	2.7031	-1.5543	1.4529	-0.9799	2.1962	-0.6758	-1.1150	1.3853	-0.7433/-9.0891	-9.0553	2.8044
C14	CH1	-6.9889/4.20	0.8833	-6.9889	-3.0317	-4.4678	-5.7443	-3.4785	-1.7552	-1.5956	—	—	—	—
	CH2	7.3519/4.10	0.8901	7.3519	-3.9373	-4.0767	-5.5749	3.5192	2.6481	1.5679	—	—	—	—
	CH3	-7.7335/11.20	0.8821	-7.7335	-1.4714	-1.8820	-3.2166	-1.8478	1.5056	-0.9581	—	—	—	—
	CH4	17.6570/10.40	0.9095	17.6570	7.8019	-10.7448	14.6800	12.3189	10.6763	-2.6691	—	—	—	—
C15	CH1	-11.8135/11.50	0.5609	-11.8135	-2.8763	-4.6911	3.8351	-4.1090	-4.3830	—	—	—	—	—
	CH2	9.4787/11.90	0.7971	9.4787	-4.0961	-3.7576	-5.4164	-4.4347	-4.0961	—	—	—	—	—
	CH3	-3.2962/11.90	0.8250	-3.2962	-1.2233	1.2233	-1.5292	1.8010	-1.5292	—	—	—	—	—
	CH4			无数据										

峰值出现波段序号都较为接近,因此,利用这种相似性,从第一个波段峰值开始,
分别统计每个波峰(波谷),即:将动应变时程曲线上每个波段的峰值(图 3-25)和
爆破速度时程曲线上对应的爆破速度峰值(图 3-26)逐一找出,然后以最大动应变
为横轴,对应的最大爆破速度为纵轴做图,并进行线性回归分析,判断其相关性。

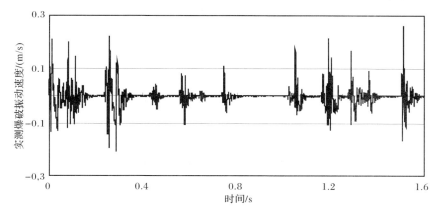

图 3-25　C8 断面实测爆破振动速度 CH3 通道波形图

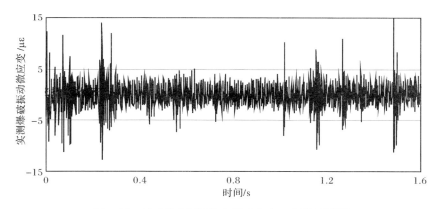

图 3-26　C8 断面实测爆破振动应变 3 通道波形图

图 3-25 为 C8 断面实测爆破振动速度 CH3 通道波形图,图 3-26 为 C8 断面实
测爆破振动动应变 3 通道波形图,从爆破速度和动应变的第一个波峰开始比较,
图 3-26 的第一个波峰值为 12.27,对应波谷为 -7.14,相应的图 3-25 的第一个波
峰值为 0.21,波谷为 -0.13,依此类推,最后由此建立相关性。

图 3-27 为 C2 断面 1 通道动应变和 CH3 通道爆破速度最大值的相关关系图,
图 3-28 为 C8 断面 3 通道动应变与 CH3 通道爆破速度最大值的相关关系,表 3-8
为相关性较好的几个断面的回归系数。可见各断面相关系数大致相同,除断面 C7

之外，相关系数都集中在 0.91～0.97，具有很高的相关性。

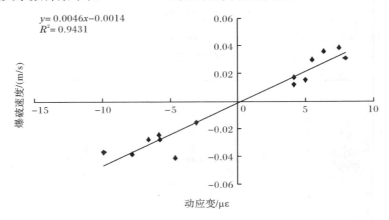

图 3-27　C2 断面 1 通道动应变与 CH3 通道爆破速度相关关系图（布片方式一）

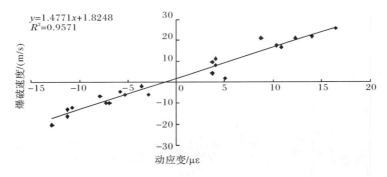

图 3-28　C8 断面 3 通道动应变与 CH3 通道爆破速度相关关系图（布片方式二）

表 3-8　动应变与爆破速度关系表

断面编号	斜率 b	截距 k	相关系数 R	对应通道号	
				动应变	爆破速度
C2	0.0046	−0.0014	0.9711	1	CH3
	0.0048	0.00005	0.9439	3	CH2
C7	0.0049	0.01	0.7840	1	CH1
	0.0034	0.0119	0.7560	4	CH3
	0.0101	−0.0143	0.8645	5	CH4

续表

断面编号	斜率 b	截距 k	相关系数 R	对应通道号	
				动应变	爆破速度
C8	1.5858	0.5514	0.9456	1	CH2
	1.4771	1.8248	0.9783	3	CH3
	1.0745	2.2539	0.9250	5	CH4
C9	0.6057	0.1532	0.8539	1	CH3
	0.3916	−0.4731	0.9039	3	CH4
	0.3169	0.4795	0.9533	5	CH2
C14	0.001	−0.0143	0.9458	3	CH2
	0.0018	−0.0064	0.9386	6	CH1
C15	0.1757	0.7372	0.9699	3	CH1
平均值	0.4041	0.4665	0.9096	—	—

图 3-29 是表 3-8 中所有断面的数据汇总后的回归关系,其相关性较差,但考虑到 C2 和 C15 是一种布片方式,C7～C9 是另一种布片方式,则分别将同一种布片方式的断面数据汇总后,进行线性回归,发现相关性则较好,见图 3-30 和图 3-31。这说明,爆破振动实测动应变与振动速度之间存在较好的正相关关系,即动应变越大,爆破速度越高。

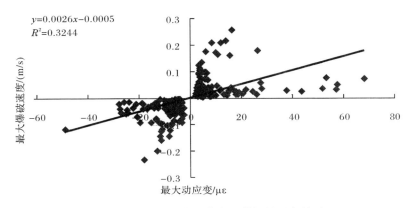

图 3-29　表 3-13 中所有断面数据的回归关系

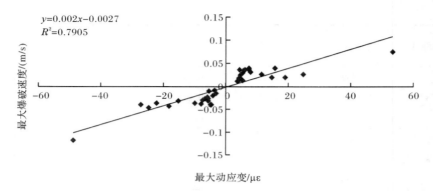

$y=0.002x-0.0027$
$R^2=0.7905$

图 3-30　C2 和 C15 的全部数据的回归关系(布片方式一)

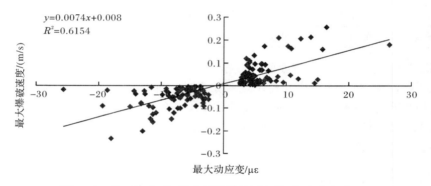

$y=0.0074x+0.008$
$R^2=0.6154$

图 3-31　C7、C8 和 C9 的全部数据的回归关系(布片方式二)

3.2　实测爆破速度分析

隧道进、出口爆破振动速度测试设备为成都中科动态仪器有限公司生产的 IDTS 3850 爆破振动监测仪。4 个通道的编号为 CH1～CH4,其中 CH1 和 CH2 为既有隧道衬砌迎爆侧边墙中部,高度为 2.0～2.5m,CH3 和 CH4 通道为既有衬砌底板。分析所用数据是项目部提供的纸质版爆破速度测试报告,主要包括自开工以来截至 9 月 10 日左右的数据,隧道进口爆破速度测试里程范围为 Dyk439+3.1～Dyk439+331,出口为 Dyk441+501～Dyk441+962。由于目前的施工方法主要是全断面开挖,所以分析时没有包括分布开挖的数据,所得主要结果如下。

3.2.1　进口端实测数据分析

表 3-9 和表 3-10 是进口端爆破速度测试的主要项目如最大爆破速度、波段数目、最大值出现的时间和所属波段、最大值对应的主频和振动持续时间的统计值，可以看出，CH1 和 CH2 通道的爆破速度最大值、主频、振动持续时间和最大值所属波段序号都较为接近，而 CH3 通道和 CH4 通道的则较为接近。就平均值而言，CH1 和 CH2 的最大爆破速度（分别为 5.35cm/s 和 4.51m/s）要大于 CH3 通道和 CH4 通道（分别为 3.70cm/s 和 3.92m/s），主频也更高，CH1 和 CH2 分别为 191Hz 和 187Hz，而相应的 CH3 和 CH4 则分别为 137Hz 和 118Hz，说明边墙中部的振动强度和频率要高于底板。平均波段数目为 8，振动时间在 1.014～1.049s。而四个通道的平均振动持续时间和最大值所处的波段则较为接近，说明爆破开挖在四个侧点几乎同时振动。统计项目中仅振动时间的变异性最小，其余参数的变异性较大，说明爆破测试数据的离散性很大，这与爆破开挖参数、装药量、围岩分布特征及测试断面附近既有隧道衬砌混凝土的力学性质等多种因素有关。

表 3-9　进口端边墙各通道最大爆破速度及所属波段统计值

统计项目	药量	波段数	最大值/(cm/s)				最大值所属波段			
			CH1	CH2	CH3	CH4	CH1	CH2	CH3	CH4
最大值	138	16	8.90	8.19	9.72	6.35	11	10	10	11
最小值	84	1	0.56	0.12	1.60	1.59	1	1	1	1
平均值	111	8	5.35	4.51	3.70	3.92	2.6	2.6	2.6	2.5
统计个数	67	67	67	69	70	54	67	69	70	54
标准差	10.4	3.1	1.84	2.02	1.400	1.162	2.1	1.889	1.990	2.26
变异系数	0.094	0.407	0.345	0.447	0.379	0.297	0.809	0.728	0.809	0.919

表 3-10　进口端边墙各通道主频及振动时间统计值

统计项目	主频/Hz				振动时间/s			
	CH1	CH2	CH3	CH4	CH1	CH2	CH3	CH4
最大值	419.92	607.91	344.24	315.55	1.467	1.4677	3.978	1.294
最小值	0.7656	2.4414	0.9422	3.0518	0.353	0.2958	0.296	0.378
平均值	191.44	187.17	137.14	117.62	1.031	1.019	1.049	1.014
统计个数	67	69	70	54	67	69	70	54
标准差	124.47	171.08	61.75	70.47	0.256	0.2732	0.459	0.262
变异系数	0.650	0.914	0.650	0.599	0.248	0.268	0.248	0.258

　　图 3-32 和图 3-33 分别为不同通道之间最大爆破速度和主频相关关系,由相关系数的相对大小可知,CH1 和 CH2 通道、CH3 和 CH4 通道之间的相关性较好,而 CH1 和 CH3 通道的相关性很差,这主要是因为各通道检波器布设位置不同。图 3-34 是不同通道之间的实测振动持续时间相关关系,表明不同通道的振动持续时间具有很高的相关性,表 3-7～表 3-10 中有关振动时间的统计值说明,不同测点的爆破振动时间非常接近。

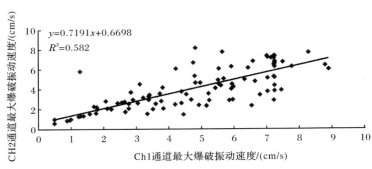

(a) 进口端既有隧道边墙通道 CH1 和 CH2 实测最大爆破速度相关关系

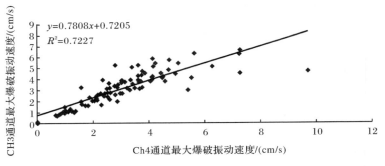

(b) 进口端既有隧道底板通道 CH3 和 CH4 实测最大爆破速度相关关系

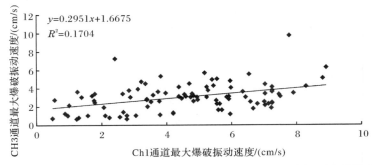

(c) 进口端既有隧道边墙通道 CH1 和底板通道 CH3 实测最大爆破速度相关关系

图 3-32　不同通道之间最大爆破速度相关关系

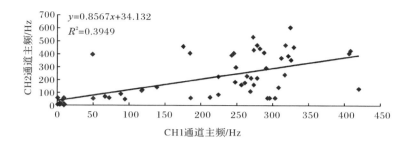

（a）进口端既有隧道边墙通道 CH1 和 CH2 实测振动主频相关关系

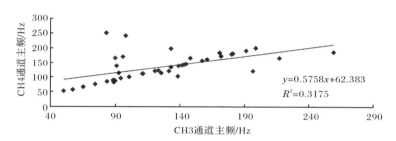

（b）进口端既有隧道底板通道 CH3 和 CH4 实测振动主频相关关系

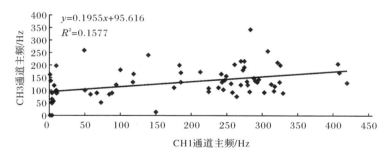

（c）进口端既有隧道边墙通道 CH1 和底板通道 CH3 实测振动主频相关关系

图 3-33 不同通道之间实测振动主频相关关系

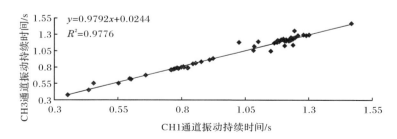

（a）进口端既有隧道边墙通道 CH1 和 CH2 实测振动持续时间相关关系

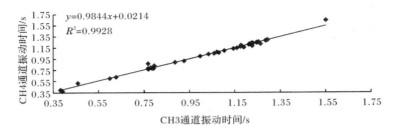

(b) 进口端既有隧道底板通道 CH3 和 CH4 实测振动持续时间相关关系

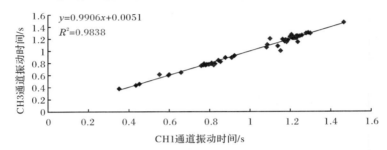

(c) 进口端既有隧道边墙通道 CH1 和底板通道 CH3 实测振动持续时间相关关系

图 3-34　不同通道之间的实测振动持续时间相关关系

　　图 3-35 为进口端各通道最大爆破速度小于某一速度值的累积百分数曲线,横轴为速度,纵轴表示小于该速度的样本数占所有样本数的百分数,其中,CH1～CH4 通道的样本数分别为 72、72、73 和 56。从图中可以看出,CH1 和 CH2 通道的变化趋势较为接近,CH3 和 CH4 通道的变化趋势较为接近。对于 CH1 和 CH2 通道,小于 6cm/s 的最大爆破速度约占 68.1% 和 70.8%,小于 7cm/s 的最大爆破速度约占 72.2% 和 81.9%;而对于 CH3 和 CH4 通道,小于 6cm/s 的最大爆破速度约占 94.5% 和 94.6%,小于 7cm/s 的最大爆破速度约占 95.9% 和 100%。这说明 CH1、CH2 通道的最大爆破速度普遍高于 CH3、CH4 通道,同时,现有爆破施工参数在既有隧道进口端产生的最大爆破速度约 70%～80% 都小于 7cm/s。

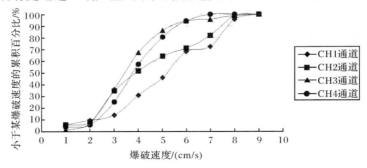

图 3-35　进口端各通道最大爆破速度小于某一速度值的累积百分比

图 3-36 为进口端各通道主频小于某一频率的累积百分数曲线,横轴为频率,纵轴表示小于该频率的样本数占所有样本数的百分数,其中,CH1~CH4 通道的样本数分别为 72、72、74 和 73。与最大爆破速度的变化趋势类似,CH1 和 CH2 通道的分布较为接近,CH3 和 CH4 通道的分布较为接近。对于 CH1 和 CH2 通道,小于 50Hz 的主频占 23.6% 和 26.4%,小于 100Hz 的主频占 33.3% 和 45.8%;而对于 CH3 和 CH4 通道,小于 50Hz 的主频占 5.4% 和 32.9%,小于 100Hz 的主频占 31.1% 和 46.6%。

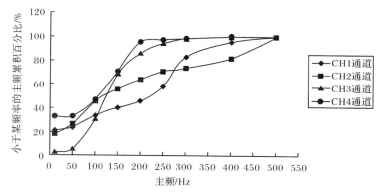

图 3-36　进口端各通道主频小于某一频率的累积百分比

图 3-37 是进口端最大爆破速度对应的主频占统计样本的百分比。由图 3-36 和图 3-37 可知,CH1、CH2 通道的主频分布范围广,而 CH3 和 CH4 通道的主频则主要集中在 50~100Hz。对所有通道,约 30% 的主频小于 50Hz,30%~45% 的主频小于 100Hz,换言之,约 70% 的主频大于 50Hz,55%~70% 的主频大于 100Hz,说明新建隧道开挖爆破引起的既有隧道迎爆侧衬砌振动主频大都在 50Hz 或 100Hz 以上。

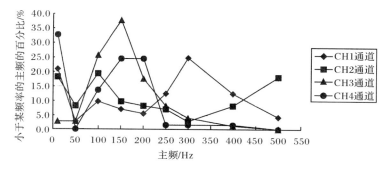

图 3-37　进口端各通道主频小于某一频率的百分比

　　表 3-11 和图 3-38 分别为进口端最大爆破速度所处波段序号的频次及相应的百分比,可以看出,对于布置位置不同的 1 个通道,其最大值出现的波段序号表现出较为一致的变化规律,对于 CH1~CH4 通道,属于第一波段的百分比为 36.8%、36.2%、42.1% 和 50.9%,在前三段内的百分比分别为 79.5%、75.3%、71% 和 78.2%。这说明,按现有爆破施工参数进行开挖时,在既有隧道迎爆侧衬砌引起的最大爆破速度有 36.2% 或 36.8% 发生在毫秒微差爆破的第一段药量爆破时,而有 79.5% 或 75.3% 的最大爆破速度出现在毫秒微差爆破的前三段内。

表 3-11　进口端最大振动速度所处波段频次占全部频次的比例

波段序号	出现频次/次				出现频次占全部频次的百分比/%			
	CH1	CH2	CH3	CH4	CH1	CH2	CH3	CH4
1	25	25	32	28	36.8	36.2	42.1	50.9
2	14	15	9	9	20.6	21.7	11.8	16.4
3	15	12	13	6	22.1	17.4	17.1	10.9
4	6	9	13	5	8.8	13.0	17.1	9.1
5	4	5	5	4	5.9	7.2	6.6	7.3
7	0	0	1	0	0.0	0.0	1.3	0.0
8	1	1	1	0	1.5	1.4	1.3	0.0
9	1	1	1	1	1.5	1.4	1.3	1.8
10	1	1	1	1	1.5	1.4	1.3	1.8
11	1	0	0	1	1.5	0.0	0.0	1.8
样本数	68	69	76	55	—	—	—	—

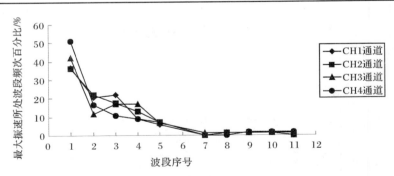

图 3-38　进口端最大爆破速度所处波段序号百分比

　　表 3-12 和图 3-39 是进口端爆破速度时程曲线上波段(及波峰或波谷)数目的频次及百分比,可以看出,8 个波段的频次最多,为 18.31%,其次为 7、10 段和 5、9、6 段;说明爆破时程曲线以 5~10 个波段为最多,共计为 64.79%。

表 3-12　进口端 **CH1** 通道波段数目与频次及百分比

波段数	频次	百分比/%	波段数	频次	百分比/%
1	2	2.82	8	13	18.31
3	6	8.45	9	5	7.04
4	6	8.45	10	8	11.27
5	7	9.86	11	2	2.82
6	5	7.04	12	6	8.45
7	8	11.27	—	—	—

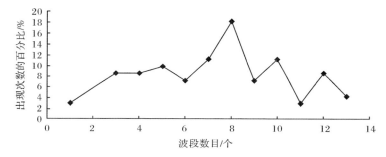

图 3-39　进口端波段数目与出现频次百分比之间的关系(按 CH1 通道数据,样本数 71)

3.2.2　出口端实测数据分析

表 3-13 和表 3-14 为出口端实测爆破速度记录的统计值。就最大爆破速度及其所处波段、振动时间的平均值而言,CH1 和 CH2 通道的数值较为接近,CH3 和 CH4 的较为接近,而主频的离散性则较大。平均的波段总数目为 6 段,振动时间在 0.769~0.854s。CH1 和 CH2 通道的最大爆破速度大于 CH3 和 CH4 通道,而主频则是 CH3 和 CH4 的大于 CH1 和 CH2。这与进口端主频的大小关系有所不同。其余规律与进口端类似。

表 3-13　出口端边墙各通道最大爆破速度及所属波段统计值

统计项目	药量	波段数	最大值/(cm/s)				最大值所属波段			
			CH1	CH2	CH3	CH4	CH1	CH2	CH3	CH4
最大值	120	10	38.17	56.49	27.98	3.94	5	6	5	6
最小值	96	3	0.689	0.71	0.72	0.56	1	1	1	1
平均值	118	6	5.29	5.69	3.92	3.70	2	1.9	2.6	2.7
统计个数	62	62	62	63	62	63	46	44	59	58
标准差	5.03	1.501	4.727	6.84	3.329	3.31	1.316	1.326	1.19	1.25
变异系数	0.042	0.24	0.894	1.204	0.849	0.894	0.673	0.695	0.463	0.471

表 3-14　出口端边墙各通道主频及振动时间统计值

统计项目	主频/Hz				振动时间/s			
	CH1	CH2	CH3	CH4	CH1	CH2	CH3	CH4
最大值	413.8	488	334	279.5	1.2704	1.579	0.957	0.956
最小值	1.831	0.61	68.4	1.533	0.6155	0.108	0.345	0.345
平均值	124.3	148	170	158	0.854	0.842	0.778	0.769
统计个数	62	63	62	63	62	63	62	63
标准差	126.6	147	61.8	60.29	0.1721	0.228	0.096	0.103
变异系数	1.018	0.99	0.36	0.382	0.202	0.270	0.123	0.134

图 3-40～图 3-42 分别为不同通道之间最大爆破速度、主频和振动时间的相关关系,其规律和特征与进口类似,即边墙 CH1 和 CH2 通道测试的最大爆破速度和主频相关性很好,底板 CH3 和 CH4 通道测试的最大爆破速度和主频相关性很好,而边墙 CH1 通道和底板通道 CH3 的最大爆破速度和主频相关性很差。四个通道的振动时间则表现出很高的相关性,且变异系数很小,四个通道振动时间几乎相同。

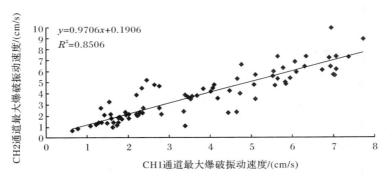

(a) 出口端既有隧道边墙通道 CH1 和 CH2 实测最大爆破速度相关关系

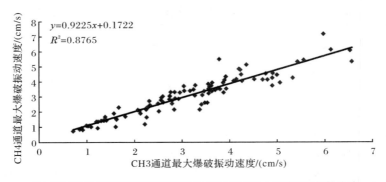

(b) 出口端既有隧道底板通道 CH3 和 CH4 实测最大爆破速度相关关系

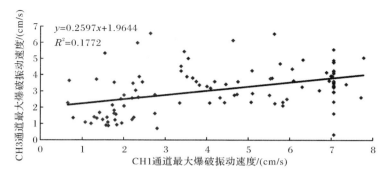

（c）出口端既有隧道边墙通道 CH1 和底板 CH3 实测最大爆破速度相关关系

图 3-40　出口端既有隧道不同监测部位最大振动速度相关关系

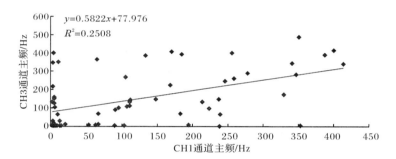

（a）出口端既有隧道边墙通道 CH1 和 CH2 实测振动主频相关关系

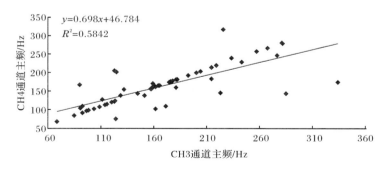

（b）出口端既有隧道底板通道 CH3 和 CH4 实测振动主频相关关系

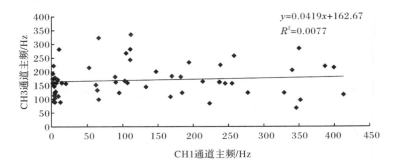

（c）出口端既有隧道边墙通道 CH1 和底板通道 CH3 实测振动主频相关关系

图 3-41　出口端既有隧道不同监测部位实测振动主频相关关系

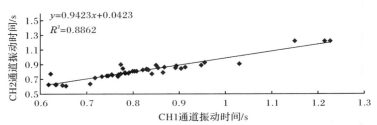

（a）出口端既有隧道边墙通道 CH1 和 CH2 实测振动持续时间相关关系

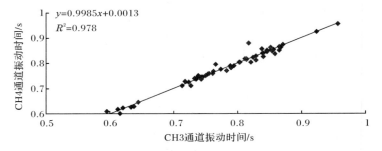

（b）出口端既有隧道底板通道 CH1 和 CH2 实测振动持续时间相关关系

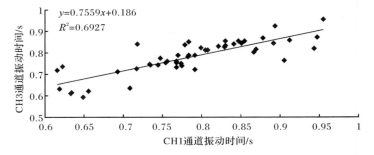

（c）进口端既有隧道边墙通道 CH1 和底板通道 CH2 实测振动持续时间相关关系

图 3-42　出口端既有隧道不同监测部位实测振动持续时间相关关系

图 3-43 为出口端各通道最大爆破速度小于某一速度值的累积百分数曲线，CH1～CH4 通道的样本数分别为 61、62、62 和 62。从图中可以看出，CH1 和 CH2 通道的变化趋势较为接近，CH3 和 CH4 通道的变化趋势则非常接近。对于 CH1 和 CH2 通道，小于 6cm/s 的最大爆破速度占 63.9% 和 66.1%，小于 7cm/s 的最大爆破速度约占 73.8% 和 75.8%；而对于 CH3 和 CH4 通道，小于 6cm/s 的最大爆破速度约占 96.8% 和 96.8%，小于 7cm/s 的最大爆破速度约占 100% 和 98.4%。这说明 CH1、CH2 通道的最大爆破速度普遍高于 CH3、CH4 通道，同时，现有爆破施工参数在既有隧道出口端产生的最大爆破速度 70%～75% 的都小于 7cm/s。其规律与进口端大致相同。

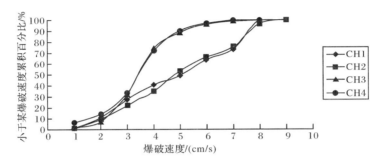

图 3-43　出口端各通道最大爆破速度小于某一速度值的累积百分比

图 3-44 为出口端各通道主频小于某一频率的累积百分数曲线，CH1～CH4 通道的样本数分别为 62、63、63 和 63。与最大爆破速度的变化趋势类似，CH1 和 CH2 通道的分布较为接近，CH3 和 CH4 通道的分布较为接近。对于 CH1 和 CH2 通道，小于 50Hz 的主频占 33.3% 和 31.9%，小于 100Hz 的主频占 44.4% 和 41.7%；而对于 CH3 和 CH4 通道，小于 50Hz 的主频占 0% 和 2.7%，小于 100Hz 的主频占 10.8% 和 11.0%。

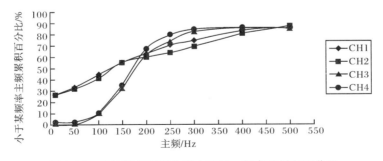

图 3-44　出口端各通道主频小于某一频率的累积百分比

图 3-45 是出口段最大爆破速度对应的主频占统计样本的百分比。可见，

CH1、CH2 通道的主频分布范围广,各个频率段的分布较为均匀,而 CH3 和 CH4 通道的主频则主要集中在 100～300Hz。与进口端主频不同的是,出口端 CH3 和 CH4 通道,即底板测得的主频明显要高于边墙通道 CH1 和 CH2。由于最大爆破速度以边墙上的为大,因此仅考虑边墙最大爆破速度时,其主频大于 50Hz 的占 66.7% 和 68.1%,大于 100Hz 的则占 56.4% 和 58.3%。

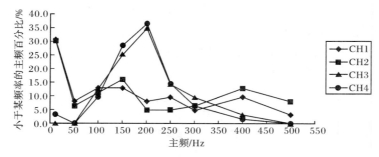

图 3-45　出口端各通道主频小于某一频率的百分比

　　出口端主频在边墙和底板相对大小和分布的差异可能与出口端采用掏槽爆破的夹制作用有关。

　　表 3-15 和图 3-46 分别为出口端最大爆破速度所处波段序号的频次及相应的百分比,可以看出,出口端与进口端边墙和底板通道的分布有些差异。对于边墙 CH1、CH2 通道,最大值主要出现在第一段,其所占比例高达 58.70% 和 56.82%,出现在前三段内比例则高达 84.79% 和 86.36%。而对于底板 CH3 和 CH4 通道,最大值出现比例最高的是第二段,其比例分别为 31.67% 和 36.21%,其次为第一段和第三段,出现在前三段的比例则为 76.67% 和 74.14%。由于底板最大爆破速度小于边墙,且主频远高于边墙,因此,仅考虑边墙最大爆破速度时,按现有爆破施工参数进行开挖时,在既有隧道迎爆侧衬砌引起的最大爆破速度有 58.70% 或 56.82% 在毫秒微差爆破的第一段药量爆破时,而有 84.79% 或 86.36 的最大爆破速度出现在毫秒微差爆破的前三段内。这显然与出口端无平行导坑、采用掏槽爆破的初始夹制作用强有密切关系。

表 3-15　出口端最大振动速度所处波段频次占全部频次的比例

波段序号	出现频次/次				出现频次占全部频次的百分比/%			
	CH1	CH2	CH3	CH4	CH1	CH2	CH3	CH4
1	27	25	12	10	58.70	56.82	20.00	17.24
2	4	8	19	21	8.70	18.18	31.67	36.21
3	8	5	15	12	17.39	11.36	25.00	20.69
4	4	3	10	10	8.70	6.82	16.67	17.24

波段	出现频次/次				出现频次占全部频次的百分比/%			
序号	CH1	CH2	CH3	CH4	CH1	CH2	CH3	CH4
5	3	2	4	4	6.52	4.55	6.67	6.90
6	0	1	0	1	0.00	2.27	0.00	1.72
样本数	46	44	60	58	—	—	—	—

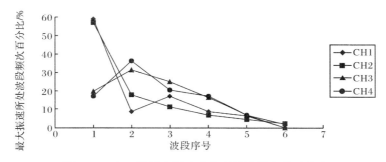

图 3-46　出口端最大振动速度所处波段序号百分比

表 3-16 和图 3-47 是出口端爆破速度时程曲线上波段(及波峰或波谷)数目的频次及百分比,可以看出,以 7 个波段的频次最多,为 25%,其次是 5、6 段和 8 段;说明爆破时程曲线以 5~8 个波段为最多,共计为 84.38%。

表 3-16　出口端波段数目与频次及百分比

波段数	频次	百分比/%
3	3	4.69
4	5	7.819
5	14	21.88
6	13	20.31
7	16	25
8	11	17.19
9	1	1.56
10	1	1.56

从上面的分析可以看出,无论进口和出口,边墙的最大爆破速度都大于底板,最大值大多出现在爆破速度时程曲线的前三段,以第一段为最多。爆破振动时间则是进口平均要大于出口。

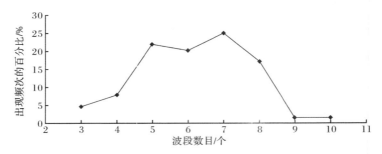

图 3-47　出口端波段数目与出现频次百分比之间的关系(按 CH1 通道数据,样本数 64)

3.2.3　不同围岩级别的爆破速度统计规律

除了分别按照进口端和出口端进行爆破振动参数的统计分析外,进口端和出口端在最大爆破速度及所属波段序号、主频和振动时间等方面均有很好的规律性,因此,再将所有的数据分别按照围岩级别进行统计。图 3-48 是围岩级别与隧道里程的对照关系,其中,右端为进口端,左端为出口端。统计结果见表 3-17。

里程	DyK441+962	DyK441+894	DyK441+704	DyK441+568	DyK441+539	DyK441+501	未测里程过渡区间	DyK439+365	DyK439+240	DyK439+227	DyK439+018	DyK439+003
围岩级别	Ⅵ	Ⅲ	Ⅱ		Ⅵ	Ⅲ		Ⅲ		Ⅵ	Ⅲ	Ⅵ
距离/m	68	190	136		29	38		125		13	209	15
Ⅱ级围岩经过里程为136m,Ⅲ级围岩经过里程为562m,Ⅳ级围岩经过里程为125m												

图 3-48　测试断面里程与围岩级别对照图

从表中的数据可以看出,不同通道的爆破振动参数统计值有较大差别,除了振动时间之外,爆破速度峰值、主频和波段数目的变异系数都较大,边墙 CH1、CH2 通道的变化规律较差,底板 CH3 和 CH4 通道的规律性较好。对于 CH1 通道,最大爆破速度随围岩级别增加而增加,Ⅱ级围岩的最大爆破速度要小于Ⅲ围岩和Ⅳ级围岩,而主频则随围岩级别增大而减小,CH1 通道的最大爆破速度Ⅱ级围岩和Ⅲ级、Ⅳ级围岩差别约为 28.5% 和 31.7%,而Ⅲ级、Ⅳ级围岩差别为2.4%。波段数则以Ⅲ级围岩为最多。CH2 通道的最大爆破速度Ⅱ级围岩和Ⅲ级、Ⅳ级围岩差别约为 10% 和 15%,主频则依次减小,Ⅱ级、Ⅲ级和Ⅳ级围岩,其主频分别为201Hz、183Hz 和 140Hz。CH3、CH4 通道的最大爆破速度,对不同围岩级别的差异最大为 4.81%。CH4 通道的主频随围岩级别的增加而减小。这是比较符合规律的。总体而言,不同围岩级别的主频都在 100Hz 以上,级别越高,则主频越高,Ⅱ级围岩主频可大于 150Hz。

表 3-17 不同围岩级别的爆破速度统计表

通道编号	围岩级别	统计项目	最大值	最小值	平均值	统计个数	标准差	变异系数
CH1	Ⅱ级围岩	峰值	6.9251	2.2059	**4.1331**	15	1.6559	0.40065
		主频	413.8184	3.0518	**151.8962**	15	141.0453	0.928564
		振动时间	0.8918	0.7543	**0.824287**	15	0.040334	0.048933
		波段数	7	3	**5.3**	15	1.1629	0.2208
	Ⅲ级围岩	峰值	10.06	0.5626	**5.3117**	97	1.9594	0.3689
		主频	419.9219	0.7656	**181.6284**	97	122.4831	0.674361
		振动时间	1.4666	0.3531	**0.946308**	97	0.251216	0.26547
		波段数	16	1	**7.4742**	97	2.6696	0.3572
	Ⅳ级围岩	峰值	7.9099	0.0203	**5.43945**	8	2.8139	0.5173
		主频	353.3936	93.994	**226.1352**	8	110.4262	0.488319
		振动时间	1.3	0.065	**0.914663**	8	0.3991	0.43636
		波段数	10	3	**6.5**	8	2	0.3077
CH2	Ⅱ级围岩	峰值	7.3057	2.6586	**5.0093**	18	1.2115	0.2418
		主频	487.6709	3.0518	**200.8396**	18	190.6802	0.9494
		振动时间	1.1685	0.6797	**0.8279**	18	0.1003	0.1212
	Ⅲ级围岩	峰值	8.6063	0.1165	**4.6633**	94	2.1590	0.4629
		主频	607.9102	0.6104	**182.5596**	94	159.7482	0.8750
		振动时间	1.5794	0.2958	**0.9422**	94	0.272489	0.28921
	Ⅳ级围岩	峰值	9.9258	2.3358	**5.7518**	6	3.0489	0.5301
		主频	283.2031	49.4385	**140.1774**	6	92.4078	0.6592
		振动时间	1.2957	0.7838	**1.075167**	6	0.2358	0.2193
CH3	Ⅱ级围岩	峰值	6.57	3.7053	**3.9193**	27	1.0869	0.2773
		主频	333.8623	111.084	**163.1447**	27	61.8418	0.3791
		振动时间	0.8707	0.5946	**0.8002**	27	0.07062	0.08826
	Ⅲ级围岩	峰值	9.7186	0.7169	**3.7375**	104	1.5029	0.4021
		主频	415.0391	0.9422	**145.2872**	104	68.3972	0.4708
		振动时间	201.416	0.2322	**2.8662**	104	19.6627	6.8601
	Ⅳ级围岩	峰值	5.6409	2.1748	**3.7588**	7	1.2397	0.3298
		主频	281.9824	68.3594	**156.3371**	7	73.4271	0.4697
		振动时间	1.2928	0.8323	**1.1089**	7	0.1964	0.1771

通道编号	围岩级别	统计项目	最大值	最小值	平均值	统计个数	标准差	变异系数
CH4	Ⅱ级围岩	峰值	7.1429	2.0235	**3.8384**	26	1.0739	0.2797
		主频	246.582	98.2666	**151.4611**	26	40.4042	0.2667
		振动时间	0.8782	0.5715	**0.7928**	26	0.08071	0.1018
	Ⅲ级围岩	峰值	17.6	−0.3684	**3.9294**	86	2.5317	0.6443
		主频	317.9932	3.0518	**131.4314**	86	73.3875	0.5584
		振动时间	1.294	0.3451	**0.8958**	86	0.2503	0.2794
	Ⅳ级围岩	峰值	6.3522	2.5679	**4.0434**	7	1.3210	0.3267
		主频	166.626	4.2725	**102.975**	7	53.7129	0.5216
		振动时间	1.294	0.6466	**1.0769**	7	0.2538	0.2357

3.2.4 测试成果及分析

对于所研究的试验区段和测试断面,通过对室内试验和现场测试数据的分析,可以得出如下结论:

(1)动应变测试结果表明,动应变随着距离轨道顶面高度的增加而增大,测试的最大动应变为 77.39με,估算的最大拉应变为 2.17MPa。按实测动应变估算的平均拉应力为 1.29MPa。

(2)测试的动应变主频在 100~250Hz,属于高频振动。与动应变同步进行的爆破速度测试结果与动应变在振动波形、振动持续时间及主频等方面具有较好的相关性。所建立的动应变与爆破速度的相关性较好,可作为确定爆破振动速度阈值的依据。

(3)对全断面开挖所完成的爆破速度测试记录的统计分析表明,无论是有平行导坑的进口,还是没有平行导坑而采取掏槽爆破开挖的出口,其爆破速度统计特征表现出较为一致的相似性。由统计结果来看,现有爆破开挖方法所产生的最大爆破速度主要集中在毫秒微差爆破的前三段内,最大爆破速度超过 7cm/s 的比例较低,振动频率则较高,边墙上测得的最大爆破速度要大于隧道底板上的最大爆破速度。一般地,围岩级别越高,则振动频率越高。在所有统计的测试项目中(最大爆破速度、波段数目、最大值出现的波段序号、振动持续时间、主频),振动持续时间的离散性最小,其次为最大值。说明无论边墙还是底板,其振动时间几乎相同,结合主频数值的分布范围,可以认为既有隧道的振动属于爆破振动作用区域的近区。而降低爆破振动最大速度的措施应从调整毫秒微差爆破前三段施工参数入手。

3.3　爆破振动速度预测方法研究

预测并降低爆破开挖引起的振动是工程爆破中的基本问题之一。通常用给定测点的峰值振动速度作为控制参数以反映爆破振动强度,本节以下的讨论中把该控制参数都简称为爆破速度(BVV)。爆破引起的应力波传播和衰减受多种复杂因素的影响,如炮孔直径、装药类型、起爆网络、测点与爆源中心的距离、传播路径上的岩土体强度和完整性、测点地形地貌特征等[3]。一般情况下用我国国标《爆破安全规程》(GB 6722—2011)推荐的萨道夫斯基公式[4]进行分析,该公式主要考虑了爆破速度与爆心距和炸药量之间的非线性关系,已获得了广泛的应用。为了提高分析预测的准确性,有不少研究考虑了更多可量化的因素并得到了较好的分析结果,如对孔径[5]、地形地貌[6]、爆破自由面[7]、岩层产状[8]对爆破振动预测结果的讨论,乃至利用神经网络方法从孔径、孔深到高程差等多达 11 个因素所进行的综合分析[9]。诚然,对爆破条件和测点情况的定量化参数越多、越准确,预测的爆破速度和实测爆破速度就越接近,相关程度也就越高。但是大多数情况下很难做到。即使是最基本的参数如药量、爆心距等的选取和计算都可能存在难度和误差[10,11]。因此,以最易获取的参数的实测数据为基础,根据工程实际需要和经验方法,选择合适的爆破速度计算公式来进行对比分析,降低预测分析的误差,是可行的方法之一。目前计算爆破速度与药量、爆心距关系的公式有好几种[12,13],文献[13]认为萨道夫斯基公式具有更好的回归相关性[13]。但根据其他不同的回归公式得出的回归相关性也很好,如印度学者利用平方根公式对印度 14 个工程的实测数据的分析获得了很高的相关性,对同类型岩石的回归分析也得到了较高的相关性[12]。显然,不同的公式都具有其一定的适用范围和优点。鉴于此,本节将利用公开发表的实测数据为检验样本,对不同形式的计算回归公式进行对比分析,考察不同计算公式的特点和适用范围,并探讨其选取原则和影响因素。

3.3.1　数据样本和计算方法

1. 数据样本选择

这里采用的数据样本来自公开发表的 27 个工程中的 34 组实测数据,其中工程概要、爆破参数及文献出处见表 3-18,各样本的计算数值汇总见表 3-25。其中隧道工程 9 组[14~22],土石方开挖工程 9 组[6,23~28],水电工程 9 组[19,29~33],矿山工程 7 组[33~38]。数据的选择考虑如下三个方面:一是每组数据的样本数大于 10 个;二是数据组作为一个独立的小样本,在其自身爆破条件下具有较好的相关性,虽然有些数据组本身有更细的分类或更确定的限制条件,但由于其整体相关性较好,在分析时也可将其合并分析作为一个较大样本[15,24];三是所分析的爆破速度除了文献[38]中的是合速度外,其余均为垂直向爆破速度。

表 3-18　样本数据来源与相关信息

序号	工程类型及概况	爆破参数及特征	源数据出处	文献
1	在原有导坑基础上的隧道开挖;砂岩	2#岩石硝铵炸药	表 1	[14]
2	深圳梧桐山下行线,小间距隧道	不同掏槽形式微差爆破	表 1,垂向	[15]
3	渝怀铁路人和场隧道爆破试验	上下断面分部开挖法	表 2,垂向	[16]
4	重庆云万高速张家山小间距隧道	台阶分步法、短台阶上下断面法	表 3,表 4	[39]
5	河南禹州至登封高速公路隧道爆破	常规梯段爆破,底面监测	表 1	[20]
6	厦门机场路万石山隧道右洞	隧道钻爆法施工	表 1	[21]
7	厦门大嶝山隧道,岩性复杂	爆破振动主频大于 10Hz	表 2,垂向	[22]
8	沪蓉线庙垭分岔隧道,小间距隧道	全断面爆破,主频 40~80Hz	表 2,垂向	[18]
9	重庆在建隧道上穿既有隧道爆破开挖	台阶法施工,小孔径 25、40mm	表 2 垂向	[17]
10	某高速公路施工	中深孔分段毫秒微差控制爆破	表 1	[26]
11	华能山头电厂二期石方爆破,花岗岩等	微差爆破,主频 3~96Hz	表 1	[27]
12	土石方明挖施工爆破试验	药包爆破	表 5	[23]
13	渝怀铁路顺层岩质路堑施工爆破试验,硬度较高的白云质灰岩	倾向深孔爆破,孔径 90mm	表 1	[25]
14		走向深孔爆破,孔径 90mm		
15	洛界高速某路段石方爆破施工;石灰岩与黏土夹层	深孔微差爆破振动测试	表 1	[28]
16	广东岭澳核电站二期工程基础爆破开挖,角岩和花岗岩	爆破振动试验,爆孔 76mm	表 1	[6]
17			表 3	
18	广东岭澳核电站二期工程核岛负挖基础	爆破振动试验	表 1 删除 1 组数据点	[24]
19	三峡工程左岸临时船闸爆破试验	主频 4~128Hz	表 1	[30]
20	三峡船闸开挖振动测试,斜长花岗岩	无任何减震措施	表 1,第 I 次	[31]
21		一条预裂减震缝	表 1,第 II 次	
22	三峡左岸临时船闸爆破试验	孔径 100mm,主频 42~210Hz	表 1	[32]
23	湘江上游某水电工程弱风化岩体	大孔径深孔爆破开挖(100mm)	表 1	[19]
24		大孔径深孔爆破开挖(40mm)		
25	周宁水电站地下厂房开挖,花岗岩	中拉槽爆破振动监测	表 1	[29]

序号	工程类型及概况	爆破参数及特征	源数据出处	文献
26	溪洛渡水电站导流洞,致密玄武岩等	上层孔径 42mm	表 1～表 3	[33]
27		下层孔径 90mm	表 4～表 6	
28	辽宁保国露天矿开采爆破测试	—	表 1,垂向	[35]
29	陕西华县金堆城露天矿边坡爆破开挖	主频 5～16Hz	表 1 垂向	[36]
30	唐钢滦县露天采场爆破	孔径 80mm,11～45Hz	表 5	[37]
31		孔径 80mm,10～22Hz	表 7	
32	武山铜矿采场爆破	中深孔爆破,孔径 90mm	表 1,合速度	[38]
33	冬瓜山铜矿地下深部采场爆破,矿体	主频较高,第一主频 150～200Hz	表 1	[34]
34			表 2	

2. 计算方法

大量的实测结果表明,爆破速度与炸药量、爆心距、振波传播路径上的岩土性质及测点条件等有关,可用下式[12,13]来表示:

$$V_p = KQ^m R^n \tag{3.4}$$

式中,V_p 为质点振动的峰值速度,mm/s;Q 为炸药量,kg;R 为爆源至观测点的距离,m;K、m、n 为传播介质物理性质特点的参数。

应用广泛的萨道夫斯基公式具有如下形式:

$$V_p = K_1 \left(\frac{\sqrt[3]{Q}}{R} \right)^{\alpha_1} \tag{3.5}$$

而美国矿业局提出的公式为

$$V_p = K_2 \left(\frac{\sqrt{Q}}{R} \right)^{\alpha_2} \tag{3.6}$$

较为少见的是印度规范(IS 6922−1973)中建议采用的公式[13]:

$$V_p = K_3 \left(\frac{Q^{2/3}}{R} \right)^{\alpha_3} \tag{3.7}$$

式中,K_1、α_1 为立方根标度回归常数;K_2、α_2 为平方根标度回归常数;K_3、α_3 为三分之二标度回归常数。式(3.5)～式(3.7)可以表示成如下统一的形式:

$$V_p = K \left(\frac{Q^s}{R} \right)^{\alpha} \tag{3.8}$$

式中,s 分别等于三分之一、二分之一和三分之二,分别对应立方根、平方根和三分之二标度定律。

对式(3.8)两端取对数则其变换为

$$\lg V_p = \lg K + \alpha \lg \frac{Q^s}{R} \tag{3.9}$$

若令 $y = \lg V_p$，$x = \lg \dfrac{Q^s}{R} = \lg Rr$，$b = \lg K$，则有

$$y = \alpha x + b \tag{3.10}$$

可将式(3.8)的非线性关系用式(3.10)的线性关系表示。其中的 $Rr = \dfrac{Q^s}{R}$ 称为比例距离。

此外，式(3.4)也可写为

$$\lg V_p = \lg K + m \lg Q + n \lg R \tag{3.11}$$

对比式(3.4)和式(3.8)，易得

$$\alpha = -n, \quad s = \frac{m}{\alpha} = -\frac{m}{n} \tag{3.12}$$

式中，α 为衰减指数；s 可称为标度系数。

将式(3.4)转换为式(3.11)后就可以采用多元回归的方法，其好处是避免计算比例距离；同时，由于将炸药量和爆心距作为单独的自变量，故不必确定标度系数。因此，本节的重点就是分别采用从式(3.4)~式(3.7)的非线性关系转化的式(3.10)~式(3.11)的线性关系，对样本数据进行回归分析，通过对不同回归公式的相关系数比较来说明各个公式的特点和适用范围。

3.3.2　计算结果及分析

1. 拟合程度比较

以广泛应用的萨道夫斯基公式采用的立方根标度的比例距离平均值（表3-19）$Rr = Q^{1/3}/R$ 为横轴，分别以平方根标度（式(3.3)），三分之二标度（式(3.4)）和多元线性回归（式(3.8)）获得的归一化回归相关系数 r_2/r_1、r_3/r_1 和 r_4/r_1 为纵轴做图，得到图3-49~图3-51。其中，r_1、r_2、r_3 和 r_4 分别为立方根标度、平方根标度、三分之二标度和多元线性回归的相关系数。

表3-19　立方根标度比例距离样本统计特征

序号	平均值	标准差	变异系数	统计个数
1	0.052	0.015	0.296	41
2	0.098	0.010	0.105	18
3	0.083	0.009	0.109	25
4	0.073	0.022	0.305	105

续表

序号	平均值	标准差	变异系数	统计个数
5	0.049	0.019	0.383	16
6	0.058	0.037	0.643	21
7	0.051	0.015	0.287	14
8	0.083	0.038	0.451	17
9	0.087	0.034	0.395	16
10	0.065	0.022	0.345	14
11	0.072	0.042	0.576	39
12	0.046	0.031	0.666	21
13	0.215	0.086	0.399	15
14	0.261	0.081	0.310	12
15	0.026	0.011	0.404	19
16	0.031	0.035	1.124	18
17	0.035	0.027	0.779	20
18	0.019	0.010	0.564	28
19	0.178	0.160	0.900	36
20	0.094	0.038	0.409	20
21	0.099	0.037	0.373	15
22	0.191	0.171	0.896	36
23	0.066	0.025	0.383	13
24	0.103	0.058	0.561	11
25	0.069	0.034	0.495	19
26	0.070	0.027	0.387	39
27	0.072	0.045	0.621	29
28	0.139	0.049	0.352	24
29	0.032	0.019	0.600	30
30	0.056	0.024	0.424	12
31	0.042	0.022	0.511	14
32	0.049	0.032	0.657	38
33	0.062	0.027	0.438	14
34	0.063	0.025	0.402	22

平方根标度率情况下的回归系数大于等于立方根标度的比例对不同类型的工程为:隧道工程 2/3(其平均立方根比例距离均小于 0.1),土石方开挖和水电工

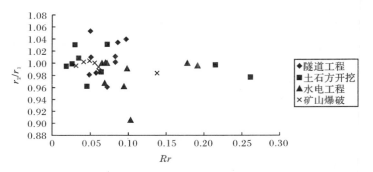

图 3-49　平方根标度归一化相关系数与比例距离变化

程 1/3,矿山爆破中为 3/8。所有 34 例中有 14 例的平方根标度回归系数要大于立方根,占 41.2%。而在比例距离大于 0.1 时,所有的归一化相关系数都小于 1,说明立方根标度公式的回归系数更大,也就具有更好的拟合程度。在比例距离小于 0.1 时,土石方开挖工程中的平方根率优于立方根率的比例有所提高,为 3/7;同样,水电工程和矿山爆破也都为 3/6。隧道工程的立方根比例距离均小于 0.1。

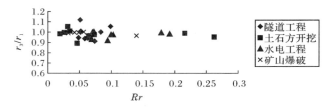

图 3-50　三分之二标度归一化相关系数与比例距离变化

对三分之二标度,所有 34 例中有 8 例的回归系数要大于立方根的回归系数,占 23.5%。在比例距离大于 0.1 时仍然是立方根标度的拟合程度最好。比例距离小于 0.1 时则相对于平方根标度稍差,归一化相关系数大于等于 1 的比例,隧道工程为 4/9,土石方工程为 2/7,水电工程为 2/6,矿山工程均为 0。

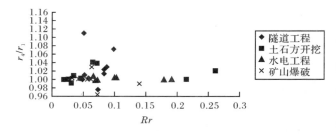

图 3-51　多元回归分析归一化相关系数随比例距离变化

多元回归情况下,共有 7 例的相关系数小于立方根标度回归所得的相关系数。换言之,多元回归统计的相关系数大于等于立方根标度回归系数的比例高达 79.4%,其中隧道工程和土石方工程均为 8/9,水电工程为 5/9,矿山爆破为 6/7。

综上所述,单就表示预测公式拟合程度高低的相关系数大小而言,最好的是多元回归方式,其最大的优点就是避免计算比例距离,从而不必限定药量的标度值大小。而三分之二标度的拟合程度相对于立方根标度最差。而就立方根标度和平方根标度相关系数的相对大小,隧道工程类型中平方根具有更好拟合程度的比例要高于其他三种类型。立方根标度公式相对于平方根标度总体上仍具有更高的拟合程度。但如果以平均比例距离的大小来判断,则在比例距离小于 0.1 时仍以平方根标度为优。在本节考察的工程类型和实例范围内,仅 6 例的平均比例距离大于 0.1,且其立方根拟合的相关系数均小于平方根拟合的相关系数。这样,在比例距离小于 0.1 的范围内,有 50% 实例的平方根相关系数大于立方根拟合的相关系数。这与文献[13]中依据立方根标度比例距离是否大于 0.1 而选取不同标度系数的调整建议类似[13]。换言之,在平均立方根标度比例距离小于 0.1 的范围内,平方根标度具有同立方根标度同样程度的相关性。

2. 多元回归结果分析

多元回归分析的计算结果见表 3-20。从表中可以看出,隧道工程中有 3 例(2、7 和 8)、土石方工程中有 2 例(10、14)、水电工程有 5 例(20、21、24、26、27)的预测公式中的常数项异常,其中 2、8 的标度 s 超过 1,7 的标度系数为 0.8095,而 K 值则极小;10、20 则是标度 s 超过 1,而 K 值则极大;26 和 27 则是标度 s 为 0,K 值也较大;14、21 和 24 则是标度 s 非常小,接近于 0,而 K 值则稍大于正常值。考察其爆心距、炸药量等初始数据发现,其共同点就是输入因变量的变异性小,样本重复性高。除了 2 是因爆心距过于集中外(在 19 和 22 之间,变异系数仅 0.052),其余 9 例均是炸药量过于集中,仅为 2~3 种药量,每种药量重复出现若干次。特别是 26、27 则仅为 1 种药量,故其药量部分的常数项 m 为 0。去掉这 10 例后,剩余的 24 例中,多元回归分析的相关系数大于等于立方根标度相关系数的为 19 例,占全部的 79.2%,其中 3 例的相关系数与立方根标度的相关系数相同;其中隧道工程为 5/6,土石方工程为 6/7,水电工程中为 2/4。此外,多元回归相关系数小于立方根标度相关系数的几例,如 4、16、19、25、28 等,也都具有爆心距或药量分布集中或样本重复率高的特点,如 4 中仅 2 种药量,有 49 个 23.4kg 的药量和 56 个 10.5kg 的药量。而 16 和 28 则是由于岩性变化复杂,每种岩性的样本数量过少,故整体的回归相关系数都较低。显然,多元回归方法对于药量或爆心距参数重复性高、参数分布范围太小的情况,预测效果不理想,而通过药量或爆心距中某一参数的变化,就可换算为分布范围更大、样本更为均匀分布的比例距离参数来预测爆破速度。

表 3-20　多元回归分析计算结果

序号	lg$K$	n	m	r_4	s	α	K	样本数量
1	1.8541	−1.5814	0.8879	0.9722	0.5615	1.5814	71.5	41
2	−0.0671	−0.8001	1.7782	0.9469	2.2225	0.8001	0.9	18
3	2.2184	−1.9704	0.9014	0.7419	0.4575	1.9704	165.3	25
4	3.0980	−2.2436	0.8119	0.6833	0.3619	2.2436	1253.1	105
5	2.3263	−1.8032	0.6009	1.0000	0.3332	1.8032	212.0	16
6	1.2404	−1.1746	0.3032	0.8835	0.2582	1.1746	17.4	21
7	0.4110	−1.3476	1.0909	0.7247	0.8095	1.3476	2.6	14
8	−11.6026	−1.0496	8.0743	0.8047	7.6929	1.0496	0.0	17
9	2.1818	−1.6921	0.7998	0.9568	0.4727	1.6921	152.0	16
10	7.6002	−2.0036	−2.2625	0.9511	−1.1292	2.0036	3.98×10^{-6}	14
11	1.0810	−0.9513	0.4625	0.7853	0.4861	0.9513	12.0	39
12	2.3471	−1.7088	0.4812	0.9240	0.2816	1.7088	222.4	21
13	2.3835	−1.6711	0.5756	0.9740	0.3445	1.6711	241.8	15
14	3.5947	−2.2026	0.1022	0.9490	0.0464	2.2026	3933.1	12
15	2.2883	−2.2711	0.8895	0.9775	0.3917	2.2711	194.2	19
16	1.6395	−1.5318	0.8171	0.8776	0.5334	1.5318	43.6	18
17	1.9584	−1.9854	1.1320	0.9576	0.5702	1.9854	90.9	20
18	3.3738	−2.1802	0.6652	0.9078	0.3051	2.1802	2364.7	28
19	1.7629	−2.2111	0.8649	0.9394	0.3911	2.2111	57.9	36
20	8.7062	−2.2359	−2.3189	0.8939	−1.0371	2.2359	5.08×10^{-7}	20
21	2.6113	−1.7421	0.0477	0.7440	0.0274	1.7421	408.6	15
22	1.6908	−2.1809	0.7246	0.9617	0.3322	2.1809	49.1	36
23	1.9425	−1.7696	0.7373	0.9645	0.4166	1.7696	87.6	13
24	3.0922	−2.1421	0.0810	0.9781	0.0378	2.1421	1236.4	11
25	2.5408	−1.8805	0.4654	0.9594	0.2475	1.8805	347.4	19
26	3.1659	−1.6856	0.0000	0.9785	0.0000	1.6856	1465.2	39
27	2.9891	−1.3688	0.0000	0.9858	0.0000	1.3688	975.2	29
28	1.7661	−1.0423	0.3682	0.7167	0.3532	1.0423	58.4	24
29	2.1941	−1.9990	0.7036	0.9602	0.3520	1.9990	156.4	30
30	1.7545	−1.6049	0.6748	0.9927	0.4205	1.6049	56.8	12

序号	lgK	n	m	r_4	s	α	K	样本数量
31	1.3541	−1.6004	0.7087	0.9934	0.4428	1.6004	22.6	14
32	1.6866	−1.4995	0.6875	0.9230	0.4585	1.4995	48.6	38
33	1.9411	−0.8818	0.2976	0.8998	0.3375	0.8818	87.3	14
34	1.9809	−1.0799	0.3171	0.8707	0.2937	1.0799	95.7	22

3. 不同类型工程的经验回归关系

考虑到本节分析的四种类型的工程在实施爆破试验或开挖时,具有相对类似的爆破参数如炮孔直径、间距、深度、炸药类型、起爆方式等,故可分别针对不同的工程类型进行分类讨论。虽然每个样本组代表了各自工程爆区与测点之间的岩土体的综合特征,但如果各样本数据本身的相关性较好,将其合并作为一个大的样本,则样本空间分布更大、更均匀,也更能反映不同类型工程爆破开挖中的统计规律性。如果这样得到的统计规律具有较好的相关性,那么它就具有更好的代表性,可供无爆破试验或经验资料的工程借鉴。因此,分别采用立方根标度公式、平方根标度公式和多元回归方法分布对这几类工程的爆破速度公式常数进行分析,其结果如表 3-21 和表 3-22 所示。其中,对隧道工程,忽略了样本 4。三分之二标度公式因其整体拟合程度较低,故不再分析。此外,收集到的水电工程实例整体相关系数因爆破类型差异大、样本重复性高而相关系数很低,故不做进一步讨论。

表 3-21　不同类型工程平方根标度和立方根标度的爆破速度计算公式参数

工程类型	立方根标度			平方根标度			$\dfrac{\sqrt[3]{Q}}{R}\pm SD$
	$lgK_1\pm SD$	$\alpha_1\pm SD$	r_1	$lgK_2\pm SD$	$\alpha_2\pm SD$	r_2	
隧道工程	2.324±0.117	1.895±0.095	0.8389	1.659±0.099	1.512±0.089	0.7956	0.145±0.102
土石方开挖	2.114±0.104	1.641±0.073	0.8578	1.872±0.078	1.809±0.066	0.8954	0.217±0.246
矿山工程	2.796±0.131	2.091±0.099	0.8645	1.546±0.106	1.632±0.110	0.7672	0.038±0.026

由表 3-21 和表 3-22 可以看出,多元回归分析具有更好的相关系数,其预测精度也就较高。从多元回归分析求出的标度系数对隧道工程和土石方开挖工程,大致接近立方根标度,而对矿山工程则接近 1/4。土石方开挖工程的平方根标度公式比立方根标度公式具有更高的相关系数,而隧道工程的则反之,但两者的立

方根标度比例距离的平均值均大于1。土石方工程的比例距离方差大于平均值，说明其样本分布范围宽，所以，整体样本的分布范围和密度对其相关系数的大小有重要影响。

表 3-22　不同类型工程爆破速度计算多元回归分析参数

工程类型	$\lg K_4 \pm SD$	$n \pm SD$	$m \pm SD$	r_4	s	α	K	样本数量
隧道工程	2.269 ± 0.131	-1.872 ± 0.098	0.659 ± 0.043	0.8399	0.352	1.872 ± 0.098	185.8	168
土石方开挖	2.321 ± 0.099	-1.888 ± 0.061	0.673 ± 0.046	0.9161	0.356	1.888 ± 0.061	209.4	186
矿山工程	3.339 ± 0.179	-2.175 ± 0.096	0.544 ± 0.048	0.8798	0.250	2.175 ± 0.096	2182.7	154

由此可见，最佳的爆破速度计算公式是因地质条件和工程类型而异的。多元回归方法具有比立方根标度和平方根标度更好的预测精度，但在药量或爆心距样本分布范围集中、重复性高的情况下可能出现异常的预测结果，此时可根据工程类型和爆心距选择，在比例距离小于 0.1 时选择平方根标度公式，反之用立方根标度；无实测数据时，可选用表 3-21 或表 3-22 中的经验系数进行预测。

3.3.3　讨论

1. 计算参数的物理含义

上述不同回归方法中出现的参数具有不同的物理含义。K 可以看做是爆破振动速度在爆源处的初始值[12]，代表炸药传递给围岩的初始爆破能量；一般地，岩性越硬其值越小，反之则越大。爆破速度随药量系数 m 和距离系数 n 的增大而增大，因此，可将 m 看做炸药爆破能量的作用效果，n 代表距离对爆破速度的影响，两者均应该与爆孔直径、排距、爆孔深度、炮孔分布范围、起爆网络等爆破条件密切相关。α 表示炸药能量在传播路径上的衰减程度，与岩体的波阻抗有关。而标度系数 s 则综合反映了炸药能量作用效果和传播路径上的岩土综合特征。从上述24 例多元回归分析中求得的有效标度系数在 0.25～0.57，其平均值为 0.39，标准差为 0.092，变异系数为 0.234。一方面说明了平方根标度、立方根标度和三分之二标度公式都有其合理的使用范围；另一方面也说明了立方根标度公式获得广泛应用的统计学意义。

2. 样本数据的选择

经验数据的数学拟合是爆破速度计算公式的基本方法。对标度系数 s 选择的理论依据是爆源辐射为球形还是圆柱形[13]。实测数据样本的选择是预测公式精度的关键。大多数情况下选择 95% 的置信区间,且对数据样本中此置信区间的数据点予以剔除,这是采用数理统计分析方法的基本要求(本节的回归置信度也是如此)。而对于爆破速度预测公式的形式来看,其实参数的选取难点在于药量、爆心距或者比例距离的计算。文献[36]的计算方法为:"对于临近边坡爆破,R 是指爆区几何中心距坡脚最近一排炮的距离,根据采场具体情况,台阶宽度最小为 5m,最后一排预裂爆破的宽度约为 15m,最近一排正常爆破(一般为 2~3 排孔)距预裂爆破约为 10m,所以取 $R=30m$。"显然,此处的爆心距是一种估算。而在本节选用的 27 例工程中,除文献[36]之外,均未能详细说明爆心距的计算依据或方法。有关爆心距、药量或比例距离计算方法方面的研究成果也较少[40,41]。显然,在测点距离与爆破中心距离较远时,爆心距误差对预测结果的影响,将远小于测点距离与爆破中心距离较近的情况。这可能是导致在立方根标度平均比例距离不同时,各种预测方法相关系数有所差别的主要原因。特别是对小间距大断面隧道工程的爆破施工而言,无论是爆心距的确定,还是药量的计算,都需要根据测点布置特点和实测爆破速度波形进行适当调整,只是这方面的探讨尚不多见。

3. 合速度问题

目前对于爆破速度的选择,大多采用垂直于测点表面的垂向速度,也有采用测点处获得的三向爆破速度计算出三维合成速度进行预测的,如文献[38]。而文献[14]也认为应采用:"同一时刻采样点的三个速度值进行波形合成,得到新的合成波形,取该新波形的最大峰值,才能为真实的合速度峰值。"采用合速度分析考虑了测点处复杂的三维运动,也真实反映了测点材料的复杂受力状态,从应力状态分解和破坏判据的角度来进行安全度评价,其好处就是考虑了拉剪、压剪等复杂的应力,比采用单向垂直爆破速度时仅对应于材料的单向拉、压应力状态更趋合理,以合速度分析确定爆破参数和避让距离也就更为安全,只是采用现有的强度判定方法进行安全性分析尚存在一定难度。因此,进行爆破振动测试时,应尽可能获得给定测点的三向爆破波形,便于求解三维合成速度并进行爆破速度预测和安全度评价。

3.3.4　小结

通过上面的对比分析,可以得到如下几方面的结论:

(1) 爆破速度计算公式的立方根标度和平方根标度公式具有较高的拟合程

度,而印度采用的三分之二标度则拟合程度较差。可根据立方根标度比例距离的分布特点来选取立方根或平方根标度公式。一般地,若平均的立方根标度比例距离小于 0.1,可采用平方根标度;反之则采用立方根标度公式,特别是对于隧道工程和一般土石方开挖工程。

（2）多元回归方法的优点是不必选择标度系数,且具有相对立方根标度和平方根标度公式更高的拟合精度,但不适用于药量或爆心距分布范围小、样本重复率高的情况。在药量或爆心距的样本分布空间小、代表性差的情况下,可选用立方根或平方根标度公式进行分析。采用多元回归方法求解的标度系数平均而言较接近立方根标度,这可能是立方根标度获得广泛使用的原因。

（3）根据不同工程类型的特点,将其样本数据合并,计算了不同类型时分别采用立方根标度、平方根标度和多元回归方法计算爆破速度的公式,可在类似的工程条件下作为参考。

（4）现有各种计算方法在计算爆心距或药量,以及确定比例距离方面存在一定的误差,这方面的研究也不多见。而数据样本的选择也因此受到影响,这可能是不同回归方法在应用于相同实测数据样本时存在差异的原因之一。数据样本的分布特点决定了采用哪种计算方法更为准确。

（5）爆破速度回归计算时采用三维合速度是比较合理的,因为它真实反映了测点岩土或工程材料的复杂运动和受力状态,只是采用现有的强度判定方法进行安全性分析尚存在一定难度。还需积累更多的三维合速度测试资料做进一步深入分析。

参 考 文 献

[1] 孟吉复,惠鸿斌.爆破测试技术[M].北京:冶金工业出版社:1992,12:90-95.

[2] 廖振鹏.波动理论基础知识及其在地震工程中的初步应用(续)[J].华南地震,1992,12(04):77-84.

[3] 李洪涛,舒大强.爆破震动衰减规律的影响因素[J].武汉大学学报(工学版),2005,38(1):79-82.

[4] 中华人民共和国国家标准.爆破安全规程(GB 6722-2011)[S].北京:中国标准出版社,2011.

[5] 刘慧,史雅语,冯叔瑜.招宝山超小净间距双线隧道控制爆破监测[J].爆破,1997,14(4):25-28.

[6] 唐海,李海波,蒋鹏灿,等.地形地貌对爆破振动波传播的影响实验研究[J].岩石力学与工程学报,2007,26(9):1817-1823.

[7] 许海亮,张继春,杨红,等.钻孔爆破振动速度计算公式及其简化的探讨[J].同济大学学报(自然科学版),2007,35(7):899-903、914.

[8] 张继春,郭学彬,郑爽英,等. 顺层边坡岩体的爆破振动特性试验研究[J]. 地下空间与工程学报,2005,1(7):1041-1044.

[9] 唐海,石永强,李海波,等. 基于神经网络的报批振动速度峰值预报[J]. 岩石力学与工程学报,2007,26(增1):3533-3539.

[10] 周京淑,陈钧璠. 预裂爆破的震动测试中 Q、R 值的计算方法[J]. 爆破,1990,1:53-55.

[11] 李成生,薛丁男. 用等效距离法处理群药包爆破地震效应监测数据及其软件系统设计[J]. 工程设计与研究,1993,3:17-22.

[12] Tripathy G R,Gupta I D. Prediction of ground vibrations due to construction blasts in different types of rock[J]. Rock Mechanics and Rock Engineering,2002,35(3):195-204.

[13] 熊代余,顾毅成. 岩石爆破理论与技术新进展[M]. 北京:冶金工业出版社,2002,8:155-179.

[14] 李玉民,倪芝芳. 地下工程开挖爆破的地面振动特征[J]. 岩石力学与工程学报,1997,16(3):274-278.

[15] 李树良. 对邻近隧道爆破施工的几点体会[J]. 铁道建筑技术,1998,4:26-28.

[16] 张继春,曹孝君,郑爽英,等. 浅埋隧道掘进爆破的地表振动效应试验研究[J]. 岩石力学与工程学报,2005,24(22):4 158-4 163.

[17] 姜德义,陈玉,任松. 超小净距交叉隧道的爆破振动监测与控制技术[J]. 西部探矿工程,2008,10:188-191.

[18] 李利平,李术才,张庆松,等. 小间距隧道爆破动力响应分析[J]. 公路交通科技,2008,25(7):100-106.

[19] 高山,王茂玲,史太禄. 孔径对爆破质点震动速度衰减的影响[J]. 采矿技术,2003,3(4):36-17,40.

[20] 郭汉超. 槐树坪隧道爆破振动监测与控制技术[J]. 隧道建设,2006,26(5):47-49、78.

[21] 赵江倩,刘优平,黎剑华. 复杂建筑物下隧道爆破施工振动监测技术研究[J]. 铁道建筑,2007,1:33-34.

[22] 朱继红. 隧道开挖爆破振动对临近建筑物影响的安全评价[J]. 火炸药学报,2007,30(1):78-80.

[23] 杨伟林,杨柏坡. 爆破地震动效应的数值模拟[J]. 地震工程与工程振动,2005,25(1):8-13.

[24] 吕涛,石永强,黄诚,等. 非线性回归法求解爆破振动速度衰减公式参数[J]. 岩土力学,2007,28(9):1871-1878.

[25] 张继春,郭学彬,郑爽英,等. 顺层边坡岩体的爆破振动特性试验研究[J]. 地下空间与工程学报,2005,1(7):1041-1044.

[26] 史太禄. 爆破地震影响区域划分的探讨[J]. 矿业研究与开发,2001,21(2):45-47.

[27] 田运生,张立国,陈超,等. 基坑开挖爆破振动速度的监测和控制[J]. 有色金属(矿山部分),2004,56(6):35-37.

[28] 王新生,刘红岩. 爆破振动速度回归分析中 K 值的合理选用[J]. 武汉理工大学学报,2005,27(11):103-104,109.

[29] 王玉杰,梁开水,田新邦. 周宁水电站地下厂房开挖爆破地震波衰减规律的研究[J]. 岩石

力学与工程学报,2005,24(22):4111-4114.

[30] 蔡德所,张继春,刘浩吾,等.三峡工程坝基岩体爆破地震效应的现场试验研究[J].人民长江,1996,27(3):6-9.

[31] 李新平,朱瑞庚,祝文化,等.复杂环境下爆破减震保护层的现场试验研究[J].岩石力学与工程学报,1997,16(6):584-589.

[32] 张继春,彭琼芳.岩体爆破地震波衰减规律的现场试验与分析[J].辽宁工程技术大学学报(自然科学版),2001,20(4):399-401.

[33] 张成良,李新平,曹俊峰.地下洞室群爆破地震波传播的现场试验研究[J].爆破,2007,24(4):71-76.

[34] 史秀志,田建军,王怀勇.冬瓜山矿爆破振动测试数据回归与时频分析[J].爆破,2008,25(2):77-81.

[35] 李桂臣,李智信.采场边坡爆破震动观测与分析[J].有色矿冶,1999,3:21-25.

[36] 李瑜,侯德福.金堆城露天采场北部边坡爆破振动测试与衰减规律探析[J].中国钼业,1999,23(4):35-38.

[37] 宁连广.司家营铁矿采场爆破振动对环境影响的研究[J].矿业快报,2006,2:41-43.

[38] 张耀平,曹平,高赛红.武山铜矿中深孔爆破振动速度衰减规律的研究[J].有色金属(矿山部分),2007,59(6):35-38.

[39] 杨转运,刘会,吴汉辉.小净距隧道施工中减振技术研究[J].现代交通技术,2006,4:37-41.

[40] 周京淑,陈钧璠.预裂爆破的震动测试中 Q、R 值的计算方法[J].爆破,1990,1:53-55.

[41] 李成生,薛丁男.用等效距离法处理群药包爆破地震效应监测数据及其软件系统设计[J].工程设计与研究,1993,3:17-22.

第4章 爆破振动弹塑性动力有限元动力分析

本章主要采用动力有限元数值模拟的方法,以室内外试验测试获取的围岩、既有隧道衬砌结构和爆破振动荷载等实测数据为基础,分别采用二维动力有限元和三维动力有限元数值模拟,对新建隧道爆破施工引起的既有隧道衬砌结构动力响应进行模拟分析,以阐明最不利的受力位置、既有隧道衬砌结构中动应力与振动速度的关系,评价既有隧道衬砌结构的安全稳定状态,为后续优化施工方法和爆破技术措施提供理论依据。

4.1 分析理论和计算方法

1. 材料的弹塑性应力应变关系

在弹塑性分析中一般采用增量弹塑性应力应变关系:

$$\mathrm{d}\underline{\sigma} = \underline{D}_{ep}\,\mathrm{d}\underline{\varepsilon} \tag{4.1}$$

式中,应力向量为

$$\underline{\sigma} = \begin{bmatrix} \sigma_x & \sigma_y & \tau_{xy} \end{bmatrix}^{\mathrm{T}} \tag{4.2}$$

应变向量为

$$\underline{\varepsilon} = \begin{bmatrix} \varepsilon_x & \varepsilon_y & \gamma_{xy} \end{bmatrix}^{\mathrm{T}} \tag{4.3}$$

弹塑性矩阵为

$$\underline{D}_{ep} = \underline{D} - \underline{D}\left\{\frac{\partial F}{\partial \underline{\sigma}}\right\}\left\{\frac{\partial F}{\partial \underline{\sigma}}\right\}^{\mathrm{T}}\underline{D}\left[H' + \left\{\frac{\partial F}{\partial \underline{\sigma}}\right\}^{\mathrm{T}}\underline{D}\left\{\frac{\partial F}{\partial \underline{\sigma}}\right\}\right]^{-1} \tag{4.4}$$

式中,弹性矩阵为

$$\underline{D} = \frac{E(1-\nu)}{(1+\nu)(1-2\nu)} \begin{bmatrix} 1 & \dfrac{\nu}{1-\nu} & 0 \\ \dfrac{\nu}{1-\nu} & 1 & 0 \\ 0 & 0 & \dfrac{1-2\nu}{2(1-\nu)} \end{bmatrix} \quad (\text{平面应变问题}) \tag{4.5}$$

式中,E 和 ν 为材料的弹性模量和泊松比;H' 为材料硬化参数;F 为屈服函数。

2. 屈服准则

对于岩土工程材料,常用的屈服准则有 Mohr-Coulomb 屈服准则、Drucke-

Prager 屈服准则及一些改进的屈服准则,其中 Mohr-Coulomb 屈服准则可用下式表达:

$$F = \frac{J_1}{3}\sin\varphi + \sqrt{J_2'}\left(\cos\theta - \frac{1}{\sqrt{3}}\sin\theta\sin\varphi\right) - c\cos\varphi = 0 \qquad (4.6)$$

式中,J_1 为应力偏量的第一不变量;J_2 为应力偏量的第二不变量;θ 为罗地角;c 和 φ 为材料的黏聚力和内摩擦角。

3. 流动法则

在岩土工程弹塑性分析中通常采用关联流动法则,即塑性应变增量与塑性势 Q 的应力梯度成正比,且塑性势面与屈服面一致。它由下式表示:

$$\mathrm{d}\varepsilon_p = \mathrm{d}\lambda\,\frac{\partial Q}{\partial \sigma} = \mathrm{d}\lambda\,\frac{\partial F}{\partial \sigma} \qquad (4.7)$$

4. 体系有限元离散化

有限元分析体系可采用 4 节点等参数有限元将围岩与衬砌离散化。

单元节点力 $\underline{F}^e$ 与节点位移 $\underline{u}^e$ 之间的关系为

$$\underline{K}^e\,\underline{u}^e = \underline{F}^e \qquad (4.8)$$

式中,$\underline{K}^e$ 为单元刚度矩阵。

$$\underline{u}^e = \begin{bmatrix} u & v \end{bmatrix}^{\mathrm{T}} \qquad (4.9)$$

式中,u 和 v 分别为节点的水平和竖向位移。

单元刚度矩阵按下式计算:

$$\underline{K}^e = \int_\Omega \underline{B}^{\mathrm{T}} \underline{D}\, \underline{B}\,\mathrm{d}\Omega \qquad (4.10)$$

式中,$\underline{B}$ 为单元的几何矩阵,对于 4 节点等参单元

$$\underline{B} = \begin{bmatrix} \underline{B}_1 & \underline{B}_2 & \underline{B}_3 & \underline{B}_4 \end{bmatrix} \qquad (4.11)$$

式中

$$\underline{B}_i = \begin{bmatrix} \dfrac{\partial N_i}{\partial x} & 0 \\ 0 & \dfrac{\partial N_i}{\partial y} \\ \dfrac{\partial N_i}{\partial y} & \dfrac{\partial N_i}{\partial x} \end{bmatrix}, \quad i = 1,2,3,4 \qquad (4.12)$$

式中,N_i 为形函数。

将各单元对体系的贡献叠加,即可得到体系的总刚度矩阵 $\underline{K}$,其表达式为

$$\underline{K} = \sum_e \underline{K}^e \qquad (4.13)$$

5. 荷载列阵的计算

在有限元网格边界上作用有边界荷载时,根据作用在单元边界上的分布荷载集度,按虚功原理可计算出等效节点荷载为

$$
\left. \begin{array}{l}
P_{xi} = \int_{\Gamma} N_i \left(p_t \dfrac{\partial x}{\partial \xi} - p_n \dfrac{\partial y}{\partial \xi} \right) \mathrm{d}\xi \\[3mm]
P_{yi} = \int_{\Gamma} N_i \left(p_n \dfrac{\partial x}{\partial \xi} + p_t \dfrac{\partial y}{\partial \xi} \right) \mathrm{d}\xi
\end{array} \right\}
\tag{4.14}
$$

式中,p_n 和 p_t 为法向和切向的分布荷载;Γ 为加荷边长度;ξ 为局部坐标系;x 和 y 为整体坐标系。

围岩和衬砌自重节点力可按下式计算:

$$
\underline{F}_1 = \int_{\Omega} \underline{N}^{\mathrm{T}} \underline{P} \mathrm{d}\Omega
\tag{4.15}
$$

式中,$\underline{P} = \begin{bmatrix} p_x & p_y \end{bmatrix}^{\mathrm{T}}$ 为体力,其中 p_x 和 p_y 分别为体力的水平和竖向分力。通常,$p_x = 0$,$p_y = -\rho g$。

通常情况下体系总节点荷载由上述两项构成。

6. 运动方程的建立

隧道的爆破振动是一个瞬态动力学问题,在爆炸动荷载作用下,有限元体系在 $t + \Delta t$ 时刻的运动平衡方程为

$$
\underline{M}\ddot{u}_{t+\Delta} + \underline{C}\dot{u}_{t+\Delta} + \underline{K}u_{t+\Delta} = \underline{F}_{t+\Delta}
\tag{4.16}
$$

式中,$\underline{M}$ 为体系的总质量矩阵,采用一致质量矩阵,$\underline{M} = \sum \int_V \underline{N}^{\mathrm{T}} \underline{\rho} \underline{N} \mathrm{d}V$;$\underline{C}$ 为体系的总阻尼矩阵;$\underline{K}$ 为体系的总刚度矩阵;$\ddot{u}_{t+\Delta}$ 为体系的节点加速度向量;$\dot{u}_{t+\Delta}$ 为体系的节点速度向量;$\underline{u}_{t+\Delta}$ 为体系的节点位移向量;$\underline{F}_{t+\Delta}$ 为外荷载向量,此处为爆破振动荷载向量。

7. 阻尼矩阵的确定

在体系的运动方程中,阻尼力与惯性力和抗力相比要小得多,可以较为近似地计算阻尼矩阵。在分析中体系的总阻尼矩阵通常采用瑞利阻尼,其假定体系的阻尼矩阵为质量矩阵和刚度矩阵的线性组合,即由下式确定:

$$
\underline{C} = \alpha \underline{M} + \beta \underline{K}
\tag{4.17}
$$

式中,α 和 β 为阻尼系数,主要由结构材料的能量消耗特性所决定。理论上可根据实测资料,于两个不同振动频率(ω_i,ω_j)下测得的阻尼比(ξ_i,ξ_j)按下式来确定 α 和 β 的值:

$$\begin{cases} \alpha = \dfrac{2(\xi_j\omega_i - \xi_i\omega_j)}{(\omega_i + \omega_j)(\omega_i - \omega_j)}\omega_i\omega_j \\ \beta = \dfrac{2(\xi_i\omega_i - \xi_j\omega_j)}{(\omega_i + \omega_j)(\omega_i - \omega_j)} \end{cases} \tag{4.18}$$

8. 运动方程的求解

采用 Newmark 隐式时间积分法求解运动平衡方程。在该方法中

$$\dot{\underline{u}}_{t+\Delta t} = \dot{\underline{u}}_t + [(1-\delta)\ddot{\underline{u}}_t + \delta\ddot{\underline{u}}_{t+\Delta t}]\Delta t$$

$$\underline{u}_{t+\Delta t} = \underline{u}_t + \dot{\underline{u}}\Delta t + \left[\left(\frac{1}{2} - \gamma\right)\ddot{\underline{u}}_t + \gamma\ddot{\underline{u}}_{t+\Delta t}\right]\Delta t^2 \tag{4.19}$$

式中,参数 δ 和 γ 可按积分稳定性要求确定。当取 $\delta = 0.5$, $\gamma = 0.25$ 时,Newmark 隐式积分法是无条件稳定的。

Newmark 隐式时间积分法的计算步骤如下:

① 根据初始条件计算初始加速度。

② 预估节点位移、速度和加速度,计算体系的不平衡节点力,进而根据体系的有效刚度矩阵计算体系位移向量的修正值。

③ 修正节点位移、速度和加速度向量值,重复迭代运算,直到位移向量修正值或不平衡节点力向量满足收敛条件为止。

④ 进入②,进行下一时步的计算。

为了保证计算精度,使得最大反应不致由于步长定得过大而被漏掉,通常规定积分时间步长 $\Delta t < T_{max}/100$(T_{max} 为体系的最大周期)。

采用初始刚度法进行迭代计算,每次迭代中采用高斯消元法求解体系的平衡方程。

采用节点位移增量的收敛准则判断求解过程的收敛:

$$\left[\sqrt{\sum_{i=1}^{N}(\Delta u_i^r)^2}\Big/\sqrt{\sum_{i=1}^{N}(u_i)^2}\right] \times 100 \leqslant \text{Tol} \tag{4.20}$$

式中,Δu_i^r 为第 r 次迭代所得的第 i 节点的位移增量;u_i 为第 i 节点的总位移;N 为体系的自由度总数;Tol 为收敛容许误差百分数。本分析中取 1.0。

对超出屈服面的应力进行调整,使之回到屈服面上[1]。

4.2　二维有限元数值模拟

4.2.1　数值模型与计算参数

采用平面应变的动力有限元法进行新建隧道爆破振动对既有隧道衬砌与围岩的影响分析。计算模型根据隧道的实际尺寸(新建隧道洞高 9.42m,宽 7.6m),

分别沿 x(水平)、z(竖直)方向上取 5 倍洞径的区域作为计算分析区域,模型尺寸为 105m×85.5m。采用四节点四边形平面应变等参元将模型划分为 11098 个单元,11235 个节点,如图 4-1 所示。

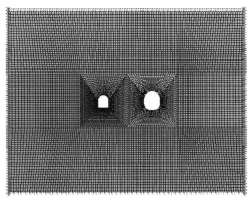

图 4-1　有限元模型

在隧道的数值模拟中,一般都要截取岩体的某一部分建立数值模拟计算模型,用一定的边界条件去代替原始介质的连续状态,在 MIDAS-GTS 有限元分析软件中通过曲面阻尼弹簧来实现。在有限元网格的上、下、左、右边界上施加弹簧阻尼边界约束,采用 1972 年 Lysmer 和 Wass 提出的黏性边界。为了定义黏性边界,需要计算相应的岩体在水平(x)、竖直(z)方向上的阻尼。单位面积上的阻尼按式(4.21)和式(4.22)计算,计算结果见表 4-1。

$$P 波: C_p = \sqrt{\rho(\lambda + 2G)} \tag{4.21}$$

$$S 波: C_s = \sqrt{\rho G} \tag{4.22}$$

式中,λ 为体积弹性系数,MPa,其表达式为

$$\lambda = \frac{\nu E}{(1+\nu)(1-2\nu)} \tag{4.23}$$

G 为剪切弹性系数,MPa,其表达式为

$$G = \frac{E}{2(1+\nu)} \tag{4.24}$$

式中,E 为弹性模量,MPa;ν 为泊松比。

表 4-1　不同围岩单位面积阻尼系数

阻尼系数 /(MPa·s·m⁻¹)	围岩级别		
	Ⅱ级	Ⅲ级	Ⅳ级
C_p	13.39	11.52	7.12
C_s	8.37	7.05	4.11

在现场实测的围岩力学参数的基础上,对众多学者在动力分析中所用材料的动力参数进行数理统计,回归分析了围岩的静动强度和动强度关系曲线,对围岩的强度进行了适当的提高。本次计算假定在爆破荷载作用下衬砌的弹性模量提高 25%,泊松比降低 20%。修正后的围岩和衬砌的力学参数见表 4-2。

表 4-2　模型材料力学指标

材料	类型	弹性模量/ GPa	泊松比	容重/ (kN/m³)	黏聚力/ MPa	内摩擦角/ (°)
Ⅱ级围岩	静	26.40	0.22	27.05	5.05	54.0
	动	59.92	0.18	27.05	5.05	54.0
Ⅲ级围岩	静	15.13	0.25	27.23	3.77	50.1
	动	43.07	0.20	27.23	3.77	50.0
Ⅳ级围岩	静	6.00	0.31	23.00	0.70	37.0
	动	18.00	0.25	23.00	0.70	37.0
C20砼	静	28.00	0.20	25.00	1.80	50.0
	动	35.00	0.16	25.00	1.80	50.0

4.2.2　有限元体系的振型分析

为了查明有限元体系的自振特性,为爆破动力反应分析提供必要的数据,须对各个不同的有限元体系进行振型分析。

有限元体系的自振特性由下式确定:

$$\underline{K}\Phi = \lambda \underline{M}\Phi \tag{4.25}$$

式中,$\underline{K}$ 和 $\underline{M}$ 分别为体系的总体刚度矩阵和质量矩阵;λ 为特征值;$\underline{\Phi}$ 为特征向量[1]。

采用子空间迭代法求解上述特征问题,得到各个有限元体系的自振周期如表 4-3 所示。

表 4-3　有限元体系的自振周期

模型类型	振型编号	频率/Hz	周期/s	振型特点
Ⅱ级围岩衬砌模型	1	12.517	0.0799	竖向振动
	2	16.258	0.0615	横向振动
	3	17.922	0.0558	横向+竖向振动
	4	23.712	0.0422	横向振动
	5	25.951	0.0385	横向振动
	6	27.932	0.0358	竖向振动
	7	29.149	0.0343	横向+竖向振动

续表

模型类型	振型编号	频率/Hz	周期/s	振型特点
Ⅱ 级围岩衬砌模型	8	31.652	0.0316	横向＋竖向振动
	9	33.738	0.0296	竖向振动
	10	34.135	0.0293	横向＋竖向振动
Ⅲ 级围岩衬砌模型	1	9.641	0.1037	竖向振动
	2	12.517	0.0799	横向振动
	3	13.392	0.0747	横向＋竖向振动
	4	18.012	0.0555	横向振动
	5	19.366	0.0516	横向振动
	6	21.283	0.0470	竖向振动
	7	21.761	0.0460	横向＋竖向振动
	8	24.719	0.0405	竖向振动
	9	25.365	0.0394	横向＋竖向振动
	10	26.213	0.0381	横向振动
Ⅳ 级围岩衬砌模型	1	6.892	0.1451	竖向振动
	2	8.655	0.1155	横向振动
	3	9.234	0.1083	横向＋竖向振动
	4	12.634	0.0792	横向振动
	5	13.091	0.0764	横向振动
	6	14.686	0.0681	竖向振动
	7	14.786	0.0676	横向＋竖向振动
	8	17.262	0.0579	横向＋竖向振动
	9	17.621	0.0568	竖向振动
	10	18.418	0.0543	横向＋竖向振动

对于Ⅱ级围岩-衬砌模型,采用第一、二阶振型的周期 $T_1 = 0.0799$s 和 $T_2 = 0.0615$s,取 $\xi_1 = \xi_2 = 0.01$,按照式(4.18)计算时程分析所用的阻尼计算参数 α 和 β。

对于Ⅲ级围岩-衬砌模型,采用第一、二阶振型的周期 $T_1 = 0.1037$s 和 $T_2 = 0.0799$s,取 $\xi_1 = \xi_2 = 0.01$,按照式(4.18)计算时程分析所用的阻尼计算参数 α 和 β。

对于Ⅳ级围岩-衬砌模型,采用第一、二阶振型的周期 $T_1 = 0.1451$s 和 $T_2 = 0.1155$s,取 $\xi_1 = \xi_2 = 0.01$,按照式(4.18)计算时程分析所用的阻尼计算参数 α 和 β。

4.2.3 新建隧道爆破振动荷载分析

采用有限元法分析爆破振动影响的一项关键工作是建立爆破加载模型,这包括确定爆破激振力的大小、作用位置和方向、峰值时刻和持续时间等方面的内容。关于地下洞室爆破冲击荷载的确定,至今尚无一套完善的理论方法。本报告计算中采用分段施加三角形荷载方式。

一般认为,岩土介质内任意一点的爆炸压缩波多呈三角形荷载形式,假设爆炸荷载以均布荷载的压力形式作用在洞室壁上,方向垂直于边界面。其超压在经过峰值以后都急剧衰减,而按卸载波传播。此时,与静载加压的情况不同,原先已被压实的岩土体又将产生回弹膨胀现象。所以将爆炸波简化成三角形波是比较符合实际情况的,对于进行爆破振动的数值分析,这种方法是比较实用和合理的方法,已被广泛采用。

本计算中,结合新库鲁塔格隧道爆破中不同段炸药的先后起爆顺序,将作用在结构上的爆破荷载简化为具有线性上升段和下降段的八个三角形荷载。各段爆破荷载的应力峰值 $P_{\max}$ 采用如下公式求解[2,3]:

$$P_{\max} = \frac{139.97}{Z} + \frac{844.81}{Z^2} + \frac{2154}{Z^3} - 0.8034 \qquad (4.26)$$

式中,Z 为比例距离,$Z = \dfrac{R}{Q^{\frac{1}{3}}}$;$R$ 为炮眼至荷载作用面的距离,m;Q 为炮眼装药量,kg。

应力波的一个特点是应力上升时间比下降时间小。当应力被衰减为地震波后,两者大体相等。上升时间与下降时间之和称为应力波的作用时间。

上升时间和作用时间与岩性、炮眼装药量、距离等因素有关。它们之间的经验关系式为[4]

$$t_R = \frac{12\sqrt{r^{2-\mu}}Q^{0.05}}{K} \qquad (4.27)$$

$$t_S = \frac{84\sqrt[3]{r^{2-\mu}}Q^{0.2}}{K} \qquad (4.28)$$

$$r = \frac{\bar{r}}{a} \qquad (4.29)$$

式中,t_R 为上升段时间,s;t_S 为总作用时间,s;K 为岩石的体积压缩模量,10^5 Pa;μ 为岩石泊松比;Q 为炮眼装药量,kg;r 为对比距离;$\bar{r}$ 为距炮眼中心距离,m;a 为炮眼半径,m。

Ⅱ级围岩进尺 2.5m、Ⅲ级围岩进尺 3.0m,Ⅳ级围岩进尺 3.0m 三种工况下各段荷载的峰值、加载和卸载时间的计算如表 4-4 所列。

表 4-4　荷载计算峰值、加载和卸载时间

围岩级别	雷管段数	距荷载作用面距离/m	炮眼半径/m	泊松比	各段药量/kg	围岩体积压缩模量/GPa	各段荷载峰值/(tonf/m²)	上升时间/ms	下降时间/ms
Ⅱ级围岩 进尺 2.5m	1	2.65	0.02	0.22	8.4	15.71	157.59	1.49	4.03
	3	2.65	0.02	0.22	8.4	15.71	157.59	2.51	5.31
	5	3.00	0.02	0.22	11.7	15.71	152.23	4.00	7.28
	7	3.00	0.02	0.22	17.1	15.71	210.66	5.26	9.15
	9	3.35	0.02	0.22	16.2	15.71	151.50	6.89	10.21
	11	4.00	0.02	0.22	25.2	15.71	140.38	8.65	12.78
	13	4.00	0.02	0.22	34.5	15.71	183.38	9.84	14.76
	15	4.35	0.02	0.22	12.0	15.71	62.09	10.25	10.96
Ⅲ级围岩 进尺 3.0m	1	2.65	0.02	0.25	9.6	10.07	176.60	2.23	6.35
	3	2.65	0.02	0.25	9.6	10.07	176.60	3.73	8.35
	5	3.00	0.02	0.25	11.7	10.07	152.23	5.86	11.01
	7	3.00	0.02	0.25	17.1	10.07	210.66	7.66	13.83
	9	3.35	0.02	0.25	16.2	10.07	151.50	9.95	15.40
	11	4.00	0.02	0.25	29.4	10.07	159.97	12.60	20.17
	13	4.00	0.02	0.25	41.4	10.07	214.55	14.32	23.47
	15	4.35	0.02	0.25	13.5	10.07	68.22	14.22	16.98
Ⅳ级围岩 进尺 3.0m	1	2.65	0.02	0.31	10.8	5.26	1.95	3.90	11.85
	3	2.65	0.02	0.31	9.6	5.26	1.77	6.37	15.05
	5	3.00	0.02	0.31	15.6	5.26	1.95	9.99	21.36
	7	3.00	0.02	0.31	22.8	5.26	2.71	12.95	26.76
	9	3.35	0.02	0.31	18.9	5.26	1.73	16.56	28.79
	11	4.00	0.02	0.31	33.6	5.26	1.79	20.79	37.29
	13	4.00	0.02	0.31	41.4	5.26	2.15	23.40	41.67
	15	4.35	0.02	0.31	15.0	5.26	0.74	24.65	32.23

注：1tonf＝980N。

Ⅱ级围岩进尺 2.5m、Ⅲ级围岩进尺 3.0m、Ⅳ级围岩进尺 3.0m 三种工况下，爆破荷载峰值与加载、卸载时间的时程函数关系曲线如图 4-2～图 4-4 所示。

在爆破荷载的作用下，有限元体系的运动平衡方程为

$$M\ddot{U}+C\dot{U}+KU=F \tag{4.30}$$

式中，M 为体系的总体质量矩阵；C 为体系的总体阻尼矩阵（阻尼矩阵采用瑞利阻尼，即 $C=\alpha M+\beta K$，阻尼系数 α、β 主要由结构材料的能量消耗特性所决定。理论

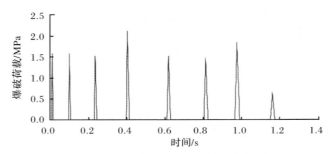

图 4-2　Ⅱ级围岩进尺 2.5m 爆破荷载历程

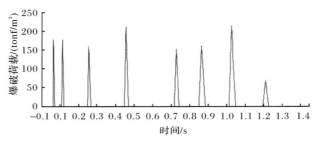

图 4-3　Ⅲ级围岩 3.0m 爆破进尺工况下爆破荷载时程曲线

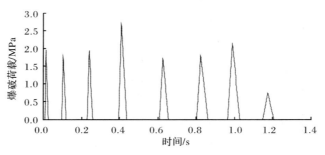

图 4-4　Ⅳ级围岩进尺 3.0m 爆破荷载历程

上可根据实测资料,对应于两个不同振动频率(ω_1,ω_2)下的阻尼比(ξ_1,ξ_2)来确定 α 和 β 的值。现假定 $\xi_1 = \xi_2 = 0.01$,并根据子空间迭代法计算出的自振周期计算出 α 和 β);$\underline{K}$ 为体系的总体刚度矩阵;$\underline{U}$、$\underline{\dot{U}}$、$\underline{\ddot{U}}$ 为体系各节点的位移、速度、加速度向量;$\underline{F}$ 为爆破荷载。

　　分析中考虑了材料的弹塑性本构关系,采用 Mohr-Coulomb 屈服准则及其关联流动法则,采用 Newmark 隐式时间积分法求解此方程,Newmark 积分常数 $\delta = 0.25$,$\gamma = 0.5$。对于超出屈服面的应力进行调整,使之回到屈服面上。

　　为了保证 Newmark 隐式时间积分结果的精度,要求积分时步步长满足下式:

$$\Delta t \leqslant \frac{T_{\max}}{100}$$

(4.31)

式中，$T_{\max}$ 为体系的最大自振周期，即第一自振周期[1]。

4.2.4　计算结果及分析

对于Ⅱ级围岩、Ⅲ级围岩（包括有导洞和无导洞两种情况）和Ⅳ级围岩，计算中取时间积分步长 $\Delta t = 0.001$s，动荷载作用时间按图 4-2～图 4-4 选取。其中，Ⅳ级围岩有导洞情况时的数值模型如图 4-4 所示。Ⅲ级围岩（有导洞）有限元模型如图 4-5 所示。

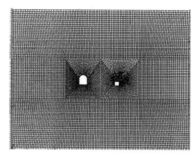

图 4-5　Ⅲ级围岩（有导洞）有限元模型

考虑到Ⅱ级围岩、Ⅲ级围岩（包括有导洞和无导洞两种情况）和Ⅳ级围岩共四种工况的计算结果有较好的相似性和规律性，且Ⅲ级围岩占隧道全长的将近二分之一，同时，也为了便于阅读和全书整体结构的协调性，故以下详细给出Ⅲ级围岩掘进进尺为 2.5m、3.0m、3.5m、4.0m 工况时的计算结果。而将Ⅱ级围岩、Ⅲ级围岩有导洞和Ⅳ级围岩等三种工况的计算结果曲线、云图与数据表格等集中在附录中以备查阅。

掘进进尺为 2.0m、2.5m、3.0m、3.5m、4.0m 工况时衬砌不同部位的振动速度时程曲线的计算结果如图 4-6～图 4-19 所示。表 4-5 给出进尺 2.0m 时迎爆侧衬砌各点最大振动速度。

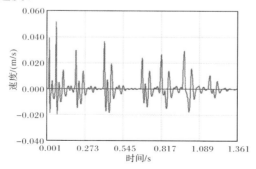

图 4-6　进尺 2.0m 时拱顶速度时程曲线

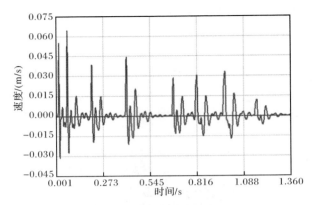

图 4-7　进尺 2.0m 时迎爆侧拱腰速度时程曲线

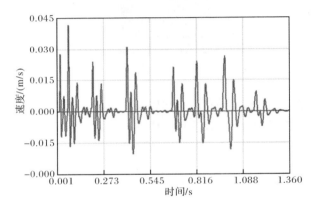

图 4-8　进尺 2.0m 时背爆侧拱腰速度时程曲线

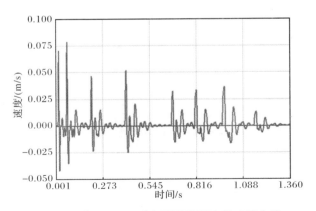

图 4-9　进尺 2.0m 时迎爆侧拱脚速度时程曲线

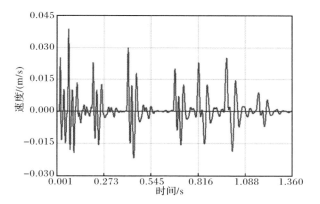

图 4-10　进尺 2.0m 时背爆侧拱脚速度时程曲线

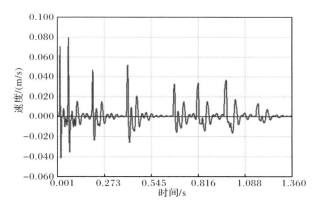

图 4-11　进尺 2.0m 时迎爆侧墙腰速度时程曲线

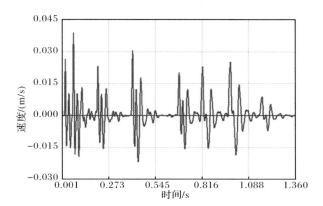

图 4-12　进尺 2.0m 时背爆侧墙腰速度时程曲线

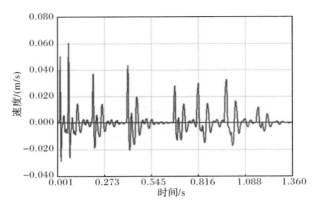

图 4-13　进尺 2.0m 时迎爆侧墙脚速度时程曲线

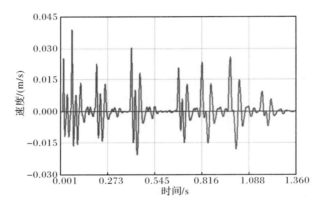

图 4-14　进尺 2.0m 时背爆侧墙脚速度时程曲线

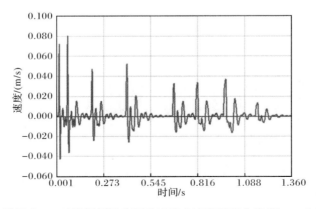

图 4-15　进尺 2.0m 时迎爆侧最大振动速度点速度时程曲线(V_{max}＝8.038cm/s)

从以上几个衬砌主要控制点的速度时程曲线可以看出：

① 迎爆侧控制点的振动速度明显比背爆侧控制点的振动速度大很多；

② 衬砌振动速度峰值主要集中在前 4 段，且第 3、4 段衰减较慢。

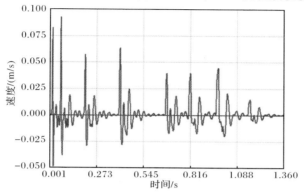

图 4-16　进尺 2.5m 时最大振动速度点速度时程曲线（$V_{max}=9.221$cm/s）

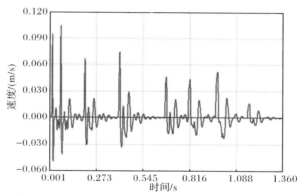

图 4-17　进尺 3.0m 时最大振动速度点速度时程曲线（$V_{max}=10.44$cm/s）

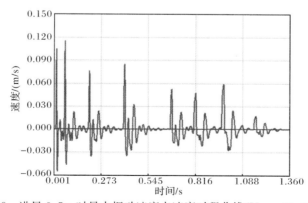

图 4-18　进尺 3.5m 时最大振动速度点速度时程曲线（$V_{max}=11.55$cm/s）

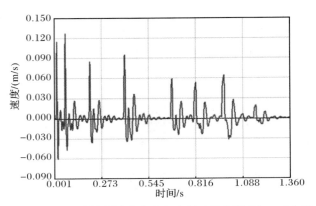

图 4-19　进尺 4.0m 时最大振动速度点速度时程曲线($V_{\max}=12.71\text{cm/s}$)

表 4-5　进尺 2.0m 时迎爆侧衬砌各点最大振动速度

拱部					
节点号	振动速度/(cm/s)	节点号	振动速度/(cm/s)	节点号	振动速度/(cm/s)
36(拱顶)	5.149	24	6.150	12	7.273
33	5.427	21(拱腰)	6.445	9	7.499
30	5.692	18	6.744	6	7.697
27	5.939	15	7.020	3(拱脚)	7.854
边墙					
节点号	振动速度/(cm/s)	节点号	振动速度/(cm/s)	节点号	振动速度/(cm/s)
70	7.918	77	8.001	84	7.462
71	7.967	78	7.964	85	7.324
72	8.002	79(墙腰)	7.915	86	7.166
73	8.026	80	7.852	87	6.986
74	8.038	81	7.777	88	6.769
75	8.038	82	7.687	89	6.511
76	8.025	83	7.583	90(墙脚)	6.050
底板					
节点号	振动速度/(cm/s)	节点号	振动速度/(cm/s)	节点号	振动速度/(cm/s)
213	5.803	201	5.449	189	5.097
209	5.682	197	5.333	185	4.976
205	5.565	193	5.215	—	—

　　由图 4-20 可见,边墙部位的振动速度较大,而拱部和墙脚附近的振动速度均较小。最大振动速度点主要集中在墙腰至拱脚范围内。

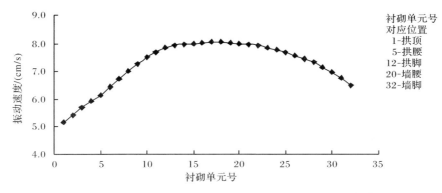

图 4-20　进尺 2.0m 时迎爆侧衬砌各点最大振动速度分布曲线

　　表 4-6 给出了不同爆破进尺工况下,迎爆侧最大振动速度;图 4-21～图 4-29 为围岩中不同时刻的爆破振动速度云图。

表 4-6　不同爆破进尺工况下,迎爆侧最大振动速度　　　（单位:cm/s）

进尺/m	振动速度					
	最大振动速度点	拱顶	拱腰	拱脚	墙腰	墙脚
2.0	8.04	5.15	6.45	7.85	7.92	6.51
2.5	9.22	5.92	7.38	9.01	9.08	6.93
3.0	10.44	6.73	8.36	10.20	10.28	7.86
3.5	11.55	7.44	9.24	11.28	11.37	8.69
4.0	12.71	8.20	10.19	12.42	12.52	9.60

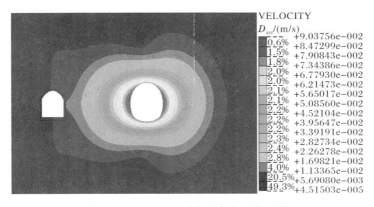

图 4-21　$t=62$ms 时水平方向速度云图

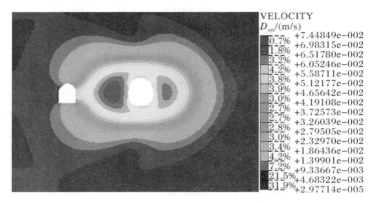

图 4-22　$t=64\mathrm{ms}$ 时水平方向速度云图

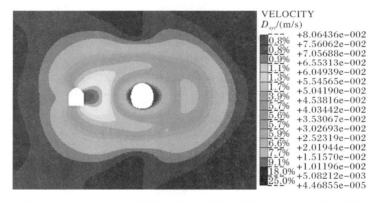

图 4-23　$t=66\mathrm{ms}$ 时(墙腰振动速度峰值时刻)水平方向速度云图

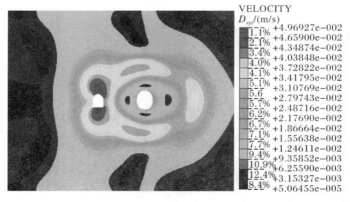

图 4-24　$t=68\mathrm{ms}$ 时水平方向速度云图

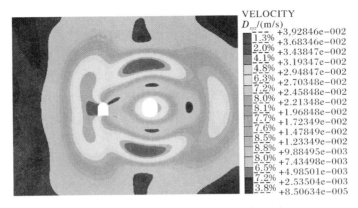

图 4-25 $t=70\mathrm{ms}$ 时水平方向速度云图

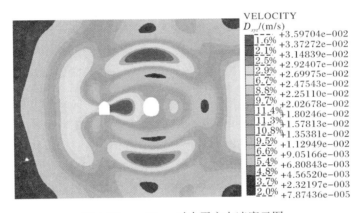

图 4-26 $t=72\mathrm{ms}$ 时水平方向速度云图

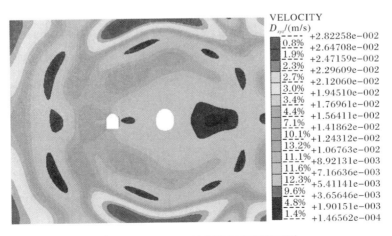

图 4-27 $t=79\mathrm{ms}$ 时水平方向速度云图

　　从以上几个不同时刻的速度云图可以看出:加载初始时刻,产生了一个以新建隧道为中心的振动速度圈,在新建隧道的边墙附近振动速度最大,距离新建隧道越远,振动速度越小,此时,爆破荷载对既有隧道的影响不明显。随着卸载的进行,最大振动速度范围向新建隧道边墙两侧扩散,从振动速度数值上看,峰值有所衰减。

　　当最大振动速度范围移动到既有隧道迎爆侧时($t=66$ms),衬砌振动速度达到峰值。随着卸载的进行和应力波的传播,在 $t=68$ms 时刻最大振动范围由既有隧道边墙向拱顶和底板竖直方向移动。随后出现了波的回弹,在 $t=70\sim72$ms 时间段最大振动范围向新建隧道方向移动,最后向围岩竖直边界方向衰减,振动峰值明显降低。

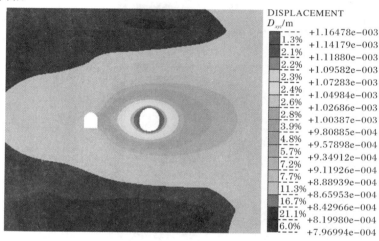

图 4-28　进尺 2.0m 工况下,位移达到最大值时的水平方向位移云图

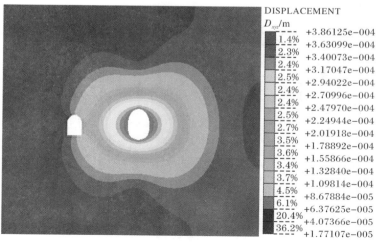

图 4-29　进尺 2.0m 工况下,迎爆侧墙腰振动速度峰值时($t=66$ms)水平位移云图

表 4-7 为不同爆破进尺工况下迎爆侧衬砌不同部位的最大位移。

表 4-7　不同爆破进尺工况下迎爆侧衬砌各点 x、z 方向位移　　　（单位：mm）

衬砌位置	节点	进尺 2.0m		进尺 2.5m		进尺 3.0m		进尺 3.5m		进尺 4.0m	
		U_x	U_z	U_x	U_z	U_x	U_z	U_x	U_z	U_x	U_z
拱顶	36	0.90	−0.07	1.10	−0.09	1.31	−0.10	1.53	−0.12	1.76	−0.13
拱腰上部	33	0.90	−0.07	1.11	−0.09	1.32	−0.10	1.54	−0.12	1.77	−0.13
	30	0.91	−0.07	1.12	−0.09	1.33	−0.10	1.54	−0.12	1.78	−0.13
	27	0.92	−0.07	1.13	−0.08	1.34	−0.10	1.55	−0.11	1.79	−0.13
	24	0.93	−0.06	1.14	−0.08	1.35	−0.09	1.56	−0.11	1.80	−0.12
拱腰	21	0.94	−0.06	1.15	−0.07	1.36	−0.09	1.57	−0.10	1.81	−0.11
拱腰下部	18	0.95	−0.05	1.16	−0.07	1.37	−0.08	1.58	−0.09	1.82	−0.10
	15	0.95	−0.05	1.16	−0.06	1.38	−0.07	1.60	−0.08	1.83	−0.09
	12	0.96	−0.04	1.17	−0.05	1.39	−0.06	1.61	−0.07	1.84	−0.08
	9	0.97	−0.03	1.18	−0.04	1.40	−0.05	1.62	−0.06	1.86	−0.06
	6	0.97	−0.03	1.19	−0.03	1.41	−0.04	1.63	−0.04	1.87	−0.05
拱脚	3	0.98	−0.02	1.20	−0.02	1.42	−0.02	1.63	−0.03	1.87	−0.03
墙腰上部	70	0.98	−0.01	1.20	−0.01	1.42	−0.02	1.64	−0.02	1.88	−0.02
	71	0.98	0.01	1.20	−0.01	1.42	0.01	1.64	0.01	1.88	0.01
	72	0.98	0.01	1.20	0.01	1.42	0.01	1.64	0.01	1.88	0.01
	73	0.98	0.00	1.20	0.01	1.42	0.01	1.64	0.01	1.88	0.01
	74	0.98	0.01	1.20	0.01	1.42	0.01	1.64	0.01	1.88	0.01
	75	0.98	0.01	1.20	0.01	1.42	0.02	1.64	0.02	1.88	0.02
	76	0.98	0.01	1.20	0.02	1.42	0.02	1.64	0.02	1.88	0.03
	77	0.98	0.02	1.20	0.02	1.42	0.03	1.64	0.03	1.88	0.03
	78	0.98	0.02	1.20	0.03	1.42	0.03	1.64	0.04	1.88	0.04
墙腰	79	0.98	0.03	1.20	0.03	1.42	0.04	1.64	0.04	1.88	0.05
	80	0.98	0.03	1.20	0.04	1.42	0.04	1.63	0.05	1.87	0.06
	81	0.98	0.03	1.19	0.04	1.41	0.05	1.63	0.06	1.87	0.06
	82	0.97	0.04	1.19	0.05	1.41	0.05	1.63	0.06	1.87	0.07
	83	0.97	0.04	1.19	0.05	1.41	0.06	1.62	0.07	1.86	0.08
墙腰下部	84	0.97	0.05	1.18	0.06	1.40	0.06	1.62	0.07	1.86	0.08
	85	0.97	0.05	1.18	0.06	1.40	0.07	1.61	0.08	1.85	0.09
	86	0.96	0.05	1.17	0.06	1.39	0.08	1.61	0.09	1.84	0.10
	87	0.96	0.06	1.17	0.07	1.39	0.08	1.60	0.09	1.84	0.10
	88	0.95	0.06	1.16	0.07	1.38	0.08	1.59	0.10	1.83	0.11
	89	0.94	0.06	1.15	0.07	1.37	0.09	1.58	0.10	1.82	0.11

续表

衬砌位置	节点	进尺 2.0m		进尺 2.5m		进尺 3.0m		进尺 3.5m		进尺 4.0m	
		U_x	U_z	U_x	U_z	U_x	U_z	U_x	U_z	U_x	U_z
墙脚	90	0.93	0.06	1.14	0.07	1.36	0.09	1.57	0.10	1.80	0.11
底板	213	0.92	0.06	1.13	0.07	1.34	0.09	1.56	0.10	1.79	0.11
	209	0.92	0.06	1.12	0.07	1.34	0.09	1.55	0.10	1.79	0.11
	205	0.91	0.06	1.12	0.07	1.33	0.09	1.55	0.10	1.78	0.11
	201	0.91	0.06	1.11	0.08	1.33	0.09	1.54	0.10	1.78	0.11
	197	0.90	0.06	1.11	0.08	1.32	0.09	1.54	0.10	1.77	0.11
	193	0.90	0.06	1.10	0.08	1.32	0.09	1.53	0.10	1.77	0.11
	189	0.90	0.06	1.10	0.08	1.32	0.09	1.53	0.10	1.76	0.11
	185	0.89	0.06	1.10	0.07	1.31	0.09	1.53	0.10	1.76	0.11

　　由图 4-30～图 4-37 可以看出,在爆破荷载峰值时刻,应力 σ_x、σ_z 峰值均出现在新建隧道的边墙及拱腰下部,且关于新建隧道轴线左右对称。由于隧道和围岩有水平向右的位移,新建隧道左侧受拉应力,右侧受压应力,同时既有隧道的拱顶和墙脚部位拉应力较大。随着应力波的传波和衰减,当最大应力范围移动至既有隧道拱顶和迎爆侧墙脚时,既有隧道的应力基本呈上下对称分布。

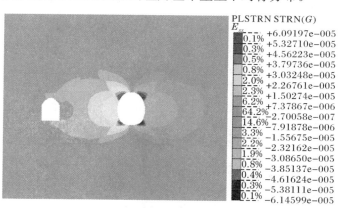

图 4-30　进尺 2.0m 加载峰值时刻(t＝406ms)ε_x 云图

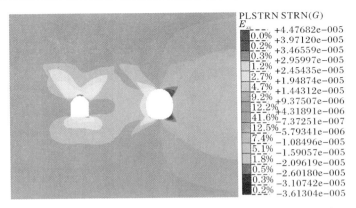

图 4-31　进尺 2.0m 拱顶 ε_x 达到峰值时刻($t=412\text{ms}$)ε_x 云图

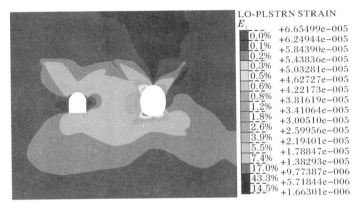

图 4-32　进尺 2.0m 第一主应变云图

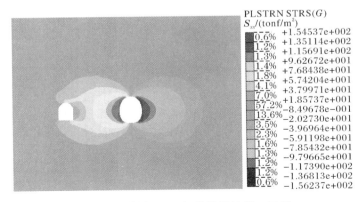

图 4-33　进尺 2.0m 加载峰值时刻 σ_x 云图

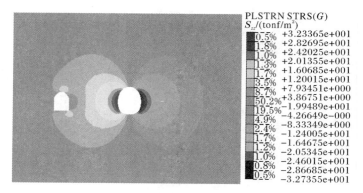

图 4-34　进尺 2.0m 加载峰值时刻 σ_z 云图

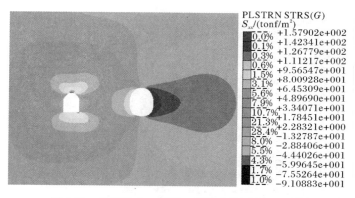

图 4-35　进尺 2.0m 拱顶 σ_x 达到峰值时刻 σ_x 云图

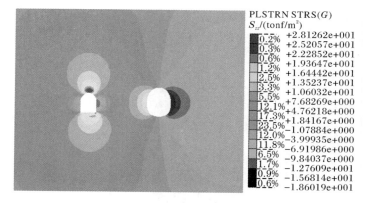

图 4-36　进尺 2.0m 拱顶 σ_z 达到峰值时刻 σ_z 云图

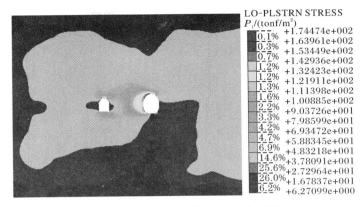

图 4-37　进尺 2.0m 第一主应力云图

图 4-38～图 4-40 为边墙不同高度处动应变时程曲线。

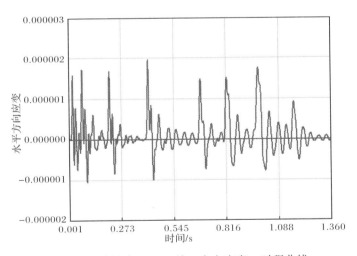

图 4-38　边墙高 0.45m 处 x 方向应变 ε_x 时程曲线

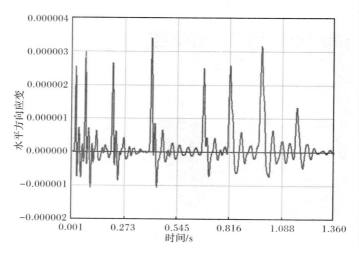

图 4-39　边墙高 2.2m 处 x 方向应变 ε_x 时程曲线

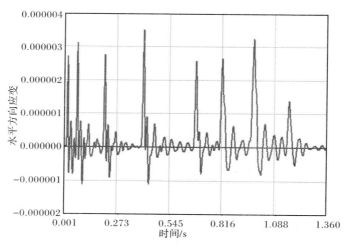

图 4-40　边墙高 3.6m 处 x 方向应变 ε_x 时程曲线

　　表 4-8～表 4-10 为进尺 2.0m 时迎爆侧衬砌不同部位的最大拉应力计算结果汇总。

表 4-8　进尺 2.0m 时,迎爆侧衬砌单元各方向最大拉应力　　　　（单位:MPa）

衬砌位置	单元	σ_x	σ_y	σ_z	σ_1	σ_2	σ_3
拱顶	22	1.604	0.273	0.101	1.616	0.273	0.089
拱腰上部	20	1.488	0.265	0.168	1.568	0.265	0.088
	18	1.219	0.233	0.237	1.390	0.233	0.065
	16	0.905	0.187	0.266	1.135	0.187	0.036
	14	0.652	0.147	0.271	0.899	0.147	0.024
拱腰	12	0.451	0.111	0.252	0.687	0.111	0.016
拱腰下部	10	0.296	0.079	0.203	0.493	0.079	0.006
	8	0.176	0.052	0.147	0.322	0.052	0.001
	6	0.101	0.026	0.125	0.207	0.026	0.019
	4	0.048	0.034	0.177	0.207	0.033	0.018
	2	0.033	0.046	0.254	0.269	0.046	0.018
拱脚	45	0.021	0.048	0.280	0.285	0.048	0.016
边墙上部	46	0.008	0.041	0.249	0.250	0.041	0.007
	47	0.008	0.038	0.231	0.232	0.038	0.008
	48	0.008	0.036	0.221	0.221	0.036	0.008
	49	0.008	0.035	0.215	0.215	0.035	0.008
	50	0.008	0.034	0.211	0.211	0.034	0.008
	51	0.008	0.033	0.208	0.208	0.033	0.008
	52	0.008	0.033	0.206	0.206	0.033	0.008
	53	0.008	0.033	0.205	0.205	0.033	0.008
	54	0.008	0.033	0.204	0.204	0.033	0.008
墙腰	55	0.008	0.033	0.204	0.204	0.033	0.008
边墙下部	56	0.008	0.033	0.204	0.204	0.033	0.008
	57	0.008	0.033	0.204	0.204	0.033	0.008
	58	0.008	0.033	0.204	0.204	0.033	0.008
	59	0.008	0.033	0.204	0.205	0.033	0.008
	60	0.009	0.033	0.206	0.206	0.033	0.009
	61	0.011	0.034	0.209	0.210	0.034	0.010
	62	0.010	0.034	0.214	0.215	0.034	0.009
	63	0.035	0.035	0.220	0.223	0.035	0.032
	64	0.032	0.038	0.231	0.243	0.038	0.020

续表

衬砌位置	单元	σ_x	σ_y	σ_z	σ_1	σ_2	σ_3
墙脚	65	0.808	0.180	0.387	0.855	0.340	0.180
底板	146	1.710	0.318	0.317	1.722	0.318	0.305
	143	1.356	0.220	0.019	1.357	0.220	0.019
	140	1.178	0.191	0.016	1.178	0.191	0.015
	137	1.074	0.173	0.006	1.074	0.173	0.006
	134	1.006	0.162	0.005	1.006	0.162	0.005
	131	0.961	0.154	0.004	0.962	0.154	0.004
	128	0.928	0.149	0.004	0.928	0.149	0.004
	125	0.903	0.145	0.004	0.903	0.145	0.004
	122	0.883	0.142	0.004	0.883	0.142	0.004

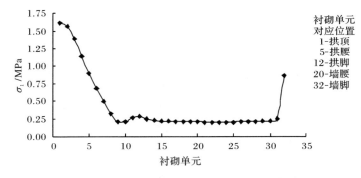

图 4-41 迎爆侧衬砌各单元第一主应力分布曲线

由图 4-41 可见,迎爆侧拱顶和墙脚部位的第一主应力较大,而边墙附近的第一主应力均较小。最大主应力点主要集中在拱顶。

表 4-9 不同爆破进尺工况下,衬砌最大第一主应力

衬砌位置	单元	σ_1/MPa				
		进尺 2.0m	进尺 2.5m	进尺 3.0m	进尺 3.5m	进尺 4.0m
拱顶	22	1.616	1.964	2.299	2.641	2.980
拱腰上部	20	1.568	1.905	2.229	2.561	2.890
	18	1.390	1.686	1.974	2.262	2.547
	16	1.135	1.377	1.611	1.847	2.081
	14	0.899	1.090	1.275	1.463	1.648

续表

衬砌位置	单元	σ_1/MPa				
		进尺 2.0m	进尺 2.5m	进尺 3.0m	进尺 3.5m	进尺 4.0m
拱腰	12	0.687	0.821	0.959	1.100	1.240
拱腰下部	10	0.493	0.572	0.658	0.750	0.841
	8	0.322	0.369	0.422	0.471	0.521
	6	0.207	0.240	0.273	0.302	0.334
	4	0.207	0.245	0.275	0.304	0.340
	2	0.269	0.316	0.357	0.394	0.445
拱脚	45	0.285	0.337	0.381	0.422	0.474
墙腰上部	46	0.250	0.297	0.336	0.372	0.416
	47	0.232	0.274	0.311	0.344	0.384
	48	0.221	0.261	0.296	0.327	0.365
	49	0.215	0.253	0.287	0.317	0.353
	50	0.211	0.248	0.281	0.311	0.346
	51	0.208	0.245	0.278	0.307	0.341
	52	0.206	0.243	0.275	0.305	0.338
	53	0.205	0.241	0.274	0.303	0.337
	54	0.204	0.240	0.273	0.302	0.335
墙腰	55	0.204	0.240	0.272	0.301	0.335
墙腰下部	56	0.204	0.240	0.272	0.301	0.335
	57	0.204	0.240	0.272	0.301	0.336
	58	0.204	0.241	0.273	0.302	0.337
	59	0.205	0.242	0.275	0.304	0.340
	60	0.206	0.244	0.277	0.306	0.343
	61	0.210	0.247	0.279	0.309	0.348
	62	0.215	0.252	0.284	0.315	0.355
	63	0.223	0.264	0.297	0.329	0.366
	64	0.243	0.288	0.323	0.358	0.403
墙脚	65	0.855	1.033	1.206	1.379	1.548

续表

衬砌位置	单元	σ_1/MPa				
		进尺 2.0m	进尺 2.5m	进尺 3.0m	进尺 3.5m	进尺 4.0m
底板	146	1.722	2.089	2.444	2.802	3.158
	143	1.357	1.646	1.926	2.208	2.488
	140	1.178	1.429	1.672	1.916	2.158
	137	1.074	1.302	1.524	1.749	1.975
	134	1.006	1.224	1.432	1.646	1.858
	131	0.962	1.169	1.368	1.572	1.774
	128	0.928	1.128	1.320	1.516	1.711
	125	0.903	1.097	1.284	1.474	1.663
	122	0.883	1.073	1.256	1.441	1.626

表 4-10　不同爆破进尺工况下,衬砌最大振动速度及最大应力

进尺/m	拱部		边墙	
	σ_{1max}/MPa	V_{max}/(cm/s)	σ_{1max}/MPa	V_{max}/(cm/s)
2.0	1.62	5.149	0.211	8.038
2.5	1.96	5.916	0.248	9.221
3.0	2.30	6.729	0.281	10.44
3.5	2.64	7.444	0.311	11.55
4.0	2.98	8.203	0.346	12.71

图 4-42 为衬砌最大振动速度与主拉应力回归关系。

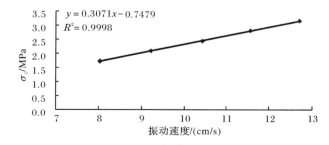

图 4-42　不同爆破进尺工况下衬砌最大振动速度-主拉应力关系曲线

　　按照隧道设计规范中的统计公式计算围岩压力,采用荷载-结构模型计算衬砌在静荷载,即围岩压力和衬砌自重共同作用下衬砌的内外边缘应力,同时计算出爆破动荷载作用下衬砌的内外边缘应力。表 4-11 和表 4-12 为不同开挖进尺情况下,衬砌内侧和外侧不同部位的静应力、动应力、静应力与动应力叠加的计算结果汇总。

表 4-11　不同爆破进尺工况下,衬砌内侧动、静应力叠加结果　（单位:MPa）

衬砌位置	单元	静力	进尺 2.0m		进尺 2.5m		进尺 3.0m		进尺 3.5m		进尺 4.0m	
			动力	静+动	动力	静+动	动力	静+动	动力	静+动	动力	静+动
拱顶	22	−0.08	0.71	0.64	0.87	0.79	1.02	0.94	1.17	1.09	1.32	1.24
拱腰上部	20	−0.11	1.57	1.47	1.91	1.81	2.24	2.13	2.57	2.46	2.90	2.79
	18	−0.13	0.98	0.85	1.19	1.06	1.40	1.26	1.60	1.47	1.80	1.67
	16	−0.15	0.27	0.12	0.33	0.18	0.39	0.23	0.44	0.29	0.50	0.35
	14	−0.21	0.55	0.34	0.66	0.46	0.78	0.57	0.89	0.69	1.01	0.80
拱腰	12	−0.28	0.58	0.30	0.69	0.41	0.80	0.52	0.91	0.63	1.03	0.75
拱腰下部	10	−0.37	0.19	−0.18	0.21	−0.15	0.25	−0.11	0.28	−0.09	0.31	−0.06
	8	−0.46	0.15	−0.31	0.17	−0.28	0.19	−0.26	0.22	−0.24	0.24	−0.21
	6	−0.56	0.17	−0.39	0.19	−0.36	0.22	−0.34	0.24	−0.31	0.27	−0.29
	4	−0.69	0.14	−0.55	0.16	−0.53	0.18	−0.51	0.20	−0.49	0.22	−0.46
	2	−0.85	0.09	−0.76	0.11	−0.74	0.12	−0.73	0.14	−0.72	0.15	−0.70
拱脚	45	−0.83	0.19	−0.64	0.23	−0.60	0.26	−0.57	0.28	−0.55	0.32	−0.51
边墙上部	46	−0.64	0.04	−0.60	0.04	−0.59	0.05	−0.59	0.06	−0.58	0.06	−0.57
	47	−0.49	0.20	−0.29	0.23	−0.26	0.26	−0.23	0.29	−0.20	0.33	−0.17
	48	−0.39	0.15	−0.24	0.18	−0.21	0.21	−0.19	0.23	−0.17	0.25	−0.14
	49	−0.33	0.03	−0.30	0.03	−0.30	0.03	−0.29	0.04	−0.29	0.04	−0.29
	50	−0.29	0.15	−0.13	0.18	−0.11	0.20	−0.08	0.23	−0.06	0.25	−0.04
	51	−0.27	0.16	−0.11	0.19	−0.08	0.21	−0.05	0.23	−0.03	0.26	−0.01
	52	−0.26	0.02	−0.23	0.03	−0.23	0.03	−0.22	0.04	−0.22	0.04	−0.22
	53	−0.25	0.13	−0.12	0.15	−0.10	0.17	−0.08	0.19	−0.06	0.21	−0.04
	54	−0.26	0.21	−0.05	0.24	−0.01	0.28	0.02	0.31	0.05	0.34	0.08
墙腰	55	−0.27	0.17	−0.10	0.20	−0.07	0.22	−0.05	0.25	−0.03	0.27	−0.00
边墙下部	56	−0.30	0.03	−0.27	0.03	−0.27	0.03	−0.26	0.04	−0.26	0.04	−0.25
	57	−0.33	0.13	−0.20	0.15	−0.18	0.17	−0.16	0.18	−0.14	0.20	−0.12
	58	−0.37	0.18	−0.19	0.21	−0.16	0.24	−0.13	0.27	−0.11	0.29	−0.08
	59	−0.43	0.03	−0.40	0.04	−0.39	0.05	−0.39	0.05	−0.38	0.06	−0.38
	60	−0.52	0.11	−0.41	0.13	−0.40	0.14	−0.38	0.16	−0.36	0.18	−0.34
	61	−0.64	0.20	−0.44	0.24	−0.40	0.27	−0.37	0.30	−0.34	0.33	−0.31
	62	−0.80	0.06	−0.75	0.07	−0.74	0.07	−0.73	0.08	−0.72	0.09	−0.71
	63	−1.01	0.08	−0.93	0.10	−0.91	0.11	−0.90	0.12	−0.89	0.13	−0.88
	64	−1.28	0.27	−1.01	0.32	−0.96	0.37	−0.91	0.41	−0.87	0.45	−0.83

衬砌位置	单元	静力	进尺 2.0m		进尺 2.5m		进尺 3.0m		进尺 3.5m		进尺 4.0m	
			动力	静+动	动力	静+动	动力	静+动	动力	静+动	动力	静+动
墙脚	65	−1.60	1.03	−0.57	1.23	−0.37	1.44	−0.16	1.65	0.05	1.86	0.26
	66	−1.96	1.09	−0.87	1.31	−0.65	1.53	−0.43	1.74	−0.22	1.96	−0.00
	67	−2.36	0.58	−1.78	0.69	−1.67	0.81	−1.55	0.92	−1.44	1.02	−1.34

由图 4-43 和图 4-44 可见,衬砌内侧边缘法向拉应力主要集中在拱部,最大拉应力出现在拱顶的第二个单元(20♯单元)。随着爆破进尺的增加,衬砌边缘最大拉应力总体上呈线性增大趋势,其峰值已接近或超过混凝土的抗拉强度设计值。图 4-45 为不同工况下,衬砌内侧边缘拉应力与最大振动速度关系曲线。

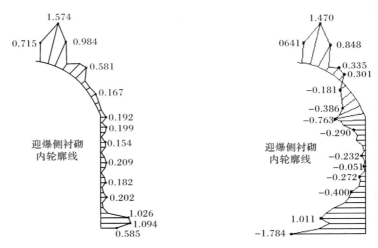

图 4-43　进尺 2.0m 时衬砌内侧动应力(单位:MPa)　　图 4-44　进尺 2.0m 时衬砌内侧动静应力叠加(单位:MPa)

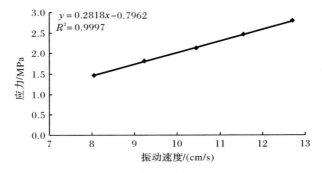

图 4-45　不同工况下,衬砌内侧边缘拉应力与最大振动速度关系曲线

表 4-12　不同爆破进尺工况下,衬砌外侧动、静应力叠加结果　（单位:MPa）

衬砌位置	单元	静力	进尺 2.0m		进尺 2.5m		进尺 3.0m		进尺 3.5m		进尺 4.0m	
			动力	静+动	动力	静+动	动力	静+动	动力	静+动	动力	静+动
拱顶	21	−0.45	0.39	−0.06	0.47	0.02	0.55	0.10	0.63	0.18	0.71	0.26
拱腰上部	19	−0.44	0.78	0.35	0.96	0.52	1.12	0.68	1.29	0.85	1.46	1.02
	17	−0.44	0.48	0.03	0.57	0.13	0.66	0.22	0.76	0.32	0.86	0.42
	15	−0.46	0.19	−0.27	0.23	−0.23	0.26	−0.20	0.30	−0.16	0.33	−0.12
	13	−0.45	0.47	0.02	0.57	0.12	0.66	0.21	0.76	0.31	0.86	0.41
拱腰	11	−0.42	0.42	−0.00	0.50	0.08	0.58	0.17	0.67	0.25	0.75	0.33
拱腰下部	9	−0.37	0.11	−0.26	0.13	−0.24	0.16	−0.22	0.18	−0.20	0.19	−0.18
	7	−0.32	0.20	−0.12	0.24	−0.08	0.28	−0.04	0.32	0.00	0.36	0.05
	5	−0.24	0.22	−0.02	0.26	0.02	0.30	0.06	0.34	0.10	0.38	0.14
	3	−0.13	0.08	−0.05	0.09	−0.04	0.11	−0.03	0.11	−0.02	0.13	−0.00
	1	0.02	0.09	0.11	0.11	0.13	0.12	0.14	0.14	0.16	0.16	0.18
拱脚	69	0.00	0.07	0.07	0.08	0.08	0.09	0.09	0.10	0.10	0.12	0.12
边墙上部	70	−0.21	0.06	−0.14	0.07	−0.13	0.08	−0.12	0.09	−0.12	0.10	−0.11
	71	−0.36	0.16	−0.20	0.19	−0.17	0.22	−0.14	0.24	−0.12	0.27	−0.09
	72	−0.47	0.11	−0.36	0.13	−0.34	0.15	−0.32	0.17	−0.30	0.19	−0.28
	73	−0.54	0.05	−0.50	0.06	−0.49	0.06	−0.48	0.07	−0.47	0.08	−0.47
	74	−0.59	0.14	−0.45	0.17	−0.43	0.19	−0.40	0.21	−0.38	0.24	−0.36
	75	−0.63	0.14	−0.49	0.17	−0.46	0.19	−0.44	0.21	−0.42	0.23	−0.39
	76	−0.65	0.05	−0.60	0.05	−0.59	0.06	−0.59	0.07	−0.58	0.07	−0.57
	77	−0.66	0.12	−0.54	0.14	−0.52	0.16	−0.50	0.18	−0.48	0.20	−0.46
	78	−0.66	0.17	−0.49	0.20	−0.46	0.23	−0.43	0.26	−0.41	0.29	−0.37
墙腰	79	−0.66	0.15	−0.51	0.18	−0.48	0.20	−0.46	0.22	−0.44	0.25	−0.41
边墙下部	80	−0.65	0.04	−0.60	0.05	−0.60	0.06	−0.59	0.06	−0.58	0.07	−0.58
	81	−0.62	0.12	−0.51	0.14	−0.49	0.15	−0.47	0.17	−0.45	0.19	−0.43
	82	−0.59	0.15	−0.44	0.18	−0.41	0.20	−0.39	0.22	−0.37	0.25	−0.34
	83	−0.54	0.05	−0.49	0.06	−0.48	0.07	−0.47	0.07	−0.47	0.08	−0.46
	84	−0.46	0.12	−0.35	0.13	−0.33	0.15	−0.31	0.16	−0.30	0.18	−0.28
	85	−0.35	0.15	−0.20	0.18	−0.17	0.20	−0.15	0.23	−0.13	0.25	−0.10
	86	−0.20	0.06	−0.14	0.08	−0.12	0.09	−0.11	0.10	−0.09	0.12	−0.08
	87	0.00	0.17	0.17	0.20	0.20	0.23	0.23	0.26	0.26	0.29	0.29
	88	0.26	0.13	0.38	0.16	0.41	0.17	0.43	0.19	0.45	0.22	0.48
墙脚	89	0.57	0.50	1.07	0.61	1.18	0.71	1.28	0.81	1.38	0.92	1.49
	90	0.92	0.72	1.64	0.88	1.80	1.02	1.95	1.17	2.10	1.33	2.25
	91	1.31	0.38	1.69	0.46	1.77	0.54	1.85	0.62	1.93	0.70	2.01

　　由图 4-46 和图 4-47 可见,衬砌外侧边缘法向拉应力主要集中在墙脚,最大拉应力出现在墙脚的第一个单元(88♯单元)。随着爆破进尺的增加,衬砌边缘最大拉应力总体上呈线性增大趋势。图 4-48 为不同工况下衬砌侧拉应力与最大振动速度的线性回归曲线。

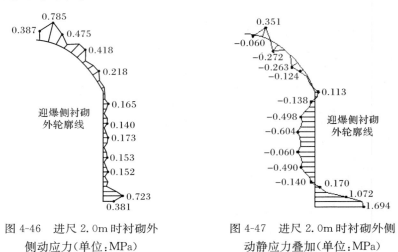

图 4-46　进尺 2.0m 时衬砌外
侧动应力(单位:MPa)

图 4-47　进尺 2.0m 时衬砌外侧
动静应力叠加(单位:MPa)

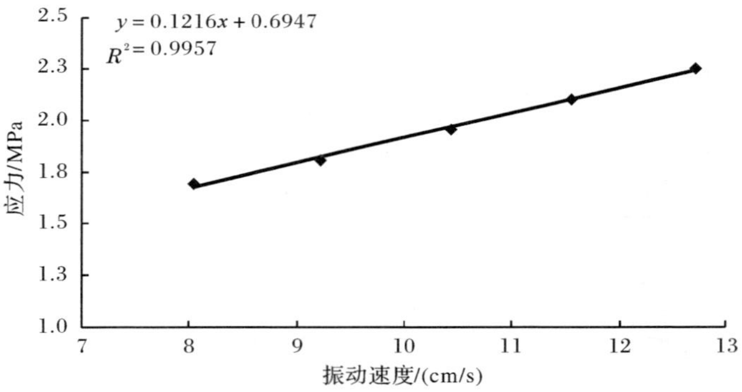

图 4-48　不同工况下,衬砌外侧边缘拉应力与最大振动速度关系曲线

　　通过对Ⅲ级围岩爆破振动的数值模拟可以得到以下几点主要结论:

　　(1)对于钻爆法施工的隧道爆破振动数值模拟分析,当采用本节所述的根据分段起爆的炸药量和荷载作用的当量距离模拟的分段三角形应力波组成的爆破振动荷载时,有限元爆破振动分析得到的既有隧道边墙的振动速度与实测速度的波形有非常好的相似性,云图所显示的爆破振动在围岩中的传播规律也非常形象、直观、合理。

　　(2)既有隧道衬砌迎爆侧的振动速度明显比背爆侧大。

（3）既有隧道衬砌振动速度峰值主要集中在前 4 段，并且段数越靠后，振动衰减越慢。

（4）从时程曲线看，随着应力波的叠加作用，既有隧道衬砌振动周期逐渐加大。

（5）在新建隧道的爆破振动作用下，既有隧道迎爆侧墙腰至拱脚范围内的边墙衬砌振动速度最大，拱圈和边墙墙腰以下部位振动速度相对较小。

（6）既有隧道迎爆侧拱顶和墙脚部位的第一主应力较大，而边墙附近的第一主应力相对较小，第一主应力最大值位于拱顶部位。

（7）通过对不同工况和爆破开挖进尺情况下进行数值计算，得到了既有隧道衬砌最大振动速度与第一主应力的关系，回归分析后得出了很好的线性相关性，如表 4-13 所示。

表 4-13　不同工况下既有隧道衬砌最大振动速度与第一主应力回归关系

序号	工况	回归公式	相关系数
1	Ⅱ级围岩	$\sigma_1 = 0.2797V_{max} - 0.127$	$R^2 = 0.9992$
2	Ⅲ级围岩	$\sigma_1 = 0.3071V_{max} - 0.7479$	$R^2 = 0.9998$
3	Ⅲ级围岩(有导洞)	$\sigma_1 = 0.275V_{max} - 0.2395$	$R^2 = 1.0$
4	Ⅳ级围岩	$\sigma_1 = 0.2797V_{max} - 0.127$(拱部)	$R^2 = 0.9992$
		$\sigma_1 = 0.2216V_{max} - 0.0192$(边墙)	$R^2 = 1.0$

注：Ⅱ级围岩开挖进尺为 1.5m、2.0m、2.5m、3.0m、3.5m；其余工况时开挖进尺为 2.0m、2.5m、3.0m、3.5m、4.0m。

（8）在静力和爆破动力共同作用下，不同工况下通过衬砌内侧竖直方向边缘应力与最大振动速度的回归关系如表 4-14 所示，可见其线性相关性很高。

表 4-14　不同工况下既有隧道衬砌内侧竖直方向边缘应力与最大振动速度回归关系

序号	工况	回归公式	相关系数
1	Ⅱ级围岩	$\sigma_z = 0.2674V_{max} - 0.1591$	$R^2 = 0.9994$
2	Ⅲ级围岩	$\sigma_z = 0.2818V_{max} - 0.7962$	$R^2 = 0.9997$
3	Ⅲ级围岩(有导洞)	$\sigma_z = 0.2606V_{max} - 0.3434$	$R^2 = 0.9999$
4	Ⅳ级围岩	$\sigma_z = 0.2895V_{max} + 0.0285$	$R^2 = 1.0$

注：Ⅱ级围岩开挖进尺为 1.5m、2.0m、2.5m、3.0m、3.5m；其余工况时开挖进尺为 2.0m、2.5m、3.0m、3.5m、4.0m。

（9）在静力和爆破动力共同作用下，不同工况和爆破进尺情况下，既有隧道衬砌外侧竖直方向边缘应力与最大振动速度的回归关系如表 4-15 所示，其显示出具有很高的线性相关性。

表 4-15　不同工况下既有隧道衬砌内侧竖直方向边缘应力与最大振动速度回归关系

序号	工况	回归公式	相关系数
1	Ⅱ级围岩	$\sigma_z = 0.127 V_{max} + 0.6874$	$R^2 = 0.9988$
2	Ⅲ级围岩	$\sigma_z = 0.1216 V_{max} + 0.6947$	$R^2 = 0.9957$
3	Ⅲ级围岩(有导洞)	$\sigma_z = 0.0727 V_{max} + 1.1981$	$R^2 = 0.9768$
4	Ⅳ级围岩	$\sigma_z = 0.1239 V_{max} + 1.5894$	$R^2 = 0.9999$

注：Ⅱ级围岩开挖进尺为 1.5m、2.0m、2.5m、3.0m、3.5m；其余工况时开挖进尺为 2.0m、2.5m、3.0m、3.5m、4.0m。

4.3　Ⅲ级围岩爆破振动三维弹塑性有限元数值模拟分析

4.3.1　模型的建立

　　根据新库鲁塔格隧道进口段的设计断面参数和地质勘察报告，选取里程 DK441+445～DK441+505 段进行动力分析。采用八节点六面体等参数实体单元的动力有限元法进行新建隧道爆破振动对既有隧道衬砌与围岩的影响分析。考虑到一般有限元计算的横向范围取地下结构直径的 5～6 倍即可基本消除横向边界的影响，计算模型根据隧道的实际尺寸(新建隧道洞高 9.42m，宽 7.6m)，分别沿 x(水平)、z(竖直)方向上取 5 倍洞径，沿 y(前后)方向拉伸 60m 的区域作为计算分析区域，故模型尺寸为 105m×85.5m×60m，两隧道净距为 15m。采用八节点六面体等参数实体单元将模型划分为 27156 个单元，29991 个节点，如图 4-49 所示。围岩和衬砌的力学参数、边界条件的处理、爆破荷载的确定同前。

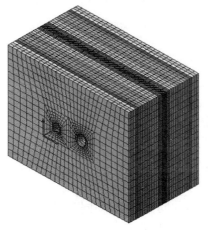

图 4-49　三维有限元模型

4.3.2　衬砌表面振动速度

通过有限元分析,将既有隧道中心断面衬砌迎爆侧各关键点及最大振动速度点的速度时程曲线绘于图 4-50～图 4-54,不同爆破进尺工况下中心断面(与爆破掌子面平行的既有隧道断面)迎爆侧衬砌各关键点及最大振动速度点的最大振动速度值列于表 4-16 中,进尺 2.0m 时沿隧道纵向各断面最大振动速度点的振动速度如图 4-55 所示。

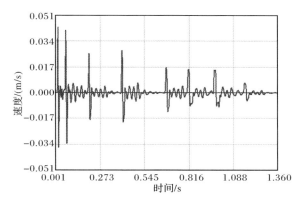

图 4-50　进尺 2.0m 时中心断面拱顶速度时程曲线

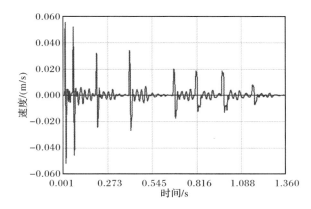

图 4-51　进尺 2.0m 时中心断面迎爆侧拱腰速度时程曲线

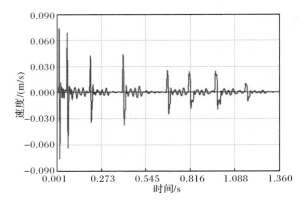

图 4-52　进尺 2.0m 时中心断面迎爆侧拱脚速度时程曲线

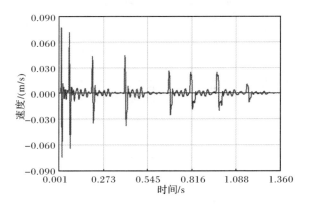

图 4-53　进尺 2.0m 时中心断面迎爆侧墙腰速度时程曲线

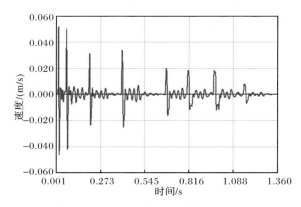

图 4-54　进尺 2.0m 时中心断面迎爆侧墙脚速度时程曲线

表 4-16　不同爆破进尺工况下,中心断面衬砌迎爆侧各点最大振动速度

进尺/m	振动速度/(cm/s)										
	最大振动速度点		拱顶		拱腰		拱脚		墙腰		墙脚	
	二维	三维	二维	三维	二维	三维	二维	三维	二维	三维	二维	三维
2.0	8.0	7.8	5.2	4.3	6.5	5.5	7.9	7.4	7.9	7.7	6.5	5.2
2.5	9.2	9.0	5.9	5.0	7.4	6.3	9.0	8.5	9.1	8.9	6.9	5.6
3.0	10.4	10.1	6.7	5.7	8.4	7.2	10.2	9.6	10.2	10.0	7.9	6.3
3.5	11.5	11.2	7.4	6.2	9.2	7.9	11.2	10.6	11.3	11.0	8.7	7.0
4.0	12.7	12.4	8.2	6.9	10.1	8.8	12.4	11.7	12.5	12.2	9.6	7.7

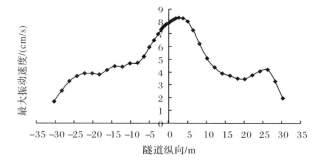

图 4-55　进尺 2.0m 时沿隧道纵向各断面最大振动速度分布曲线

从计算结果可以看出:

(1)与二维弹塑性有限元爆破振动的数值计算结果相比,三维模型计算出的既有隧道迎爆侧衬砌的振动速度略小,这主要是因为三维模型考虑了应力波沿隧道纵向的传播和衰减。

(2)既有隧道迎爆侧衬砌边墙的振动速度较大,最大振动速度点主要集中在墙腰至拱脚范围内,衬砌振动速度峰值主要集中在前 4 段,且第 3、4 段衰减较慢,衬砌振动速度随着爆破进尺的增加而不断增加,这一点与二维模型得出的结论一致。

(3)从最大振动速度沿既有隧道纵向的分布来看,与爆破源越近的断面衬砌振动速度越大,反之则越小,沿既有隧道纵向分布的最大振动速度曲线基本上关于中心断面(与爆破掌子面平行的既有隧道断面)对称。

在既有隧道和新建隧道间距为 15m,爆破进尺为 2.0m 情况下,对隧道内爆炸产生的应力波在土体中传递的全过程进行了图形显示处理,记录典型时刻围岩和衬砌结构体系中水平方向速度云图,如图 4-56~图 4-65 所示。

图 4-56　$t＝14$ms 时水平方向速度云图

图 4-57　$t＝16$ms 时水平方向速度云图

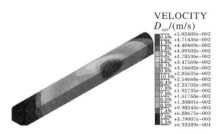

图 4-58　$t＝18$ms 时水平方向速度云图

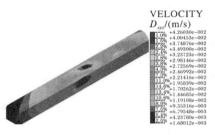

图 4-59　$t＝19$ms 时水平方向速度云图

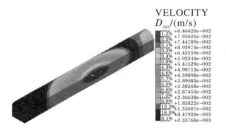

图 4-60　$t＝21$ms 时水平方向速度云图

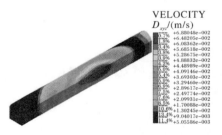

图 4-61　$t＝22$ms 时水平方向速度云图

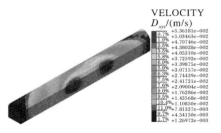

图 4-62　$t＝23$ms 时水平方向速度云图

图 4-63　$t＝24$ms 时水平方向速度云图

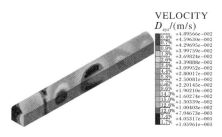
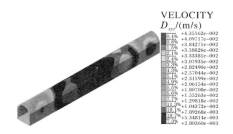

　　图 4-64　$t=25$ms 时水平方向速度云图　　　图 4-65　$t=29$ms 时水平方向速度云图

　　从以上几个不同时刻的速度云图可以看出,既有隧道迎爆侧衬砌边墙振动速度峰值时刻,产生了一个关于既有隧道中心断面对称的振动速度圈,最大振动速度区主要分布在中心断面前后各 5m 范围内。在既有隧道中心断面迎爆侧的边墙附近振动速度最大,背爆侧的振动速度较小,与中心断面相近的衬砌振动速度大,距离中心断面越远则越小,此时,爆破荷载对既有隧道中心断面 15m 以外的衬砌影响并不明显。随着卸载的进行,最大振动速度范围向中心断面前后两侧扩散,衬砌振动影响范围逐渐变大,从振动速度数值上看,峰值有所衰减。

　　随着卸载的进行和应力波的传播,在 $t=23$ms 时最大振动范围移动至中心断面前后两侧,且关于中心断面基本对称。在 $t=29$ms 时最大振动范围已远离中心断面,振动峰值已小于 4.35cm/s,此时中心断面衬砌的振动速度已小于 1cm/s。

4.3.3　衬砌振动位移

　　提取新建隧道爆破进尺为 2.0m 时既有隧道迎爆侧墙腰振动速度峰值时($t=$16ms)和位移达到最大值时($t=982$ms)围岩衬砌结构体系的水平方向位移云图,见图 4-66 和图 4-67,并将不同爆破进尺工况下既有隧道中心断面衬砌迎爆侧各关键点位移汇总于表 4-17。图 4-68 为开挖进尺 2.0m 时沿着隧道纵向各断面的最大位移。

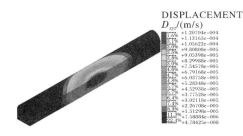
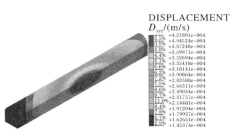

　　图 4-66　进尺 2.0m 工况下,　　　　　图 4-67　进尺 2.0m 工况下,
　　　　$t=16$ms 时水平位移云图　　　　　　　$t=982$ms 时水平位移云图

表 4-17　不同爆破进尺工况下,中心断面衬砌迎爆侧各点水平方向最大位移

进尺/m	位移/mm									
	拱顶		拱腰		拱脚		墙腰		墙脚	
	二维	三维	二维	三维	二维	三维	二维	三维	二维	三维
2.0	0.90	0.33	0.94	0.36	0.98	0.41	0.98	0.42	0.93	0.36
2.5	1.10	0.40	1.15	0.44	1.20	0.50	1.20	0.51	1.14	0.44
3.0	1.31	0.48	1.36	0.52	1.42	0.60	1.42	0.60	1.36	0.53
3.5	1.53	0.56	1.57	0.60	1.63	0.68	1.64	0.69	1.57	0.61
4.0	1.76	0.64	1.81	0.70	1.87	0.78	1.88	0.80	1.80	0.70

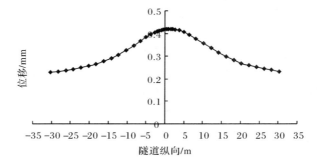

图 4-68　进尺 2.0m 时沿隧道纵向各断面最大位移分布曲线

由以上计算结果可以看出:

(1) 三维模型计算出的既有隧道迎爆侧衬砌的位移比二维模型的计算结果要小近一半,最大值均未超过 1mm。

(2) 既有隧道迎爆侧衬砌边墙附近的变形较大,背爆侧的变形较小,最大位移点主要集中在墙腰至拱脚范围内,与中心断面相近的衬砌位移较大,距离中心断面越远则越小。

(3) 从最大位移沿既有隧道纵向的分布来看,与爆破源越近的断面衬砌位移越大,反之则越小,沿既有隧道纵向分布的最大位移曲线基本上关于中心断面对称,最大变形区主要分布在中心断面前后各8m范围内。

4.3.4　衬砌振动应力

提取新建隧道爆破进尺为 2.0m 时,既有隧道衬砌围岩衬砌结构体系从应力达到峰值时($t=68$ms)至应力基本衰减下来时($t=76$ms)的水平方向应力云图、第一主应力云图,见图 4-69~图 4-76,并将不同爆破进尺工况下既有隧道中心断面衬砌迎爆侧各关键点第一主应力汇总于表 4-18,用图 4-77 表示出来。

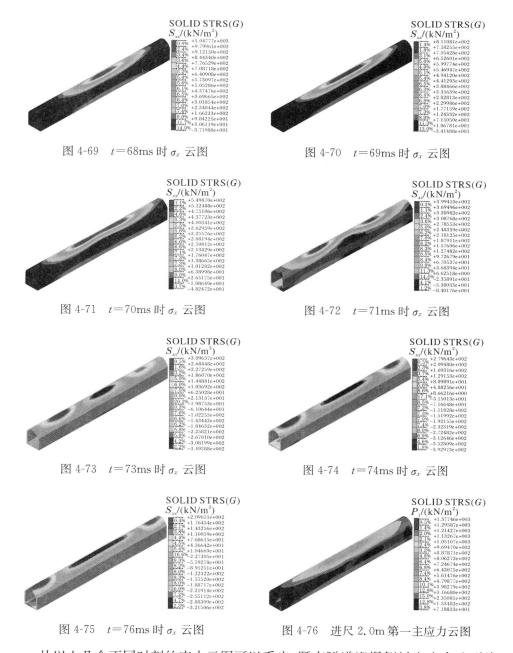

图 4-69　$t=68\text{ms}$ 时 σ_x 云图　　　　　图 4-70　$t=69\text{ms}$ 时 σ_x 云图

图 4-71　$t=70\text{ms}$ 时 σ_x 云图　　　　　图 4-72　$t=71\text{ms}$ 时 σ_x 云图

图 4-73　$t=73\text{ms}$ 时 σ_x 云图　　　　　图 4-74　$t=74\text{ms}$ 时 σ_x 云图

图 4-75　$t=76\text{ms}$ 时 σ_x 云图　　　　　图 4-76　进尺 2.0m 第一主应力云图

　　从以上几个不同时刻的应力云图可以看出,既有隧道迎爆侧衬砌应力达到峰值时,最大应力区主要分布在中心断面前后各 5m 范围内,在既有隧道中心断面拱顶附近应力最大,墙脚次之,边墙最小。与中心断面相近的衬砌应力大,距离中心断面越远则越小,此时,爆破荷载对既有隧道中心断面 20m 以外的衬砌影响并不明显。随着卸载的进行,最大振动速度范围向中心断面前后两侧扩散,爆破作用的影响范围逐渐变大,从应力数值上看,峰值有所衰减。

随着卸载的进行和应力波的传播,在 $t=71\text{ms}$ 时最大应力范围移动至中心断面前后两侧,且关于中心断面基本对称。在 $t=73\text{ms}$ 时中心断面拱顶出现压应力。在 $t=76\text{ms}$ 时最大应力范围已远离中心断面,应力峰值已小于 0.2MPa,此时中心断面拱顶衬砌的应力为 -0.3MPa(压应力)。

表 4-18　不同爆破进尺工况下,中心断面衬砌迎爆侧各点最大第一主应力

进尺/m	σ_1/MPa									
	拱顶		拱腰		拱脚		墙腰		墙脚	
	二维	三维	二维	三维	二维	三维	二维	三维	二维	三维
2.0	1.62	1.20	0.69	0.47	0.29	0.24	0.20	0.26	0.86	0.97
2.5	1.96	1.45	0.82	0.56	0.34	0.28	0.24	0.31	1.03	1.17
3.0	2.30	1.70	0.96	0.65	0.38	0.32	0.27	0.35	1.21	1.37
3.5	2.64	1.95	1.10	0.75	0.42	0.35	0.30	0.39	1.38	1.56
4.0	2.98	2.21	1.24	0.84	0.47	0.40	0.34	0.43	1.55	1.75

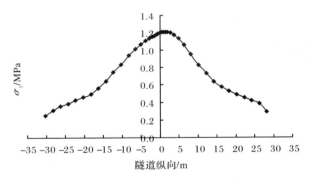

图 4-77　进尺 2.0m 时沿隧道纵向各断面最大第一主应力分布曲线

由计算结果可以看出:

(1) 对于既有隧道迎爆侧衬砌拱脚至墙腰部位的应力,三维模型的计算结果与二维模型的计算结果相差无几,就拱顶应力而言,由于三维模型考虑了应力沿隧道纵向的传递和衰减,其计算结果比二维模型的计算结果略小。

(2) 从最大应力沿既有隧道纵向的分布来看,与中心断面相近的断面衬砌应力较大,反之则较小,沿既有隧道纵向分布的最大位移曲线基本上关于中心断面对称,最大应力区主要分布在中心断面前后各 5m 范围内。

4.3.5　衬砌振动速度阈值

对于钻爆法施工的隧道爆破振动数值模拟分析,当采用本章所述的根据分段起爆的炸药量和荷载作用的当量距离模拟分段三角形应力波组成的爆破振动荷载时,通过Ⅲ级围岩既有隧道在爆破动力作用下,对 2.0m、2.5m、3.0m、3.5m、4.0m不同爆破进尺工况的爆破振动的有限元数值分析,得到了既有隧道边墙的最大振动速度与衬砌主拉应力的关系,经回归分析方程具体如下:

$$\sigma = 0.221 V_{max} - 0.5407 \quad 即 V_{max} = (\sigma + 0.5407)/0.221$$

根据图 4-78 确定的函数关系和C20混凝土动抗拉强度,对Ⅲ级围岩不同的最大振动速度下产生的应力进行计算,即可得出控制最大爆破振动速度,见表 4-19。

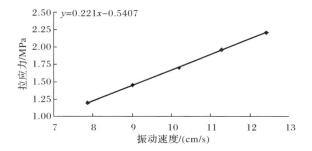

图 4-78　不同爆破进尺工况下,衬砌拉应力与最大振动速度关系曲线

表 4-19　既有隧道衬砌振动速度阈值

类型	A	B	σ_{p0}/MPa	$\overline{K_D}$	σ_p/MPa	V_{max}/(cm/s)
Ⅲ级围岩	0.221	−0.5407	1.7	1.3	2.21	12.4

由表 4-19 可得既有隧道衬砌边墙的振动速度阈值为 12.4cm/s。

4.4　小　　结

本章主要通过动力有限元数值模拟的方法,分别采用二维平面有限元和三维有限元进行数值计算,对围岩和衬砌采用弹塑性本构关系,结合现有关于岩石动力学和隧道爆破数值模拟的相关研究成果,考虑爆破动力荷载作用下对围岩和衬砌刚度和强度的提高,根据实测的衬砌表面动应变和振动速度波形,简化为等效的三角形脉冲波形,针对不同的围岩和开挖进尺工况,较为详细地分析了围岩和衬砌振动速度、围岩、动应力等时空变化规律,得到以下主要认识:

(1)动力有限元数值模拟得到的既有隧道边墙的振动速度与实测速度的波形有非常好的相似性;既有隧道衬砌迎爆侧的振动速度明显比背爆侧大,这与大量的既有研究结论[6]是类似的。

（2）既有隧道衬砌振动速度峰值主要集中在前4段，并且段数越靠后，振动衰减越慢。既有隧道迎爆侧墙腰至拱脚范围内的边墙衬砌振动速度最大，拱圈和边墙墙腰以下部位振动速度相对较小。

（3）既有隧道迎爆侧拱顶和墙脚部位的第一主应力较大，而边墙附近的第一主应力相对较小，第一主应力最大值位于拱顶部位。

（4）不同工况和爆破开挖进尺情况下数值计算结果表明，既有隧道衬砌最大振动速度与第一主应力之间具有很好的线性相关性。而在静力和爆破动力共同作用下，不同工况下通过衬砌内侧竖直方向边缘应力与最大振动速度、外侧竖直方向边缘应力与最大振动速度之间的线性相关性很大。

（5）二维动力有限元和三维动力有限元数值计算的结果有较好的一致性，根据岩石在爆破荷载作用下其动强度有提高的特性，综合分析确定最大振动速度阈值为12.4cm/s。

参 考 文 献

[1] 潘昌实,张弥,吴鸿庆. 隧道力学数值方法[M]. 北京:中国铁道出版社,1994.

[2] Hsin Yu Low, Hong H. Reliability analysis of reinforced concrete slabs under explosive loading [J]. Structural Safety,2001,23:157-178.

[3] 刘国华,王振宇. 爆破荷载作用下隧道的动态响应与抗爆分析[J]. 浙江大学学报,2004,38(2):204-209.

[4] 王文龙. 钻眼爆破[M]. 北京:煤炭工业出版社,1984.

[5] 李德武. 隧道[M]. 北京:中国铁道出版社,2004.

[6] 刘慧. 邻近爆破对隧道影响的研究进展[J]. 爆破,1999,16(1):57-63.

第 5 章　降低爆破振动的工程措施

临近隧道爆破施工过程中,一方面要根据既有隧道的围岩和隧道衬砌结构状态确定合理的爆破振动速度阈值,另一方面要根据实际爆破产生的振动响应特点,分析可能在既有隧道结构中产生的应力与位移水平,从而为制定安全可靠、经济合理的施工方法与爆破技术参数提供依据。本章主要是在前述室内外试验和测试、数值模拟分析结果的基础上,考虑依托工程新库鲁塔格隧道的实际情况,对上述问题进行分析,并将之应用于工程实践。

5.1　爆破振动速度阈值研究

在临近隧道的施工中,施工爆破产生的冲击波往往危及既有线路的安全和稳定。既有隧道安全与否,不但与围岩介质、既有线路的结构形式有关,而且与振动波的强度也有直接关系,因此在爆破施工前应首先对其可能产生的振动等级进行评定,并将振动破坏等级控制在安全范围内。国内外大量研究表明,目前关于爆破振动的研究主要是以测量和分析为依据,采用质点振动速度作为衡量隧道爆破安全影响的主要物理量。

5.1.1　同类工程爆破振动速度阈值的确定

1. 鹤上隧道爆破振动速度阈值的确定

鹤上三车道小净距隧道全长 450m,最大开挖跨度为 16.692m,含仰拱开挖总高度 10.4m,隧道净距为 6m 左右(约 $0.35B$,B 为隧道开挖跨度)。洞身段最大埋深约 62m,洞口浅埋段埋深 4～10m。隧道穿越围岩主要为强风化、弱风化和微风化凝灰熔岩,为Ⅲ～Ⅴ级围岩。

鹤上三车道小净距隧道采用新奥法施工,钻爆开挖采用光面爆破技术,最大段爆破药量约为 21.6kg。在隧道施工过程中,测得Ⅲ级围岩最大振动速度为 7.16cm/s,发生在拱腰部位;Ⅴ级围岩最大振动速度为 6.82cm/s,也发生在拱腰部位。爆破施工中在最大振动速度为 7.16cm/s 情况下,隧道围岩及中间岩柱是稳定的[1]。

2. 招宝山隧道爆破振动速度阈值的确定

招宝山公路隧道隧道全长 169m。隧道最大埋深 30 余米,约有 1/2 长度属特浅埋。隧道围岩属Ⅲ级和Ⅳ级,为中等和微风化的流纹斑岩。隧道开挖断面净宽 14.15m,高 12.36m(其中直墙部分 4.4m、顶拱 5.46m、仰拱 2.5m)。隧道间的最小净距仅为 2.98m。

隧道采用正台阶分步开挖的方法,两单线隧道的施工安排为:右洞顶拱→左洞顶拱→右洞中部→右洞仰拱→左洞中部→左洞仰拱。在招宝山隧道开挖爆破中,左洞爆破时右洞左壁临时支护上的安全振动速度值为 15cm/s,在中部岩石开挖爆破时中隔墙临时支护上的安全振动速度值为 12cm/s[2]。

3. 梧桐山隧道爆破振动速度阈值的确定

梧桐山下行隧道全长 2370.41m,上、下行隧道中心距仅 25m,边墙净距 14m。隧道围岩属Ⅲ~Ⅴ级。既有隧道顶部设置的钢筋混凝土通风横隔板的部分施工缝已开裂,最大缝宽达 1.5cm,个别横板出现倾斜,极易失稳。

监测点主要布设在既有隧道临爆面边墙上部、边墙下部、边墙中部及顶板部位。上断面开挖时,在最大段装药量为 9.1kg 的情况下,测得的最大振动速度为 3.98cm/s,发生在边墙上部;下断面开挖时,在最大段装药量为 9.8kg 的情况下,测得的最大振动速度为 4.38cm/s,发生在边墙中部;全断面开挖时,在最大段装药量为 10.2kg 的情况下,测得的最大振动速度为 5.71cm/s,发生在边墙下部。

在梧桐山下行隧道的 13 个月施工过程中,既有(上行)隧道的最大振动速度为 8.83cm/s,最小振动速度为 0.83cm/s,未发现衬砌及其他结构有破坏现象。爆破振动速度对既有隧道具有如下影响:

(1)当振动速度大于 1.5cm/s 时,在爆破瞬间,既有隧道靠近新建隧道侧的照明灯在距爆点 40m 范围内瞬时熄灭,另一侧的照明灯个别熄灭。

(2)当振动速度大于 8cm/s 时,既有隧道的通风隔板受影响较大,曾发生过一次修补部位掉块,并确定既有隧道的振动速度不超过 8.83cm/s 时,其结构是安全的[3]。

4. 刘家沟隧道爆破振动速度阈值的确定

武汉至安康增建二线新刘家沟隧道全长 870m,与既有隧道(花果隧道)最小线间距为 13.025m,新旧线衬砌背最近距离为 4.95m。所处主要地层为第四季冲积粉质黏土及中元古界武当山群云母石英片岩,主要为Ⅳ~Ⅴ级围岩。既有花果隧道于 20 世纪 70 年代修建,进口段围岩差,加之几十年的运营,病害较多,衬砌存在多处开裂、渗水。

在爆破施工中,采用了三次不同的爆破设计对爆破振动速度进行监测,测点布设在既有花果隧道与新建隧道爆破面最近断面的左边墙、右边墙和拱部。

(1) 第一次爆破设计:采用侧壁导坑分部开挖的爆破方法,将隧道断面分为 4 部分。在最大段装药量为 3.12kg 时,测得最大振动速度为 4.4852cm/s,发生在左边墙部位。

(2) 第二次爆破设计:将上台阶一次起爆,下台阶二次起爆,在最大段装药量为 10.16kg 时,测得最大振动速度为 7.1394cm/s,发生在左边墙部位。

(3) 第三次爆破设计:采用上下台阶法开挖,全断面分 3 次起爆,上台阶 1 次,下台阶 2 次。在最大段装药量为 12.35kg 时,测得最大振动速度为 7.1778cm/s,发生在左边墙部位。

施工中控制最大爆破振动速度为 10cm/s[4]。

5. 襄渝二线新蛇皮沟隧道爆破振动速度阈值的确定

襄渝二线新蛇皮沟隧道全长 1441.13m,与既有隧道中心线相距约 16m,边墙间距 6m。所穿越的地层以云母石英片岩和石英云母片岩为主,主要围岩级别为 Ⅲ～Ⅴ级。既有隧道局部洞顶有坍塌及少量基岩裂隙水,埋深最浅约 20m,最深约 160m,运营良好,无明显的地质病害。隧道施工采用台阶开挖方式。施工过程中对上导坑开挖爆破进行了监测,上导采用 1、3、5、7、9、11、13、15 段毫秒雷管延时爆破。具体见表 5-1[5]。

表 5-1　炮眼布置参数[5]

炮眼类型	炮眼个数	炮眼深度/m	孔间距/cm	单孔装药量/kg	备注
掏槽眼	24	3.5	30～40	1.2～1.35	掏槽眼为斜眼掏槽
辅助眼	60	2.5	50～60	0.75～0.9	
周边眼	45	2.5	40	0.3～0.45	

测试点布设在 Ⅴ 级围岩范围内,距爆破点 19m 时测得的最大振动速度为 10.89cm/s,距爆破点 13m 时测得的最大振动速度为 17.86cm/s。两次爆破测试垂直峰值振动速度均大于 10cm/s。由爆破测试结果对比分析可知,距爆破点最近处的既有隧道的振动速度已超过规范要求的上限(20cm/s),而且该隧道已运营三十余年,衬砌表面已见多处裂缝、渗水及表面掉皮现象,施工控制安全抗爆破振动速度为 15～18cm/s[5]。

其他一些临近隧道的施工情况见表 5-2。

表 5-2 临近隧道施工情况一览表[2~8]

序号	隧道名称	长度/m	最小净距/m	路线间距	围岩级别	岩性	开挖截面/m²	开挖方法	最大段装药量/kg	最大速度/(cm/s)	控制速度/(cm/s)
1	常吉高速公路雀儿溪隧道	1417	—	15~18	Ⅲ	钙泥质砂岩	10.66×7.09	—	7.2	4.8	5
2	鹤上隧道	450	5.6	—	Ⅲ~Ⅴ	凝灰熔岩	16.7×10.4	台阶	21.6	7.2	10~20
3	梧桐山隧道	2370	5	25	Ⅲ~Ⅴ	花岗岩	11.28×8.34	台阶、全断面	10.2	8.83	8.83
4	招宝山隧道	169	2.98	—	Ⅲ~Ⅳ	流纹斑岩	14.15×12.36	分部	4.5	—	15
5	张家山隧道	1436	10	—	Ⅱ~Ⅳ	砂岩、泥岩和砂质泥岩	102.93	台阶	23.4	14.8	15
6	武汉-康二线新刘家沟隧道	870	4.95	—	Ⅳ~Ⅴ	粉质黏土和云母石英片岩	76.3	分部	12.35	7.2	10
7	襄渝二线新蛇皮沟隧道	1441	6	16	Ⅲ~Ⅴ	片岩	9×9.5	台阶	—	17.86	15~18
8	达万铁路董家山隧道	100	5.4	—	Ⅳ	泥岩夹砂岩、砂岩	—	台阶	2.83	9.3	15

　　在邻近隧道施工中既有隧道主要为 20 世纪 70 年代前修建,衬砌结构多为 25～50cm 素混凝土或钢筋混凝土构造,由于运营时间较长,均有不同程度的开裂现象。为保证既有隧道的安全,在隧道施工过程中应加强对振动速度的控制。对采用新奥法施工新建的小净距隧道,多在先行洞进行初支后才进行后行洞的爆破施工,初支多采用锚杆、钢筋网、5～20cm 喷射混凝土或联合支护形式,与临近既有隧道施工也有比较强的可比性。从上面分析来看,根据两平行隧道间距、围岩、爆破方式等的不同,振动速度多控制在 8～15cm/s。

5.1.2　关于爆破振动阈值速度的不同判别标准

　　(1) Langefores 和 Kiblstrom 提出以 25cm/s 的振动速度作为保守的壁墙破坏标准。把 30cm/s 的峰值质点速度作为不衬砌隧道中岩石产生坠落的临界值。把 60cm/s 的峰值质点速度作为岩石形成新裂缝的临界值。

　　(2) Clover 对爆破振动的影响进行了文件性总结并给出了强制性的极限值,见表 5-3[9]。

表 5-3　爆破的影响和特定的 V 极限值的文件性总结[9]

案例	V/(cm/s)	类型	岩石	注释
地下爆破实验(美国)	46	引发值	砂岩	在直径 2～10m 的未衬砌隧道中进行高强度爆炸振动实验,在实验中有一些岩石下落
Koi 隧道(日本)	33.8	引发值	花岗岩	混凝土衬砌中出现小裂缝
瑞典	30	临界值	杂岩	未衬砌隧道中有石块下落
加利福尼亚和阿拉斯加州(美国)	20	引发值		在隧道承受振动强度低于地震时,未衬砌隧道中无石块下落,无裂缝
Dworshak 大坝(美国)	12.5	引发值		采矿洞室在该振动水准的初始阶段除了一小部分下落物外,无连续下落物
瑞典	7	限值		当地下洞室承受短时间连续施工爆破时,要强制实行该限值
北美空防司令部(美国)	5.6	引发值		受旁边隧道爆破作用时地下洞室无损坏
瑞士	3	限值		使用或未使用混凝土衬砌的地下室和隧道需强制实行该限值
Dinorwic(英国)	4.5	限值		强制实行该限值主要在于防止破坏预应力混凝土和安装的仪器

　　(3) 陶颂霖在《爆破工程》中提出:对岩石稳定的巷道临界振动速度≤40cm/s,对中等稳定的巷道临界振动速度≤30cm/s,对不稳定岩石,但有良好支护的巷道临

界振动速度≤20cm/s[10]。

（4）吴德伦等建议的爆破振动标准[11]见表5-4。

表 5-4　爆破振动控制建议标准[11]

建筑物分类	频率范围/Hz	质点振动速度/(cm/s)
现浇钢筋混凝土结构、	<10	3.5
钢结构、	10～40	3.5～4.0
坚固堡坝	40～100	4.0～5.0
良好设计的砖混结构、	<10	2.5
一般条石砌筑堡坝、	10～40	2.5～3.0
挡土墙	40～100	3.0～3.5
灰砂浆砌或条石建筑、	<10	1.5
砖木混合建筑、	10～40	1.5～2.0
木结构	40～100	2.0～2.5
陈旧危险建筑、	<10	0.8
精密防振设备建筑、	10～40	0.8～1.0
历史性建筑	40～100	1.0～1.2
水工隧道、下水管道、	10～50	12
良好支护的地下洞室		
或地下构筑物	50～200	13

（5）我国水电部门在评估地下洞室的爆破振动安全时，一般按下列标准考虑：与岩体结合为一体的钢筋混凝土衬砌隧洞，振动速度 $V \leqslant 50 \sim 100$cm/s；基岩或地下岩壁（中等岩石），振动速度 $V \leqslant 25 \sim 50$cm/s；不衬砌的地下洞室和离壁式衬套结构，振动速度 $V \leqslant 10$cm/s。

（6）我国现行《爆破安全规程》（GB 6722—2011）规定，交通隧道安全振动速度标准为 10～20cm/s；水工隧道为 7～15cm/s，但对其频率范围有所限定，如表5-5所示[12]。

表 5-5　爆破振动安全允许标准[12]

序号	保护对象类别	安全允许质点振动速度 V/(cm/s)		
		$f \leqslant 10$Hz	10Hz$< f \leqslant 50$Hz	$f > 50$Hz
1	土窑洞、土坯房、毛石房屋	0.15～0.45	0.45～0.9	0.9～1.5
2	一般民用建筑物	1.5～2.0	2.0～2.5	2.5～3.0
3	工业和商业建筑物	2.5～3.5	3.5～4.5	4.2～5.0
4	一般古建筑与古迹	0.1～0.2	0.2～0.3	0.3～0.5

续表

序号	保护对象类别	安全允许质点振动速度 V/(cm/s)		
		$f{\leqslant}10\mathrm{Hz}$	$10\mathrm{Hz}{<}f{\leqslant}50\mathrm{Hz}$	$f{>}50\mathrm{Hz}$
5	运行中的水电站及发电厂中心控制室设备	0.5～0.6	0.6～0.7	0.7～0.9
6	水工隧洞	7～8	8～10	10～15
7	交通隧道	10～12	12～15	15～20
8	矿山巷道	15～18	18～25	20～30
9	永久性岩石高边坡	5～9	8～12	10～15
10	新浇大体积混凝土(C20)： 龄期:初凝～3d 龄期:3～7d 龄期:7～28d	1.5～2.0 3.0～4.0 7.0～8.0	2.0～2.5 4.0～5.0 8.0～10.0	2.5～3.0 5.0～7.0 10.0～12

注：①表中质点振动速度为三分量中的最大值；振动频率为主振频率。②频率范围根据现场实测波形确定或按如下数据选取：洞室爆破 $f{<}20\mathrm{Hz}$；露天深孔爆破 $f=10～60\mathrm{Hz}$；露天浅孔爆破 $f=40～100\mathrm{Hz}$；地下深孔爆破 $f=30～100\mathrm{Hz}$；地下浅孔爆破 $f=60～300\mathrm{Hz}$。③爆破振动监测应同时测定质点振动相互垂直的三个分量。

（7）瑞士工业安全协会提出的关于爆破振动的安全标准见表 5-6[11]。

表 5-6　建筑物振动的瑞士标准

结构类型	频带宽度/Hz	爆破引发的 V 值/(cm/s)	交通或机器引发的 V 值/(cm/s)
钢筋预应力混凝土结构如工厂、挡土墙、桥、铁塔、露天水渠、地下隧道和山洞	10～60	3	—
	60～90	3～4	—
	10～30	—	1.2
	30～60	—	1.2～1.8
含有混凝土地基墙的建筑物,混凝土或砖石墙,全砖石的地下洞室和隧道	10～60	1.8	—
	60～90	1.8～2.5	—
	10～30	—	0.8
	30～60	—	0.8～1.2
含有砖石墙和木质天花板的建筑	10～60	1.2	—
	60～90	1.2～1.8	—
	10～30	—	0.5
	30～60	—	0.5～0.8
历史名胜或其他敏感性建筑物	10～60	1.2	—
	60～90	1.2～1.8	—
	10～30	—	0.3
	30～60	—	0.3～0.5

　　由以上可见,各国、各部门及各位学者提出的关于爆破振动速度的限值具有较大差别,而且具体的工程地质条件、爆破方式、隧道结构形式等也千差万别,在实际工程应用中可操作性差,因此针对不同的临近隧道施工项目应根据工程实际情况确定具体、安全、可行的爆破振动速度的阈值。

5.1.3　由爆破振动所产生的最大应力确定允许振动速度阈值

　　第4章中,对钻爆法施工的隧道爆破振动进行数值分析时,爆破振动荷载采用根据分段起爆的炸药量和荷载作用的当量距离模拟的分段三角形应力波,通过对Ⅱ级、Ⅲ级、Ⅲ级(有导洞)、Ⅳ级围岩(有导洞)条件下既有隧道衬砌的爆破振动有限元模拟,得到了既有隧道边墙的振动速度与衬砌内侧竖直方向边缘应力和隧道衬砌外侧竖直方向边缘应力与最大振动速度的关系。

　　在静力和爆破动力共同作用下,通过对 2.0m、2.5m、3.0m、3.5m、4.0m 不同爆破进尺工况的爆破振动的有限元模拟分析,可得既有隧道不同部位应力与最大振动速度的关系。

　　(1)既有隧道衬砌内侧边缘应力与最大振动速度的关系。

Ⅱ级围岩:$\sigma_z = 0.2674V_{max} - 0.1591$

Ⅲ级围岩:$\sigma_z = 0.2818V_{max} - 0.7962$

Ⅳ级围岩:$\sigma_z = 0.2895V_{max} + 0.0285$

Ⅲ级围岩(有导洞):$\sigma_z = 0.2606V_{max} - 0.3434$

　　(2)既有隧道衬砌外侧边缘应力与最大振动速度的关系。

Ⅱ级围岩:$\sigma_z = 0.127V_{max} + 0.6874$

Ⅲ级围岩:$\sigma_z = 0.1216V_{max} + 0.6947$

Ⅳ级围岩:$\sigma_z = 0.1239V_{max} + 1.5894$

Ⅲ级围岩(有导洞):$\sigma_z = 0.0727V_{max} + 1.1981$

　　根据确定的函数关系,以Ⅲ级围岩为例对不同的最大振动速度下产生的应力进行计算,见表 5-7 和表 5-8,并根据计算结果对既有隧道衬砌内侧边缘应力和外侧边缘应力与最大振动速度的关系进行绘图,见图 5-1。

表 5-7　既有隧道衬砌内侧边缘应力计算表

围岩级别	$V_{max}/(cm/s)$	A	B	σ_z/MPa
Ⅲ	5	0.2818	−0.7962	0.61
Ⅲ	6	0.2818	−0.7962	0.89
Ⅲ	7	0.2818	−0.7962	1.18
Ⅲ	8	0.2818	−0.7962	1.46
Ⅲ	9	0.2818	−0.7962	1.74
Ⅲ	10	0.2818	−0.7962	2.02

表 5-8　既有隧道衬砌外侧边缘应力计算表

围岩级别	$V_{max}/(cm/s)$	A	B	σ_z/MPa
Ⅲ	5	0.1216	0.6947	1.30
Ⅲ	6	0.1216	0.6947	1.42
Ⅲ	7	0.1216	0.6947	1.55
Ⅲ	8	0.1216	0.6947	1.67
Ⅲ	9	0.1216	0.6947	1.79
Ⅲ	10	0.1216	0.6947	1.91
Ⅲ	11	0.1216	0.6947	2.03

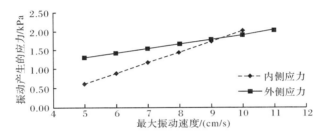

图 5-1　既有隧道衬砌应力与最大振动速度的关系图

由图 5-1 可知,在最大振动速度增加相同的情况下,隧道衬砌内侧边缘应力比外侧边缘应力增长快,但在最大振动速度小于 9.3cm/s(应力为 1.83MPa)时,在相同的振动速度下隧道衬砌外侧边缘应力要比内侧边缘产生的应力大。

在静力和爆破动力共同作用下,通过对 2.0m、2.5m、3.0m、3.5m、4.0m 不同爆破进尺工况的爆破振动的有限元模拟分析,得到了既有隧道衬砌竖直方向边缘应力与最大振动速度的关系,根据最大爆破振动速度与应力间的函数关系可以推导最大爆破振动速度与应力的函数,经回归分析方程具体如下。

(1)最大振动速度与既有隧道衬砌内侧边缘应力的关系。

Ⅱ级围岩:$V_{max}=(\sigma_z+0.1591)/0.2674$

Ⅲ级围岩:$V_{max}=(\sigma_z+0.7962)/0.2818$

Ⅳ级围岩:$V_{max}=(\sigma_z-0.0285)/0.2895$

Ⅲ级围岩(有导洞):$V_{max}=(\sigma_z+0.3434)/0.2606$

(2)最大振动速度与既有隧道衬砌外侧边缘应力的关系。

Ⅱ级围岩:$V_{max}=(\sigma_z-0.6874)/0.127$

Ⅲ级围岩:$V_{max}=(\sigma_z-0.6947)/0.1216$

Ⅳ级围岩:$V_{max}=(\sigma_z-1.5894)/0.1239$

Ⅲ级围岩(有导洞):$V_{max}=(\sigma_z-1.1981)/0.0727$

　　根据上述函数关系和 C20 混凝土的抗拉强度,即可得出控制最大爆破振动速度。由于既有隧道衬砌取样实测的抗压强度为 17MPa,比铁路隧道设计规范(TB 10003-2005)[13]中 C20 混凝土的抗压强度还高,可按照 C20 混凝土抗拉强度标准值 $\sigma_{p0}=1.7$MPa 考虑。既有隧道衬砌动力抗拉强度可按照下式计算[14]:

$$\sigma_p = \overline{K_D} \sigma_{p0}$$

式中,σ_p 为岩石的动力抗拉强度,0.1MPa;σ_{p0} 为岩石的静抗拉强度,0.1MPa;$\overline{K_D}$ 为岩石动强度提高系数。考虑到爆炸地震波作用下岩石的加荷速度可达 10^6MPa/s,一般情况下岩石隧道的加荷速度为 $10^1 \sim 10^3$MPa/s,按上述公式计算,岩石的动力抗拉强度提高系数为 1.24~1.48,实际取值 1.30。根据既有隧道衬砌边缘应力确定的允许最大振动速度见表 5-9。

表 5-9　既有隧道衬砌的振动速度阈值

围岩级别	A	B	σ_{p0}/MPa	$\overline{K_D}$	σ_p/MPa	V_{cmax}/(cm/s)	备注
Ⅱ	0.2674	−0.1591	1.7	1.3	2.21	9	—
Ⅲ	0.2818	−0.7962	1.7	1.3	2.21	10	—
Ⅳ	0.2895	0.0285	1.7	1.3	2.21	7	—
Ⅲ	0.2606	−0.3434	1.7	1.3	2.21	10	有导坑

　　由计算可以得出针对新库鲁塔格隧道施工按爆破振动所产生的最大应力确定的允许最大振动速度,见表 5-10。

表 5-10　不同围岩既有隧道允许最大爆破振动速度阈值

围岩级别	Ⅱ	Ⅲ	Ⅳ
控制振动速度/(cm/s)	9	10	7

　　在大量现场试验研究和理论分析的基础上,结合鹤上隧道[1]、招宝山隧道[2]、梧桐山隧道[3]、刘家沟隧道[4]、襄渝二线新蛇皮沟隧道[5]及同类工程进行类比分析,针对新库鲁塔格隧道Ⅲ级围岩地段,既有隧道爆破振动速度的控制指标建议值见表 5-11。对于Ⅱ、Ⅳ级围岩地段,可参照Ⅲ级围岩的建议值制定相应的控制指标。

表 5-11　Ⅲ级围岩爆破振动速度控制指标建议值　　　　(单位:cm/s)

临近隧道安全等级	影响程度	对策
一级(>10)	严重	应当调整开挖方式或爆破参数
二级(10~7)	一般	若概率统计发生率≤10%,关注爆破参数变化;若>10%,调整爆破参数
三级(7~5)	轻微	加强监测,关注围岩变化情况
四级(<5)	安全	正常监测

5.2 影响爆破振动速度的因素和控制方法

5.2.1 确定爆破振动速度的衰减方程

选用我国通常使用的萨道夫斯基经验公式作为新库鲁塔格隧道爆破振动速度的衰减方程[12]:

$$V = K(Q^{1/3}/R^{\alpha})$$

式中,V 为测点的质点最大振动速度,cm/s;Q 为炸药量,当齐发爆破时为总药量,当延发爆破时为最大段药量,kg;R 为测点至爆源的距离,m;K、α 为与岩石的性质、爆破方式及地形条件等因素有关的系数和衰减指数。

结合同类隧道爆破振动速度衰减方程(表 5-12)、《爆破安全规程》(GB 6722—2011)规定[12](表 5-13)及以往经验确定掏槽爆破的振动计算参数 $k = 519$ 和 $\alpha = 2.08$,则 $V = 519(Q^{1/3}/R)^{2.08}$。

表 5-12 同类隧道爆破振动速度衰减方程一览表[9,15]

隧道名称	地质条件	衰减方程	间距
秦岭隧道 (掏槽爆破)	坚硬完整的花岗片麻岩,V 类围岩	$V = 276(Q^{1/3}/R)^{1.55}$	平行相邻隧道间距 30m
招宝山隧道 (中槽爆破)	中等风化流纹斑岩,节理裂隙发育,Ⅳ 类围岩	$V = 148(Q^{1/3}/R)^{1.34}$	平行相邻隧道中间隔墙厚 4m
八达岭隧道 (掏槽爆破)	风化石和回填土	$V = 89.5(Q^{1/3}/R)^{1.70}$	十字交叉隧道,爆源距离 10～30m
梧桐山隧道 (掏槽爆破)	风化花岗岩,Ⅲ 类围岩	$V = 280(Q^{1/3}/R)^{2.08}$	平行相邻隧道中间隔墙厚 13m
梧桐山隧道 (掏槽爆破)	弱风化花岗岩,Ⅳ 类围岩	$V = 150(Q^{1/3}/R)^{1.76}$	平行相邻隧道中间隔墙厚 13m
瑭头岭隧道	弱风化凝灰岩和凝灰熔岩,Ⅲ 类围岩	$V = 85.99(Q^{1/3}/R)^{1.868}$	开挖轮廓线拱顶距公路隧道基底约 2.9m
莲黄隧道	云顶岩,Ⅱ～V 类围岩	$V = 175.97(Q^{1/3}/R)^{1.72}$	平行相邻两隧道中心线距 35m
关寨 1# 线隧道	岩层为厚层的三叠系灰岩,节理不发育,Ⅱ 类围岩	$V = 143(Q^{1/3}/R)^{1.6}$	平行相邻隧道中间隔墙厚 7m

表 5-13　爆区不同岩性的 K、α 值[21]

岩性	K	α
坚硬岩石	50～150	1.3～1.5
中硬岩石	150～250	1.5～1.8
软岩石	250～350	1.8～2.0

　　由确定的爆破振动的衰减方程可知,爆破振动速度与最大段药量和隧道间距有直接关系,同时围岩级别、既有隧道的结构形式及隧道开挖爆破形式也是至关重要的因素。

5.2.2　围岩级别对爆破振动速度的影响

　　针对新库鲁塔格隧道爆破振动速度的监测成果,对不同级别围岩爆破振动速度进行了统计(表 5-14)。

表 5-14　不同围岩级别的爆破速度统计表

通道	围岩级别	统计项目	最大值	统计个数
CH1	Ⅱ级围岩	峰值	6.9251	15
	Ⅲ级围岩	峰值	10.06	97
	Ⅳ级围岩	峰值	7.9099	8
CH2	Ⅱ级围岩	峰值	7.3057	18
	Ⅲ级围岩	峰值	8.6063	94
	Ⅳ级围岩	峰值	9.9258	6
CH3	Ⅱ级围岩	峰值	6.57	27
	Ⅲ级围岩	峰值	9.7186	104
	Ⅳ级围岩	峰值	5.6409	7
CH4	Ⅱ级围岩	峰值	7.1429	26
	Ⅲ级围岩	峰值	17.6	86
	Ⅳ级围岩	峰值	6.3522	7

　　由以上可见,在同样的爆破方式下,由于Ⅱ级段围岩采用 2.5m 进尺掘进,Ⅲ级围岩采用 3.0m 进尺掘进,因此实测Ⅱ级段围岩爆破振动速度小于Ⅲ级围岩爆破振动速度。这与《爆破安全规程》中采用 S 萨道夫斯基公式表示的规律是一致的,亦即岩石越软弱,引起的爆破振动速度越大。因此,在相同的工程条件下,围岩质量越好,爆破振动速度越大,围岩质量越差,爆破振动速度越小。因此,在软弱围岩地质条件下,爆破对相邻隧道造成的影响较大。

5.2.3　既有隧道结构形式对爆破振动速度的影响

既有隧道的横断面形状、衬砌结构、与爆破应力波长的相对尺寸大小等都直接影响着测点振动波的速度。既有隧道或先行洞的迎爆面侧墙处,振动速度最大,其次是拱肩到拱顶和侧墙底部,背爆侧振动速度相对小。在其他条件相同的情况下,采用全断面方式爆破开挖时,迎爆侧的振动速度为背爆侧的 6～10 倍,随着隧道直径的增大,背爆侧的爆破振动速度与迎爆侧相比明显减小。

从既有隧道的断面形式来看,圆形隧道受爆破振动引起的振动速度最小,方形隧道次之,直墙式拱形隧道振动速度最大。由于拱形隧道的受力结构特征其抵抗水平作用力较差,所以其受到的横向振动速度最大,不利于抵抗横向的爆破振动。而在新库鲁塔格隧道施工中的临近既有隧道属于直墙式拱形隧道,因此在隧道施工中要加强爆破振动速度的控制。

5.2.4　相邻两隧道间净距对爆破振动速度的影响

振动速度随与震源距离的增大而逐渐减小。从爆破产生的应力波来看最初以冲击波的形式向外传播,随着波阵面不断向外传播,波峰值逐渐降低,冲击波发生衰减,逐渐从强冲击波衰减成弹性波和地震波。弹性波和地震波要比冲击波的振动波速小得多。

由确定的爆破振动速度衰减公式 $V=519(Q^{1/3}/R)^{2.08}$ 可得,在同样最大爆破量(假设 20kg)的情况下,当距爆源的距离由 15m 增加到 20m 时,爆破振动速度减小 45%。当间距继续增大到 5 倍的开挖洞径距离,爆破振动速度仅 2cm/s,对既有隧道影响已经很小。因此,当隧道间距大于 5 倍的开挖洞径时,衬砌振动对距离的敏感度降低,而隧道间距较小时,衬砌振动对间距变化的敏感度很高。在实际的临近隧道施工中,隧道间距在设计阶段已经确定,在施工中通过调整隧道间距的方式来减小最大爆破振动速度是不太可能实现的。

5.2.5　开挖爆破形式对爆破振动速度的影响

1. 最大段装药量对爆破振动速度的影响

根据确定的公式 $V=519(Q^{1/3}/R)^{2.08}$ 可知,最大振动速度与最大装药量的 0.69 次幂成正比例关系。隧道内最大振动速度随最大段装药量的增加而增大,在新库鲁塔格隧道净距为 15m 的情况下,最大段装药量从 15kg 降至 4kg,最大爆破振动速度从 12.14cm/s 减小到 4.86cm/s,具体计算过程见表 5-15,并绘制了 V-Q 关系图 5-2。由此可知,在既有隧道的结构形式、围岩特性、隧道间的距离均确定的情况下,通过调整最大段装药量,将一次爆破较多的炮孔分成较多段按顺序起爆,可以把一次掏槽改为二级复式掏槽或三级复式掏槽的形式,从而减少单段起爆药量,是降低临近隧道的最大爆破振动速度非常有效的措施。

表 5-15　最大爆破振动速度计算表

序号	Q	$Q^{1/3}$	K	R	α	V
1	15	2.47	519	15	2.08	12.14
2	12	2.29	519	15	2.08	10.40
3	10	2.15	519	15	2.08	9.17
4	8	2.00	519	15	2.08	7.85
5	6	1.82	519	15	2.08	6.43
6	4	1.59	519	15	2.08	4.86

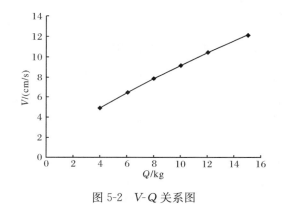

图 5-2　V-Q 关系图

根据新库鲁塔格隧道爆破振动速度的监测成果,对最大爆破振动速度进行统计,结果见表 5-16。最大爆破速度出现在前三段的频率高达 69.85%～81.58%,因此为了降低最大爆破振动速度,应对前三段的爆破进行控制,调整单段装药量。通过爆破振动速度衰减公式 $V = 519(Q^{1/3}/R)^{2.08}$ 可推导出最大段装药量公式 $Q = R^3 \left(\dfrac{V}{519} \right)^{3/2.08}$,在已确定的隧道间距和最大安全爆破振动速度的条件下,可计算出最大装药量,从而通过调整前三段的最大装药量来控制既有隧道(库鲁塔格隧道)的最大爆破振动速度。

表 5-16　最大振动速度所处波段频次占全部频次的比例表

波段序号	出现频次/次				出现频次占全部频次的百分比/%			
	CH1	CH2	CH3	CH4	CH1	CH2	CH3	CH4
1	52	50	44	38	45.61	44.25	32.35	33.63
2	18	23	28	30	15.79	20.35	20.59	26.55

续表

波段序号	出现频次/次				出现频次占全部频次的百分比/%			
	CH1	CH2	CH3	CH4	CH1	CH2	CH3	CH4
3	23	17	23	18	20.18	15.04	16.91	15.93
4	10	12	9	15	8.77	10.62	6.62	13.27
5	7	7	0	8	6.14	6.192	0	7.08
6	0	1	1	1	0	0.88	0.74	0.88
7	0	0	1	0	0	0	0.74	0
8	1	1	1	0	0.88	0.88	0.74	0
9	1	1	1	1	0.88	0.88	0.74	0.88
10	1	1	1	1	0.88	0.88	0.74	0.88
11	1	0	0	1	0.88	0	0	0.88
样本数	114	113	136	113	—	—	—	—

2. 段间隔时间和段起爆顺序对爆破振动速度的影响

完整的单段爆破地震波形应包括初震相、主震相和余震相。选择合适的段间隔时间可以避免爆破振动的叠加,随着毫秒延时间隔时间的增加,地面垂直振动速度的最大幅值将减小,当间隔时间进一步增加时,该值将增大,其后又将减小。在理想条件下合理选择段毫秒延时间隔时间,可以实现爆破振动速度的有效降低。

合理安排段间的起爆顺序也可起到避免爆破振动叠加和减小爆破振动速度的作用。掏槽炮采用跳段起爆顺序,既利于相邻两段振动的主震相分离,避免振动叠加,又利于为后排爆破创造更充分的临空面,减轻爆破夹制作用对振动的加强作用。

3. 爆破临空面的夹制条件对爆破振动速度的影响

不同爆破条件下测得的爆破振动速度的回归分析说明,爆破临空面夹制作用与爆破振动速度衰减经验公式中 K 值有一定的对应关系。在秦岭隧道Ⅰ线爆破时,Ⅱ线 3# 位置测得的径向振动速度如图 5-3 所示[16]。

由图 5-3 可知,在夹制作用最大的掏槽爆破条件下,式中 K 值最大;扩槽爆破 K 值次之;周边爆破 K 值最小。因为掏槽爆破中的临空面最少,只有一个掌子面,是在较大的夹制作用下的强抛掷爆破,所以导致较多的爆破能向岩体内部传播,造成临近隧道较大的爆破振动速度。在施工中底板眼一般有一定下插角度,且石渣向上抛掷,尤其是底板两侧靠近墙角的炮眼,临空面内折,夹制作用增大,因此

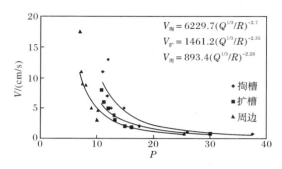

图 5-3　不同爆破条件下爆破振动速度衰减规律$(P=Q^{1/3}/R)$[16]

底板眼爆破时也会造成临近隧道较大的爆破振动速度。在爆破所处的其他条件基本相同时,随着爆破临空面夹制条件的减小,邻近隧道的爆破振动速度越大。

　　将直眼掏槽形式改成楔形掏槽、在掏槽时增加中空眼、增加空孔数量或增大空孔直径等措施都可以减小临空面的夹制作用。例如,对新库鲁塔格隧道全断面的掏槽形式做适当调整(图 5-4 和图 5-5),中空眼的设置可极好地减小掏槽爆破的夹制作用,从而有效减小爆破振动速度。

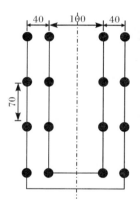 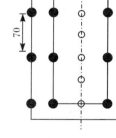

图 5-4　新库鲁塔格隧道全断面掏槽　　　图 5-5　修改后的全断面掏槽

　　以上分析表明,对爆破振动速度影响较大的因素主要是围岩级别、隧道间距、最大段装药量和炮眼布置。但在实际的隧道施工中,围岩级别、隧道间距都是既定的,很难改变,所以只能对隧道的爆破开挖形式做出调整,改变爆破参数,从而控制最大爆破振动速度。

5.2.6　影响既有隧道振动速度的关键性因素分析和控制方法

　　新建隧道爆破对既有隧道产生的振动与掏槽形式、单段装药量的多少、起爆顺序、周边眼的爆破方式、段间隔时间和爆破的规模、一次爆破的总药量等因素有关,采用爆破振动控制技术,结合新建隧道和既有隧道特点控制最大段装药量、段间隔时间、确定合理的爆破参数和对既有隧道最不利部位振动速度监测等措施的爆破振动控制技术,可以在一定程度上降低爆破振动。在近距离隧道的施工中,新建隧道爆破开挖将对既有隧道产生很大的影响。受影响最大的部位是先行洞的迎爆侧边墙,迎爆侧边墙峰值振动速度是背爆侧爆破峰值速度的十倍以上,也说明在施工过程中,迎爆侧边墙是爆破开挖控制的薄弱部位,应重点对迎爆侧水平方向速度进行监控,了解结构的力学状态,及时处理反馈信息。

通过对各级围岩爆破振动速度的研究分析,可得出以下结论:

(1)既有隧道衬砌迎爆面侧墙处,振动速度最大,其次是拱肩到拱顶和侧墙底部,背爆侧振动速度相对较小。

(2)在相同的工程条件下,围岩质量越好,爆破振动速度越大,围岩质量越差,爆破振动速度越小。由于实际的Ⅱ级段围岩进尺小,装药量小,实测Ⅱ级段围岩爆破振动速度小于Ⅲ级围岩爆破振动速度。

(3)爆破振动速度随最大装药量的增加而增大,由萨道夫斯基经验公式 $V=k(Q^{1/3}/R)^\alpha$ 可知,振动速度与装药量的 $\alpha/3$ 次幂成正比例关系。针对Ⅲ级围岩确定的系数为 $V=519(Q^{1/3}/R)^{2.08}$,即在其他条件相同的情况下,最大振动速度与最大装药量的 0.69 次幂成正比例关系,可见通过控制最大段装药量的方式来控制最大振动速度是非常有效的。

(4)爆破振动速度随测点与震源距离的增大而逐渐减小,根据Ⅲ级围岩爆破振动速度衰减公式 $V=519(Q^{1/3}/R)^{2.08}$,当与既有隧道间距大于 5 倍的开挖洞径时,衬砌振动对距离的敏感度降低,而隧道间距比较小时,衬砌振动对间距变化的敏感度很高。

(5)合理安排段间的起爆顺序也可起到避免爆破振动叠加和减小爆破振动速度的作用。掏槽炮采用跳段起爆顺序,既利于相邻两段振动的主震相分离,避免振动叠加,又利于为后排爆破创造更充分的临空面,减轻爆破夹制作用对振动的增强效应。

(6)爆破振动速度受爆破临空面的夹制条件的制约,在爆破所处的其他条件基本相同时,随着爆破临空面夹制条件的减小,越临近隧道的爆破振动速度越大。掏槽爆破引起的最大爆破振动速度最大,扩槽爆破次之,周边爆破 K 值最小。

(7)在最大振动速度增加相同的情况下,隧道衬砌内侧边缘应力比外侧边缘应力增长快。针对Ⅲ级围岩当最大振动速度小于 9.3cm/s(应力为 1.83MPa)时,在相同的振动速度下隧道衬砌外侧边缘应力要比内侧边缘产生的应力大。

(8)最大爆破振动速度出现在前三段的频率高达 69.85%~81.58%,因此为了降低最大爆破振动速度,对前三段的爆破进行控制,调整单段装药量。

合理的爆破设计如采用合理的间隔时间、掏槽布孔形式、掏槽位置起爆装药量、适当的光爆圈厚度等多项减振措施,可有效阻隔爆破能量的传递,显著降低爆破效应危害的范围及程度。通过大量的现场试验资料分析、理论研究和工程类比的方法,针对新库鲁塔格隧道施工产生的爆破振动速度进行全面分析。对临近隧道爆破振动速度阈值与控制方法提出如下几方面建议:

(1) 新库鲁塔格隧道所处围岩级别为Ⅱ~Ⅴ级,其中Ⅲ级围岩接近 50%,因此将Ⅲ级围岩钻爆开挖方式和爆破振动速度作为研究的重点。从实测振动速度进行分析,Ⅱ~Ⅴ级围岩掘进进尺控制在 2.5m 以下,既有隧道振动速度绝大多数在 7.0cm/s 以内,采用 3.0m 以上掘进进尺,需要采取一定的降低振动速度的措施。

(2) 研究表明,新库鲁塔格隧道目前采用的钻爆开挖方式对既有隧道(库鲁塔格隧道)的影响比较大,因此有必要对钻爆开挖方式做出适当调整,并在以后的施工中加强对爆破振动速度的监测,以指导施工作业。

(3) 通过对最大爆破振动速度进行统计可知,最大爆破速度出现在前三段的频率高达 69.85%~81.58%,因此应对前三段的爆破进行控制,通过调整炮眼布置形式、段装药量及掏槽形式等方法来减少最大段装药量和降低爆破的夹制作用,采用两部二级掏槽方式,加大拉槽长度,减少掏槽段的单段起爆药量,从而达到降低最大爆破振动速度目的。

(4) 一般情况下,对于Ⅲ级围岩,当最大爆破振动速度大于 10cm/s 时,可能会引起既有隧道的结构破坏;大于 7cm/s 时,会对既有隧道的运营情况产生一定程度的影响;大于 5cm/s 时,应关注围岩情况的变化,因为围岩的变化会对振动速度产生很大的影响。

(5) 在施工过程中,可按调整的钻爆参数选取试验段进行试爆开挖作业,同时要严格对爆破振动速度进行监测,并及时反馈,分析,调整钻爆参数,从而指导施工作业,实现对爆破振动速度的动态监控。

(6) 在采用钻爆法施工的 2.0m、2.5m、3.0m、3.5m、4.0m 不同爆破进尺工况下,分别对Ⅱ级、Ⅲ级、Ⅲ级(有导洞)、Ⅳ级围岩(有导洞)爆破振动的有限元进行爆破振动分析,得到既有隧道边墙的振动速度与衬砌内侧竖直方向边缘应力、隧道衬砌外侧竖直方向边缘应力的关系,结合《铁路隧道设计规范》C20 混凝土强度标准确定既有隧道爆破振动阈值为:Ⅱ级 9cm/s、Ⅲ级 10cm/s、Ⅳ级 7cm/s。

5.3 降低爆破振动的工程措施

掏槽炮孔布置是否合理,直接影响隧道开挖爆破效果。掏槽炮孔布置是所有炮孔在隧道断面中布置的前提和基础。垂直楔形掏槽是常用的一种掏槽形式,由于直眼掏槽钻爆方法要求钻孔密度大,精度高,一般还需要大临孔空,因此作业时间长是制约快速掘进的一个主要问题。隧道爆破不同于露天爆破,它只有一个自由面即开挖面,爆破效果的好坏取决于临空面的性质(大小、数量),就改善隧道整体爆破效果出发,必须通过掏槽方式人为地创造新的自由面(临空面),通常利用钻孔方式的不同,形成多种多样的临空面,最早最原始的方法是即发掏槽,即用多个相距甚密的垂直炮孔进行齐发爆破,这种掏槽方式炮孔利用率较低,可达孔深的 $60\%\sim70\%$,并且爆破产生的振动很大;楔形掏槽是由两排以上的相邻对称的倾斜炮孔组成,爆破后形成楔形的槽,槽可以分成水平楔形和垂直楔形掏槽两种形式。并根据开挖面节理裂隙发育程度以及走向分别采用水平楔形掏槽和垂直楔形掏槽(当存在水平层理时应用水平楔形掏槽),这类掏槽方式能提供较大区域的槽腔体积,有利于后续炮孔的爆破,提高循环进尺和炮孔利用率,减少炮孔数量。

新库鲁塔格隧道所处围岩级别为 Ⅱ～Ⅴ 级,其中Ⅲ级围岩接近 50%,因此将Ⅲ级围岩钻爆开挖方式和爆破振动速度作为研究的重点。主要是以减小掏槽爆破段药量,弱化掏槽位置岩体强度,加大拉槽的竖向长度,有效减小掘进眼、内圈眼、光爆眼(层)所产生的振动速度。

对新库鲁塔格隧道最大爆破振动速度的监测成果进行统计,发现最大爆破速度出现在前三段的几率高达 $69.85\%\sim81.58\%$,为了降低最大爆破振动速度,应对前三段的爆破进行控制,调整单段装药量,可以将原设计的一次掏槽改为二级复式掏槽的布置形式,以减少掏槽位置单段起爆药量,这是降低临近隧道的最大爆破振动速度非常有效的措施,从而通过调整前三段的最大装药量来控制既有隧道(库鲁塔格隧道)的最大爆破振动速度。

5.3.1　楔形掏槽级数的确定

在确定楔形掏槽级数时,首先要考虑的是循环进尺、同对掏槽孔间距、掏槽角以及由它们决定的最小抵抗线是否合理。当循环进尺小于 2.0m 时,如果采用单式楔形掏槽,只要掏槽角和同对炮孔间距合理,最小抵抗线能够满足爆破要求;当循环进尺增大时,掏槽爆破的夹制作用增大,此时只有采用多级楔形掏槽的分段爆破方法才能保证掏槽爆破效果[17]。

目前隧道爆破施工的设计循环进尺 L_0 大多为 $0.8\sim5.0m$。通过分析工程实例并结合隧道爆破设计原理,可按照循环进尺确定出楔形掏槽级数的划分原则:当 $8m\leqslant L_0\leqslant2.0m$ 时,为单楔形;当 $2.1m\leqslant L_0\leqslant3.6m$ 时,为二级复式楔形;当 $3.7m\leqslant L_0\leqslant5.0m$ 时,为三级复式楔形。

5.3.2　掏槽孔布置

因为本工程循环进尺为 3.0m,所以采用二级复式楔形掏槽炮孔布置。设隧

道宽为 B，掏槽中心轴线至隧道周边的最小距离为 b（当掏槽位置处于隧道正中间时，b 为隧道宽的一半）。

掏槽孔深 $L=L_0+\Delta L$，其中超深 $\Delta L=0.2\text{m}$。

外层掏槽孔深度 L_2 就是循环进尺要求的孔深 L，即

$$L_2 = L = L_0 + \Delta L = 3.0\text{m} + 0.2\text{m} = 3.2\text{m}$$

考虑到内层掏槽角小些，其爆破自由面条件相对较好，因而孔底抵抗线应比外层掏槽孔稍大，为此，内层掏槽孔深度 L_1 由下式给出：

$$L_1 = \begin{cases} L/2+\Delta L, & 10L \text{ 为偶数} \\ (L+0.1)/2+\Delta L, & 10L \text{ 为奇数} \end{cases} \tag{5.1}$$

$$L_1 = L/2+\Delta L = 3.2\text{m}/2 + 0.2\text{m} = 1.8\text{m}$$

设隧道同侧内外层掏槽孔孔口距为 c_1，二级复式楔形掏槽的几何关系如图5-6所示。

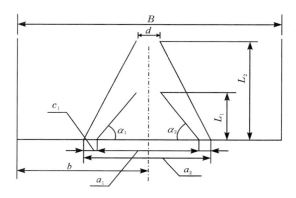

图 5-6　二级复式楔形掏槽炮孔布置

在搜索孔口位置时，须保证外层掏槽孔能满足施工钻杆长度要求，因而内层掏槽孔口位置最多只能在 $b/2-c_1$ 处。同单式楔形掏槽一样，在许可范围内应尽量缩小内层掏槽角，因此，与隧道侧墙距离较近的一侧，其掏槽孔的最远孔口位置应在 $b/2-c_1$ 处。

当 $b/2-c_1-d\leqslant0$ 时，不能布置楔形掏槽孔，系统需调整循环进尺或同侧内外层掏槽孔孔口距 c_1，d 为掏槽孔孔底控制间距，m。

当 $b/2-c_1-d>0$ 时，可以布置楔形掏槽孔，但需验证内层掏槽孔夹角是否合理，若不合理应做调整。

由于 $b/2-c_1-d=\dfrac{3.6}{2}-0.4-0.4>0$，因此可以布置楔形掏槽孔。

内层同对掏槽炮孔间距取 $a_1=1.8\text{m}$，同侧内外层掏槽孔孔口距取 $c_1=0.4\text{m}$。
按图 5-5 中的几何关系，内层掏槽孔深、孔口距、孔底距及炮孔倾角之间的关

系为

$$\alpha_1 = \arctan\frac{2L_1}{a_1 - d_0} = \arctan\frac{2\times1.8}{1.8-0.4} = 69° \tag{5.2}$$

同对外层掏槽孔间距由下式确定:

$$a_2 = a_1 + 2c_1 = 1.8\text{m} + 2\times0.4\text{m} = 2.6\text{m} \tag{5.3}$$

此时,外层掏槽角为

$$\alpha_2 = \arctan\frac{2L_2}{a_2 - d_0} = \arctan\frac{2\times3.2}{2.6-0.4} = 71° \tag{5.4}$$

其他的掘进眼、内圈眼、光爆眼的孔位、孔数、孔角、孔深、孔距、孔底等爆破参数,参照原设计布置,钻孔设计参数见表 5-17,爆破参数见表 5-18。空孔或有裂纹的空孔对炮孔周围初始径向裂纹的扩展有一定的引导作用,在掏槽孔位中心设置一排空孔,选在断面中央偏下部,设置一排空孔还可以在一定程度上减弱掏槽中心位置的岩体强度,从而达到降低爆破振动速度的目的。

表 5-17　Ⅲ级围岩钻孔参数表

炮眼参数	一级掏槽	二级掏槽	辅助眼	掘进眼	内圈眼	周边眼
炮眼长度/cm	193	338	309	304	301	301
炮眼角度/(°)	69	71	76	81	86	95
超深/cm	—	20	—	—	—	—

表 5-18　Ⅲ级围岩进尺 3.0m 爆破参数

序号	开挖方案	炮眼分类	炮眼数/个	雷管段数/段	炮眼长度/cm	炮眼角度/(°)	炮眼装药量			备注
							每孔药卷数/(卷/孔)	单孔装药量/(kg/孔)	合计药量/kg	
1	全断面	周边眼	50	MS15	300	90	6	0.9	45	—
2		内圈眼	30	MS13	301	86	7	1.05	31.5	
3		辅助眼	18	MS11	304	81	7	1.05	18.9	
4		辅助眼	16	MS9	309	76	7	1.05	16.8	
5		掏槽眼	6	MS7	338	71	6	1.2	7.2	
6		掏槽眼	4	MS5	338	71	8	1.2	4.8	
7		掏槽眼	6	MS3	193	69	5	0.75	4.5	
8		掏槽眼	6	MS1	193	69	5	0.75	4.5	
9		底板眼	10	MS11	300	90	7	1.05	10.5	
合计			—	—	—	—	—	—	143.7	

5.3.3　工法小结

通过工程类比和实测数据分析发现,影响爆破振动的主要因素中可控的是爆破参数,即掏槽形式、单段装药量的多少、起爆顺序、周边眼的爆破方式、段间隔时间和爆破的规模(掘进进尺)、一次爆破的总药量等是关键性因素,其中掏槽眼的布置形式和掏槽眼的单段装药量的多少对爆破振动速度影响最大。

根据岩性、围岩类别、断面的大小针对Ⅲ级围岩(无导洞)选用两部双级斜眼楔形掏槽,见图 5-7,两对槽眼应对称巷道中线距底板 1.0m 高向上竖直布置,间距0.8m,二级掏槽眼必须比其他眼超深 0.2mm。槽眼排距 0.4m 成对炮眼底距控制为 0.4m,与工作面夹角确定为 71°。新布置的楔形复式,空孔直眼共 5 个,外侧两个,中心一个共三个空眼仅在底部装 1-2 卷药起爆,布置在 MS7 段起爆,其主要作用是将第一部、第二部掏槽爆后的岩碴再次抛出,为其后段药包的爆破创造出了更为有利的自由面。弥补了炮眼同深度分阶分段掏槽不利于创造大的自由面而引起炸药单耗增大的不足之处,因此既有利于提高炮孔利用率又有利于提高爆破效果形成竖向长条的槽腔,这种竖向长条的槽腔其中一侧的辅助眼、内圈眼、周边眼形成良好的减震槽,同时可以有效地降低辅助眼、内圈眼、周边眼爆破的夹制作用。

针对Ⅲ级围岩有导坑的情况,也对Ⅲ级围岩有导坑的钻爆方法(爆破参数)进行了相应调整,具体情况见图 5-8。改进前钻爆方式 MS5 段为靠近导坑部位和拱腰部位同时起爆,段装药量比较大,尤其是拱腰部位的炮孔临空面夹制条件较大,造成较大的爆破振动速度,而且这样的起爆顺序也没有充分利用先导这一有利条件。调整后的起爆顺序和炮眼布置完全利用先导,先起爆距离先导最近的部位,然后向斜上方层层推进,最后成洞,从而减小了临空面的夹制条件,起到了降低最大振动速度的目的。

钻孔参数和爆破参数如表 5-19～表 5-21 所示。

对于Ⅱ和Ⅳ围岩钻爆施工,由实测的最大爆破振动可知,在Ⅳ级围岩爆破施工中最大振动速度基本满足＜7cm/s 的要求,因此仍按现行爆破参数施工,不必对爆破参数进行大的调整,但在接近Ⅳ级以下围岩 10m 范围内应采用调整后的Ⅱ或Ⅲ级围岩钻爆参数进行钻爆施工作业。

Ⅱ级围岩测得的最大爆破振动速度值比较大,爆破施工工艺应该进行相应的调整。参照Ⅲ级围岩爆破参数进行钻爆设计,通过将一次掏槽改为两部二级复式掏槽的形式,将一次掏槽起爆次序分两步进行,从而有效降低最大段装药量;充分利用先导掏槽的这一有利条件,减小临空面的夹制作用,由距离先导掏槽最近的部位逐步向远处推进,最终成洞等,这些都是降低最大爆破振动速度的有效措施,具体参见Ⅲ级围岩的调整。通过调整爆破参数和振动速度监测数据综合分析加大循环进尺的可行性。在钻爆参数调整过程中,应加强对最大爆破振动的监控,及时反馈分析,以指导具体施工。确保最大爆破振动速度在可控范围之内,从而保证施工安全。

降低新建隧道对既有隧道引起的爆破振动速度关键性技术措施如下:

(1)隧道内最大振动速度随最大段装药量的增加而增大,通过调整最大段装药量,将一次爆破较多的炮孔分成较多段按顺序起爆,将一次掏槽改为两步二级复式掏槽的形式,从而减少单段起爆药量,特别是减少掏槽位置的单段起爆药量,是降低临近隧道的最大爆破振动速度非常有效的措施。

(2)最大爆破速度出现在前三段的频率大,因此为了降低最大爆破振动速度,对掏槽位置的单段起爆药量进行控制,调整单段装药量,使掏槽位置的单段起爆装药量均小于 7.5kg。

(3)掏槽起爆次序分两步进行,先起爆掏槽上部眼,然后起爆掏槽下部眼,这样就降低了一次起爆的药量,能使爆破产生的振动波速度低于一部掏槽一次起爆时的振动速度峰值。

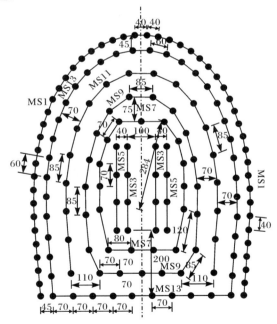

(a)Ⅲ级围岩无导洞原炮眼布置图

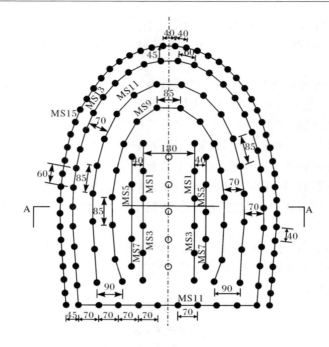

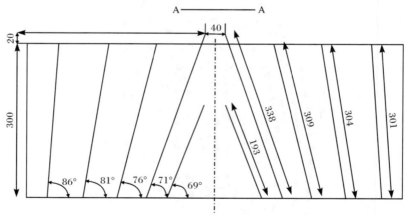

（b）Ⅲ级围岩无导洞改进后炮眼布置图

图 5-7　无导洞炮眼布置图

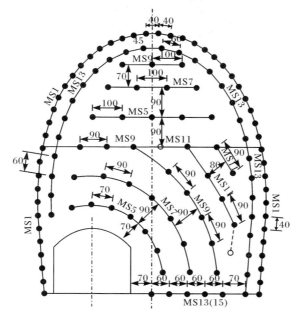

（a）Ⅲ级围岩有导洞原炮眼布置图

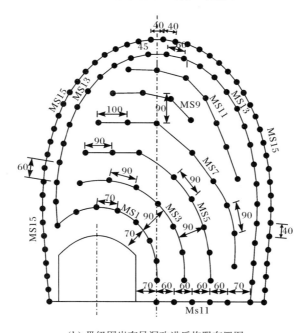

（b）Ⅲ级围岩有导洞改进后炮眼布置图

图 5-8　有导洞炮眼布置图

表 5-19　钻孔参数表

炮眼参数	一级掏槽	二级掏槽	辅助眼	掘进眼	内圈眼	周边眼
炮眼长度/cm	193	338	309	304	301	301
炮眼角度/(°)	69	71	76	81	86	95
超深/cm	—	20	—	—	—	—

表 5-20　Ⅲ级围岩有导洞原炮眼和改进后炮眼参数表

(a)

序号	上下台阶	炮眼分类	炮眼数/个	雷管段数/段	炮眼长度/cm	每孔药卷数/(卷/孔)	单孔装药量/(kg/孔)	合计药量/kg	备注
1	上导坑	周边眼	26	MS1	300	3	0.45	11.7	—
2		内圈眼	16	MS13		4	0.60	9.60	
3		掘进眼	5	MS5		9	1.35	6.75	
4			4	MS7		8	1.20	4.80	
5			3	MS9		7	1.05	3.15	
6		合计	54	—	—	—	—	36	
7	下导坑	周边眼	22	MS1	300	3	0.45	9.9	
8		内圈眼	11	MS13		4	0.60	6.6	
9		扩槽眼	7	MS5		8	1.20	8.4	
10		掘进眼	7	MS7		7	1.05	7.35	
11			8	MS9		6	0.90	7.2	
12			6	MS11		6	0.90	5.4	
13			—	—		—	—	—	
14		底板眼	8	MS13		9	1.35	10.8	
15		合计	69					55.65	
	合计		123	—	—	—	—	91.65	

(b)

序号	开挖方案	炮眼分类	炮眼数/个	雷管段数/段	炮眼长度/cm	炮眼装药量			备注
						每孔药卷数/(卷/孔)	单孔装药量/(kg/孔)	合计药量/kg	
1	全断面	周边眼	50	MS15	300	3	0.45	22.5	—
2		内圈眼	26	MS13		4	0.60	15.6	
3		掘进眼	7	MS11		6	0.9	6.3	
4			4	MS9		6	0.9	3.6	
5			8	MS7		6	0.9	7.2	
6			8	MS5		7	1.05	8.4	
7			7	MS3		7	1.05	7.35	
8			8	MS1		7	1.05	8.4	
9		底板眼	6	MS11		8	1.20	7.2	
合计			124	—	—	—	—	86.55	

表 5-21　Ⅲ级围岩无导洞原炮眼和改进后炮眼参数表

(a)

序号	开挖方案	炮眼分类	炮眼数/个	雷管段数/段	炮眼长度/cm	炮眼装药量			备注
						每孔药卷数/(卷/孔)	单孔装药量/(kg/孔)	合计药量/kg	
1	全断面	周边眼	46	MS1	300	6	0.9	41.4	—
2		内圈眼	28	MS13		7	1.05	29.4	
3		掏槽眼	8	MS3		9	1.35	10.8	
4			8	MS5		9	1.35	10.8	
5		掘进眼	13	MS7		7	1.05	13.65	
6			19	MS9		7	1.05	13.65	
7			18	MS11	—	7	1.05	13.65	
8		底板眼	10	MS13	—	10	1.5	15	
合计			150	—	—	—	—	148.35	

(b)

序号	开挖方案	炮眼分类	炮眼数/个	雷管段数/段	炮眼长度/cm	炮眼装药量			备注
						每孔药卷数/(卷/孔)	单孔装药量/(kg/孔)	合计药量/kg	
1	全断面	周边眼	50	MS15	300	6	0.9	45	—
2		内圈眼	30	MS13	301	7	1.05	31.5	
3		辅助眼	18	MS11	304	7	1.05	18.9	
4		辅助眼	16	MS9	309	7	1.05	16.8	
5		掏槽眼	6	MS7	338	8	1.2	7.2	
6		掏槽眼	4	MS5	338	8	1.2	4.8	
7		掏槽眼	6	MS3	193	5	0.75	4.5	
8		掏槽眼	6	MS1	193	5	0.75	4.5	
9		底板眼	10	MS11	300	7	1.05	10.5	
合计			124	—	—	—		143.7	

参 考 文 献

[1] 龚建伍,夏才初,郑志东,等.鹤上三车道小净距隧道爆破振动测试与分析[J].岩石力学与工程学报,2007,26(9):1882-1887.

[2] 史雅语,刘慧.招宝山超小净距隧道开挖爆破技术[J].工程爆破,1997,3(4):31-36.

[3] 郗庆桃.梧桐山隧道爆破振动控制技术措施[J].世界隧道,1999,(4):45-53.

[4] 张正伟.增建二线小间距隧道爆破施工技术[J].隧道与地下工程,2008,2:63-66.

[5] 孙芳强.新蛇皮沟隧道施工对既有隧道的稳定性影响研究[D].西安:长安大学硕士学位论文,2006.

[6] 李昌鸿.小净距二线隧道爆破施工控制[J].石家庄铁路职业技术学院学报,2005,4(4):36-39.

[7] 叶培旭,杨新安,凌保林,等.近距离交叉隧洞爆破对既有隧道的振动影响[J].岩土力学,2011,32(2):537-541.

[8] 林从谋,陈礼彪,蒋丽丽,等.高速公路扩建大断面特小净距隧道爆破稳定控制技术研究[J].岩石力学与工程学报,2010,29(7):1371-1378.

[9] 钟祖良,刘新荣,梁宁慧,等.质点振动速度与主振频率在爆破监测中的应用[J].重庆建筑大学学报,2006,28(4):38-41.

[10] 陶颂霖.爆破工程[M].北京:冶金工业出版社,1979.

[11] 吴德伦.工程爆破安全振动速度综合研究[J].岩石力学与工程学报,1997,16(3):266-273.

[12] 中华人民共和国国家标准.爆破安全规程(GB 6722—2011)[S].北京:中国标准出版社,2011.

[13] 中华人民共和国行业标准.铁路隧道设计规范(TB 10003-2005 J449-2005)[S].北京:中国铁道出版社,2005.

[14] 朱瑞赓等.爆破地震波作用下岩石隧道的临界震动速度[A].土岩爆破文集(第二辑)北京:冶金工业出版社,1985,7:285-291.

[15] 刘慧,史雅语,冯叔瑜.招宝山超小净间距双线隧道控制爆破监测[J].爆破,1997,14(4):25-28.

[16] 彭道富,李忠献,杨年华.近距离爆破对既有隧道的振动影响[J].中国铁道科学,2005,26(4):73-76.

[17] 谢飞鸿.爆破工程[M].兰州:兰州大学出版社,2005.

附录 A Ⅱ级围岩爆破振动有限元数值模拟结果

1. 衬砌振动速度(图 A-1～图 A-20,表 A-1)

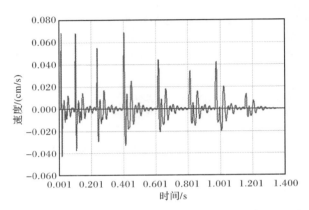

图 A-1 2.5m 进尺迎爆侧边墙高 0.45m 处速度时程曲线

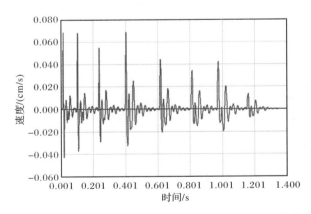

图 A-2 2.5m 进尺迎爆侧边墙高 3.6m 处速度时程曲线

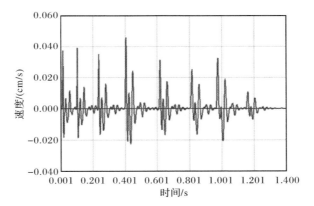

图 A-3　2.5m进尺迎爆侧拱顶速度时程曲线

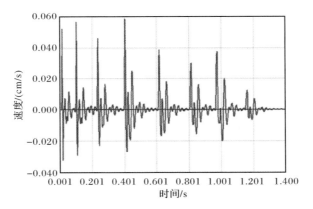

图 A-4　2.5m进尺迎爆侧拱腰速度时程曲线

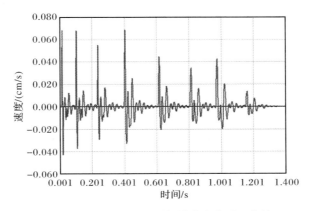

图 A-5　2.5m进尺迎爆侧拱脚速度时程曲线

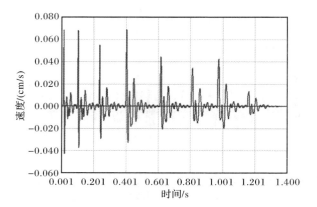

图 A-6　2.5m 进尺迎爆侧墙腰速度时程曲线

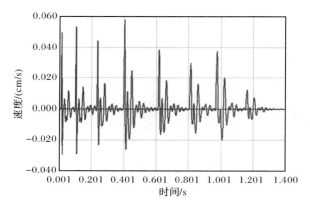

图 A-7　2.5m 进尺迎爆侧墙脚速度时程曲线

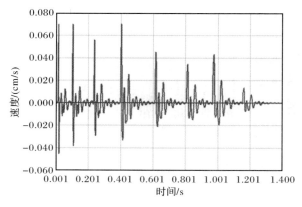

图 A-8　2.5m 进尺迎爆侧最大振动速度点的速度时程曲线($V_{max}=7.013$cm/s)

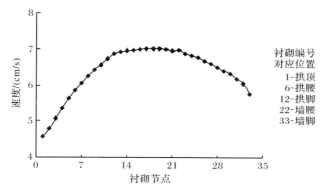

图 A-9　2.5m 进尺迎爆侧各节点最大振动速度曲线

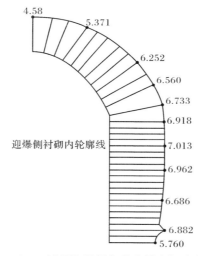

图 A-10　2.5m 进尺迎爆侧各节点最大振动速度分布

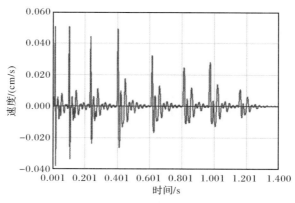

图 A-11　1.5m 进尺迎爆侧最大振动速度点的速度时程曲线($V_{\max}=5.088\mathrm{cm/s}$)

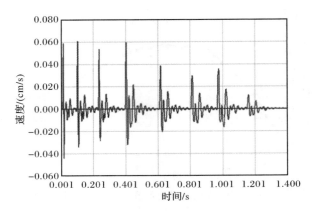

图 A-12　2.0m 进尺迎爆侧最大振动速度点的速度时程曲线($V_{max} = 6.091 \text{cm/s}$)

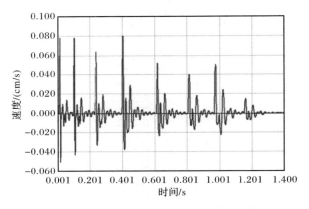

图 A-13　3.0m 进尺迎爆侧最大振动速度点的速度时程曲线($V_{max} = 8.015 \text{cm/s}$)

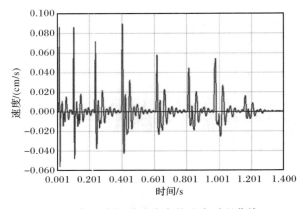

图 A-14　3.5m 进尺迎爆侧最大振动速度点的速度时程曲线($V_{max} = 9.005 \text{cm/s}$)

表 A-1 各工况迎爆侧振动速度最大值

进尺/m	振动速度/(cm/s)							
	最大振动速度点	边墙高0.45m	边墙高3.6m	拱顶	拱腰	拱脚	墙腰	墙脚
1.5	5.088	4.352	5.068	3.214	4.153	3.214	5.011	4.049
2.0	6.091	5.263	6.055	3.885	4.982	5.966	6.001	4.897
2.5	7.013	6.882	6.984	4.580	5.858	6.867	6.984	5.760
3.0	8.015	7.081	7.982	5.235	6.696	7.849	7.917	6.583
3.5	9.005	7.955	8.895	5.881	7.523	8.818	8.895	8.818

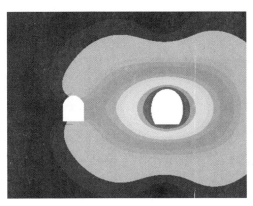

图 A-15 2.5m进尺荷载最大时刻水平方向振动速度云图

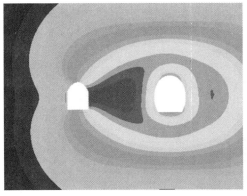

图 A-16 1.5m进尺振动速度最大时刻水平方向振动速度云图

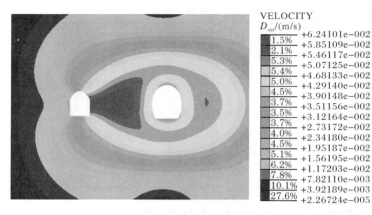

图 A-17　2.0m 进尺振动速度最大时刻水平方向振动速度云图

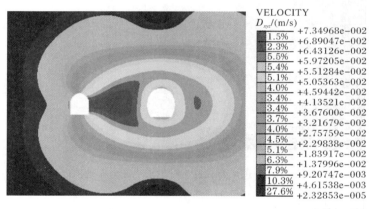

图 A-18　2.5m 进尺振动速度最大时刻水平方向振动速度云图

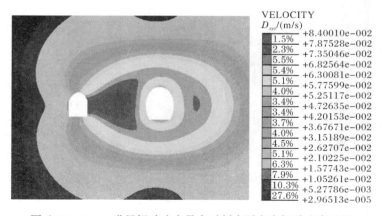

图 A-19　3.0m 进尺振动速度最大时刻水平方向振动速度云图

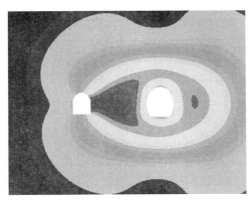

VELOCITY
D_{xyz}/(m/s)

1.5%	+9.43720e−002
2.3%	+8.84758e−002
5.5%	+8.25796e−002
5.4%	+7.66834e−002
5.1%	+7.07872e−002
4.0%	+6.48909e−002
3.4%	+5.89947e−002
3.4%	+5.30985e−002
3.7%	+4.72023e−002
4.0%	+4.13061e−002
4.5%	+3.54099e−002
5.1%	+2.95137e−002
6.3%	+2.36175e−002
7.9%	+1.77213e−002
10.3%	+1.18251e−002
27.6%	+5.92885e−003
	+3.26414e−005

图 A-20   3.5m 进尺振动速度最大时刻水平方向振动速度云图

2. 最大位移（图 A-21，图 A-22，表 A-2）

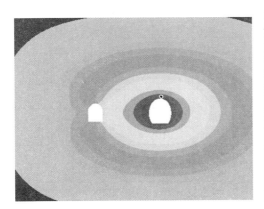

DISPLACEMENT
D_x/m

2.2%	+9.64049e−004
3.0%	+9.30989e−004
3.2%	+8.97929e−004
4.2%	+8.64870e−004
4.3%	+8.31810e−004
4.1%	+7.98750e−004
4.7%	+7.65691e−004
5.3%	+7.32631e−004
6.3%	+6.99571e−004
7.8%	+6.66511e−004
7.5%	+6.33452e−004
8.0%	+6.00392e−004
8.8%	+5.67332e−004
10.3%	+5.34272e−004
14.7%	+5.01213e−004
5.7%	+4.68153e−004
	+4.35093e−004

图 A-21   2.5m 进尺迎爆侧位移最大时刻水平方向位移云图

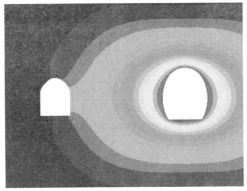

DISPLACEMENT
D_{xyz}/m

0.7%	+4.77373e−004
1.9%	+4.56661e−004
2.1%	+4.35949e−004
2.1%	+4.15237e−004
2.2%	+3.94525e−004
2.2%	+3.73813e−004
2.3%	+3.53101e−004
2.2%	+3.32389e−004
2.3%	+3.11677e−004
2.4%	+2.90965e−004
2.8%	+2.70253e−004
3.0%	+2.49541e−004
4.5%	+2.28829e−004
4.4%	+2.08117e−004
6.5%	+1.87405e−004
58.3%	+1.66693e−004
	+1.45981e−004

图 A-22   2.5m 进尺荷载最大时刻 0.403s 水平方向位移云图

表 A-2 各工况下迎爆侧各节点位移值

衬砌位置	节点	位移/mm									
		1.5m 进尺		2.0m 进尺		2.5m 进尺		3.0m 进尺		3.5m 进尺	
		U_x	U_z	U_x	U_z	U_x	U_z	U_x	U_z	U_x	U_z
拱顶	13440	0.49	0.02	0.61	0.03	0.75	0.03	0.87	0.04	1.00	0.04
拱腰上部	13441	0.49	0.02	0.62	0.03	0.76	0.03	0.88	0.04	1.01	0.04
	13442	0.50	0.02	0.62	0.03	0.77	0.03	0.89	0.03	1.02	0.04
	13443	0.50	0.02	0.63	0.03	0.77	0.03	0.90	0.03	1.03	0.04
	13444	0.51	0.02	0.64	0.02	0.78	0.03	0.91	0.03	1.05	0.03
拱腰	13445	0.51	0.02	0.64	0.02	0.79	0.03	0.92	0.03	1.06	0.03
拱腰下部	13446	0.52	0.02	0.65	0.02	0.80	0.02	0.93	0.03	1.07	0.03
	13447	0.53	0.02	0.66	0.02	0.81	0.02	0.94	0.02	1.08	0.03
	13448	0.53	0.01	0.66	0.02	0.81	0.02	0.95	0.02	1.09	0.02
	13449	0.53	0.01	0.67	0.01	0.82	0.02	0.95	0.02	1.09	0.02
拱脚	13450	0.54	0.01	0.67	0.01	0.83	0.01	0.96	0.02	1.10	0.02
墙顶	13283	0.54	0.01	0.68	0.01	0.83	0.01	0.97	0.01	1.11	0.01
墙腰上部	13284	0.54	0.01	0.68	0.01	0.83	0.01	0.97	0.01	1.11	0.01
	13285	0.54	0.00	0.68	0.01	0.83	0.01	0.97	0.01	1.11	0.01
	13286	0.54	0.00	0.68	0.00	0.83	0.01	0.97	0.01	1.11	0.01
	13287	0.54	0.00	0.68	0.00	0.84	0.00	0.97	0.00	1.11	0.01
	13288	0.54	0.00	0.68	0.00	0.84	0.00	0.97	0.00	1.11	0.00
	13289	0.54	0.01	0.68	0.01	0.84	0.01	0.97	0.01	1.11	0.01
	13290	0.54	0.01	0.68	0.01	0.84	0.01	0.97	0.01	1.11	0.01
	13291	0.54	0.01	0.68	0.01	0.84	0.02	0.97	0.02	1.11	0.02
	13292	0.54	0.01	0.68	0.02	0.83	0.02	0.97	0.02	1.11	0.03
墙腰	13293	0.54	0.02	0.68	0.02	0.83	0.02	0.97	0.03	1.11	0.03
墙腰下部	13294	0.54	0.02	0.68	0.02	0.83	0.03	0.97	0.03	1.11	0.04
	13295	0.54	0.02	0.68	0.03	0.83	0.03	0.96	0.04	1.11	0.04
	13296	0.54	0.03	0.67	0.03	0.83	0.04	0.96	0.04	1.11	0.05
	13297	0.54	0.03	0.67	0.04	0.83	0.04	0.96	0.05	1.10	0.05
	13298	0.54	0.03	0.67	0.04	0.82	0.05	0.96	0.05	1.10	0.06
	13299	0.53	0.03	0.67	0.04	0.82	0.05	0.95	0.06	1.09	0.06
	13300	0.53	0.04	0.67	0.05	0.82	0.05	0.95	0.06	1.09	0.07
	13301	0.53	0.04	0.66	0.05	0.81	0.06	0.94	0.07	1.08	0.07
	13302	0.53	0.04	0.66	0.05	0.81	0.06	0.94	0.07	1.08	0.08
	13303	0.52	0.04	0.65	0.05	0.80	0.06	0.93	0.07	1.07	0.08
墙脚	13304	0.51	0.04	0.64	0.05	0.79	0.06	0.92	0.07	1.06	0.08

3. 应力(图 4-23～图 4-37,表 A-3～表 A-7)

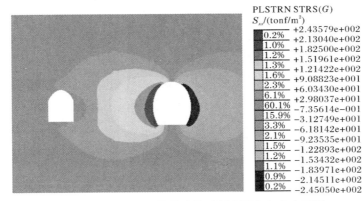

图 A-23　2.5m 进尺荷载峰值时刻水平方向应力云图

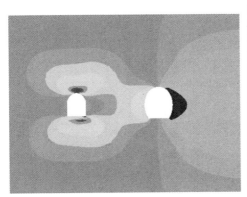

图 A-24　2.5m 进尺拱顶应力峰值时刻水平方向应力 σ_x 云图

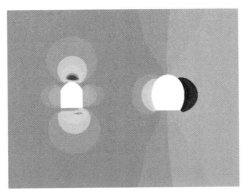

图 A-25　2.5m 进尺拱顶应力峰值时刻竖直方向应力 σ_z 云图

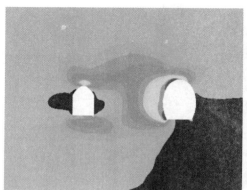

LO-PLSTRN STRESS
$P_1/(tonf/m^2)$

0.1%	+2.48805e+002
0.3%	+2.33593e+002
0.8%	+2.18380e+002
0.9%	+2.03168e+002
1.0%	+1.87955e+002
1.3%	+1.72743e+002
1.7%	+1.57530e+002
2.4%	+1.42318e+002
3.5%	+1.27105e+002
4.4%	+1.11893e+002
5.0%	+9.66802e+001
6.9%	+8.14676e+001
15.7%	+6.62551e+001
26.4%	+5.10426e+001
24.8%	+3.58301e+001
4.8%	+2.06176e+001
	+5.40504e+000

图 A-26　2.5m 进尺最大主应力 σ_1 云图

表 A-3　2.5m 进尺拱顶应力峰值时刻衬砌应力

衬砌位置	单元	应力/MPa					
		σ_1	σ_2	σ_3	σ_x	σ_y	σ_z
拱顶	13901	1.854	0.313	−0.374	1.840	0.313	0.117
拱腰上部	13902	1.809	0.306	−0.331	1.717	0.306	0.194
	13903	1.597	0.268	−0.254	1.400	0.268	0.273
	13904	1.301	0.214	−0.197	1.033	0.214	0.311
	13905	1.044	0.171	−0.150	0.752	0.171	0.319
拱腰	13906	0.802	0.131	−0.113	0.529	0.125	0.287
拱腰下部	13907	0.559	0.089	−0.098	0.344	0.089	0.219
	13908	0.337	−0.067	−0.137	0.198	0.051	0.138
	13909	0.198	−0.061	−0.194	0.097	−0.040	−0.194
	13910	0.200	−0.065	−0.382	−0.056	−0.065	−0.382
拱脚	13911	0.269	−0.120	−0.681	−0.067	−0.120	−0.681
墙顶	13740	0.291	−0.143	−0.842	−0.055	−0.143	−0.842
墙腰上部	13741	0.258	−0.132	−0.804	−0.024	−0.132	−0.804
	13742	0.239	−0.128	−0.783	−0.019	−0.128	−0.783
	13743	0.228	−0.125	−0.773	−0.017	−0.125	−0.773
	13744	0.221	−0.124	−0.768	−0.016	−0.124	−0.768
	13745	0.217	−0.124	−0.765	−0.016	−0.124	−0.765
	13746	0.214	−0.123	−0.762	−0.015	−0.123	−0.762
	13747	0.212	−0.123	−0.759	−0.015	−0.123	−0.759
	13748	0.211	−0.122	−0.755	−0.015	−0.122	−0.755
墙腰	13749	0.210	−0.121	−0.750	−0.015	−0.121	−0.750

续表

衬砌位置	单元	应力/MPa					
		σ_1	σ_2	σ_3	σ_x	σ_y	σ_z
墙腰下部	13750	0.210	−0.120	−0.742	−0.015	−0.120	−0.742
	13751	0.209	−0.119	−0.733	−0.014	−0.119	−0.733
	13752	0.210	−0.117	−0.722	−0.014	−0.117	−0.722
	13753	0.210	−0.114	−0.707	−0.013	−0.114	−0.707
	13754	0.212	−0.111	−0.687	−0.012	−0.111	−0.687
	13755	0.213	−0.106	−0.660	−0.011	−0.106	−0.660
	13756	0.216	−0.100	−0.621	0.010	−0.100	−0.621
	13757	0.219	−0.091	−0.565	0.010	−0.091	−0.565
	13758	0.224	−0.075	−0.489	0.038	−0.075	−0.489
	13759	0.242	−0.058	−0.369	0.037	−0.058	−0.369
墙脚	13760	0.974	0.275	−0.350	0.938	0.188	−0.350

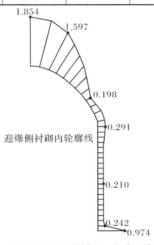

图 A-27   2.5m 进尺迎爆侧 σ_1 分布(单位:MPa)

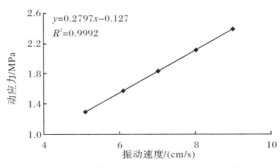

$y=0.2797x-0.127$
$R^2=0.9992$

图 A-28   拱部应力-振动速度关系曲线

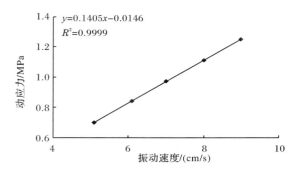

图 A-29　边墙应力-振动速度关系曲线

表 A-4　各工况迎爆侧各单元第一主应力 σ_1

衬砌位置	单元	主应力 σ_1/MPa				
		1.5m 进尺	2.0m 进尺	2.5m 进尺	3.0m 进尺	3.5m 进尺
拱顶	13901	1.289	1.571	1.854	2.119	2.380
拱腰上部	13902	1.202	1.531	1.809	2.067	2.322
	13903	0.980	1.351	1.597	1.826	2.051
	13904	0.724	1.104	1.301	1.487	1.671
	13905	0.530	0.889	1.044	1.194	1.341
拱腰	13906	0.373	0.683	0.802	0.917	1.030
拱腰下部	13907	0.242	0.476	0.559	0.639	0.718
	13908	0.141	0.288	0.337	0.384	0.430
	13909	0.069	0.171	0.198	0.224	0.250
	13910	−0.044	0.179	0.200	0.228	0.256
拱脚	13911	−0.048	0.237	0.269	0.307	0.345
墙顶	13740	0.212	0.257	0.291	0.333	0.374
墙腰上部	13741	0.188	0.228	0.258	0.295	0.331
	13742	0.175	0.212	0.239	0.273	0.307
	13743	0.167	0.202	0.228	0.261	0.293
	13744	0.163	0.196	0.221	0.253	0.284
	13745	0.159	0.193	0.217	0.248	0.279
	13746	0.157	0.190	0.214	0.245	0.275
	13747	0.156	0.188	0.212	0.243	0.273
	13748	0.155	0.187	0.211	0.241	0.271
墙腰	13749	0.154	0.187	0.210	0.240	0.270

续表

衬砌位置	单元	主应力 σ_1/MPa				
		1.5m 进尺	2.0m 进尺	2.5m 进尺	3.0m 进尺	3.5m 进尺
墙腰下部	13750	0.154	0.186	0.210	0.240	0.269
	13751	0.154	0.186	0.209	0.239	0.269
	13752	0.154	0.186	0.210	0.240	0.269
	13753	0.154	0.186	0.210	0.240	0.270
	13754	0.155	0.187	0.212	0.242	0.272
	13755	0.156	0.189	0.213	0.244	0.274
	13756	0.158	0.190	0.216	0.247	0.277
	13757	0.160	0.193	0.219	0.250	0.281
	13758	0.166	0.200	0.224	0.256	0.287
	13759	0.184	0.221	0.242	0.276	0.310
墙脚	13760	0.699	0.841	0.974	1.113	1.251

表 A-5　各工况衬砌最大主应力及最大振动速度

进尺/m	拱圈		边墙	
	σ_1/MPa	V_{max}/(cm/s)	σ_1/MPa	V_{max}/(cm/s)
1.5	1.289	5.088	0.699	5.088
2.0	1.571	6.091	0.841	6.091
2.5	1.854	7.013	0.974	7.013
3.0	2.119	8.015	1.110	8.015
3.5	2.380	9.005	1.250	9.005

图 A-30　2.5m 进尺加载峰值时刻水平方向应变 ε_x 云图

图 A-31 2.5m 进尺拱顶应力峰值时刻水平方向应变 ε_x 云图

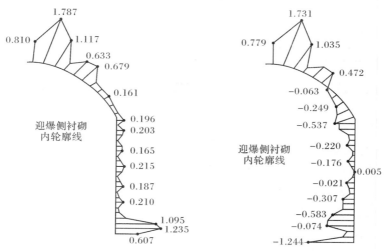

图 A-32 进尺 2.5m 时衬砌内侧动
应力(单位:MPa)

图 A-33 进尺 2.5m 时衬砌内侧
动静叠加应力(单位:MPa)

表 A-6 不同爆破进尺工况下衬砌内侧动、静应力叠加结果(单位:MPa)

衬砌位置	单元	静力	进尺 1.5m		进尺 2.0m		进尺 2.5m		进尺 3.0m		进尺 3.5m	
			动力	静+动	动力	静+动	动力	静+动	动力	静+动	动力	静+动
拱顶	13901	−0.03	0.57	0.54	0.69	0.65	0.81	0.78	0.75	0.89	1.04	1.01
拱腰上部	13902	−0.06	1.25	1.20	1.51	1.46	1.79	1.73	1.65	1.99	2.29	2.24
	13903	−0.08	0.78	0.70	0.94	0.86	1.12	1.03	1.03	1.19	1.43	1.35
	13904	−0.11	0.22	0.11	0.26	0.16	0.31	0.21	0.29	0.25	0.40	0.29
	13905	−0.15	0.45	0.30	0.54	0.39	0.63	0.48	0.59	0.57	0.81	0.66

续表

衬砌位置	单元	静力	进尺 1.5m		进尺 2.0m		进尺 2.5m		进尺 3.0m		进尺 3.5m	
			动力	静+动	动力	静+动	动力	静+动	动力	静+动	动力	静+动
拱腰	13906	−0.21	0.48	0.27	0.58	0.37	0.68	0.47	0.63	0.57	0.87	0.66
拱腰下部	13907	−0.27	0.15	−0.12	0.18	−0.09	0.21	−0.06	0.19	−0.03	0.27	−0.00
	13908	−0.34	0.11	−0.22	0.13	−0.20	0.16	−0.18	0.15	−0.16	0.20	−0.13
	13909	−0.41	0.12	−0.29	0.14	−0.27	0.16	−0.25	0.15	−0.23	0.20	−0.21
	13910	−0.51	0.10	−0.41	0.12	−0.39	0.13	−0.37	0.12	−0.36	0.17	−0.34
	13911	−0.63	0.07	−0.56	0.08	−0.55	0.09	−0.54	0.09	−0.52	0.12	−0.51
拱脚	13740	−0.61	0.14	−0.47	0.17	−0.44	0.20	−0.42	0.18	−0.39	0.25	−0.36
边墙上部	13741	−0.47	0.03	−0.44	0.03	−0.44	0.04	−0.43	0.03	−0.43	0.05	−0.42
	13742	−0.37	0.15	−0.22	0.18	−0.18	0.20	−0.16	0.19	−0.13	0.26	−0.10
	13743	−0.29	0.12	−0.18	0.14	−0.15	0.16	−0.13	0.15	−0.11	0.21	−0.09
	13744	−0.25	0.02	−0.23	0.02	−0.22	0.03	−0.22	0.03	−0.22	0.04	−0.21
	13745	−0.22	0.12	−0.10	0.14	−0.08	0.16	−0.06	0.15	−0.04	0.20	−0.02
	13746	−0.21	0.12	−0.08	0.15	−0.06	0.17	−0.04	0.16	−0.02	0.21	0.01
	13747	−0.20	0.02	−0.18	0.02	−0.18	0.03	−0.18	0.02	−0.17	0.03	−0.17
	13748	−0.20	0.10	−0.11	0.12	−0.09	0.13	−0.07	0.13	−0.05	0.17	−0.03
	13749	−0.21	0.16	−0.05	0.19	−0.02	0.21	0.00	0.20	0.04	0.28	0.07
墙腰	13750	−0.22	0.13	−0.09	0.15	−0.07	0.17	−0.05	0.16	−0.02	0.22	0.00
边墙下部	13751	−0.24	0.02	−0.22	0.02	−0.21	0.03	−0.21	0.03	−0.21	0.03	−0.20
	13752	−0.26	0.09	−0.17	0.11	−0.15	0.13	−0.13	0.12	−0.11	0.16	−0.10
	13753	−0.29	0.14	−0.16	0.17	−0.13	0.19	−0.11	0.18	−0.08	0.24	−0.05
	13754	−0.34	0.03	−0.32	0.03	−0.31	0.04	−0.31	0.03	−0.30	0.05	−0.30
	13755	−0.41	0.08	−0.33	0.10	−0.32	0.11	−0.30	0.10	−0.29	0.14	−0.27
	13756	−0.51	0.15	−0.36	0.19	−0.32	0.21	−0.30	0.20	−0.27	0.27	−0.24
	13757	−0.64	0.04	−0.60	0.05	−0.59	0.06	−0.58	0.05	−0.57	0.07	−0.57
	13758	−0.81	0.06	−0.75	0.08	−0.73	0.09	−0.72	0.08	−0.71	0.11	−0.70
	13759	−1.02	0.21	−0.81	0.25	−0.77	0.28	−0.74	0.27	−0.70	0.36	−0.66
墙脚	13760	−1.26	0.74	−0.52	0.90	−0.36	1.10	−0.16	1.00	−0.01	1.41	0.15
	13761	−1.55	0.87	−0.68	1.05	−0.50	1.23	−0.32	1.14	−0.14	1.59	0.04
	13762	−1.85	0.46	−1.39	0.56	−1.29	0.61	−1.24	0.75	−1.10	0.85	−1.00

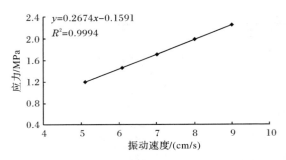

图 A-34　不同工况下衬砌内侧边缘拉应力与最大振动速度关系曲线

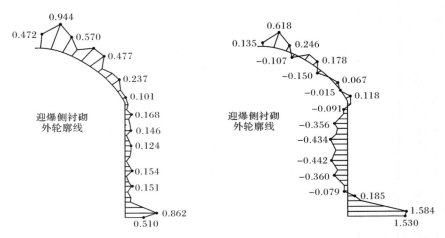

图 A-35　进尺 2.5m 时衬砌外侧动
应力（单位：MPa）

图 A-36　进尺 2.5m 时衬砌外侧动静
叠加应力（单位：MPa）

表 A-7　不同爆破进尺工况下衬砌外侧动、静应力叠加结果（单位：MPa）

衬砌位置	单元	静力	进尺 1.5m		进尺 2.0m		进尺 2.5m		进尺 3.0m		进尺 3.5m	
			动力	静＋动	动力	静＋动	动力	静＋动	动力	静＋动	动力	静＋动
拱顶	13923	−0.34	0.33	−0.01	0.40	0.06	0.47	0.13	0.44	0.20	0.61	0.27
拱腰上部	13924	−0.33	0.66	0.34	0.80	0.47	0.94	0.62	0.87	0.75	1.21	0.89
	13925	−0.32	0.40	0.08	0.48	0.16	0.57	0.25	0.53	0.33	0.73	0.41
	13926	−0.33	0.16	−0.17	0.19	−0.14	0.22	−0.11	0.21	−0.08	0.29	−0.04
	13927	−0.32	0.38	0.06	0.46	0.14	0.54	0.21	0.50	0.29	0.69	0.37
拱腰	13928	−0.30	0.34	0.04	0.41	0.11	0.48	0.18	0.44	0.25	0.61	0.31

续表

衬砌位置	单元	静力	进尺 1.5m		进尺 2.0m		进尺 2.5m		进尺 3.0m		进尺 3.5m	
			动力	静＋动	动力	静＋动	动力	静＋动	动力	静＋动	动力	静＋动
拱腰下部	13929	−0.27	0.08	−0.18	0.10	−0.17	0.12	−0.15	0.11	−0.13	0.15	−0.12
	13930	−0.23	0.16	−0.07	0.19	−0.03	0.23	0.00	0.21	0.03	0.29	0.06
	13931	−0.17	0.17	−0.00	0.21	0.04	0.24	0.07	0.22	0.10	0.30	0.13
	13932	−0.09	0.06	−0.03	0.07	−0.02	0.08	−0.01	0.07	−0.00	0.10	0.01
	13933	0.02	0.07	0.09	0.09	0.10	0.10	0.12	0.09	0.13	0.13	0.15
拱脚	13764	0.00	0.06	0.06	0.07	0.07	0.08	0.08	0.07	0.09	0.10	0.10
边墙上部	13765	−0.15	0.05	−0.11	0.05	−0.10	0.06	−0.09	0.06	−0.08	0.08	−0.07
	13766	−0.27	0.12	−0.15	0.15	−0.12	0.17	−0.10	0.16	−0.08	0.22	−0.05
	13767	−0.35	0.09	−0.26	0.10	−0.25	0.12	−0.23	0.11	−0.22	0.15	−0.20
	13768	−0.41	0.04	−0.37	0.04	−0.36	0.05	−0.36	0.05	−0.35	0.06	−0.34
	13769	−0.44	0.11	−0.34	0.13	−0.32	0.15	−0.30	0.14	−0.28	0.19	−0.26
	13770	−0.47	0.11	−0.36	0.13	−0.34	0.14	−0.32	0.14	−0.30	0.18	−0.28
	13771	−0.48	0.03	−0.45	0.04	−0.44	0.05	−0.43	0.04	−0.43	0.06	−0.42
	13772	−0.49	0.09	−0.40	0.11	−0.38	0.12	−0.37	0.12	−0.35	0.16	−0.33
	13773	−0.49	0.13	−0.36	0.16	−0.34	0.18	−0.32	0.17	−0.29	0.23	−0.27
墙腰	13774	−0.49	0.11	−0.38	0.13	−0.36	0.15	−0.34	0.14	−0.32	0.20	−0.30
	13775	−0.49	0.03	−0.45	0.04	−0.45	0.04	−0.44	0.04	−0.44	0.05	−0.43
	13776	−0.47	0.09	−0.39	0.10	−0.37	0.12	−0.35	0.11	−0.34	0.15	−0.32
	13777	−0.45	0.11	−0.34	0.14	−0.31	0.15	−0.29	0.15	−0.27	0.20	−0.25
边墙下部	13778	−0.41	0.03	−0.38	0.04	−0.37	0.05	−0.36	0.04	−0.35	0.06	−0.35
	13779	−0.35	0.09	−0.26	0.10	−0.25	0.11	−0.24	0.11	−0.22	0.14	−0.21
	13780	−0.26	0.11	−0.15	0.13	−0.13	0.15	−0.11	0.14	−0.09	0.19	−0.07
	13781	−0.14	0.04	−0.10	0.05	−0.09	0.06	−0.08	0.06	−0.07	0.08	−0.06
	13782	0.01	0.13	0.15	0.16	0.17	0.17	0.19	0.16	0.21	0.22	0.23
	13783	0.21	0.11	0.32	0.13	0.34	0.14	0.36	0.14	0.38	0.19	0.40
墙脚	13784	0.45	0.41	0.86	0.49	0.94	0.59	1.04	0.54	1.13	0.76	1.21
	13785	0.72	0.60	1.33	0.73	1.45	0.86	1.58	0.80	1.71	1.11	1.83
	13786	1.02	0.32	1.34	0.38	1.40	0.51	1.53	0.52	1.54	0.59	1.61

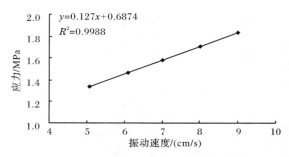

图 A-37 不同工况下衬砌外侧边缘拉应力与最大振动速度关系曲线

附录 B Ⅲ 级围岩(有导洞)爆破振动有限元数值模拟结果

1. 衬砌振动速度(图 B-1～图 B-12)

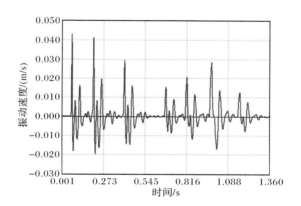

图 B-1 进尺 3.0m 时拱顶速度时程曲线

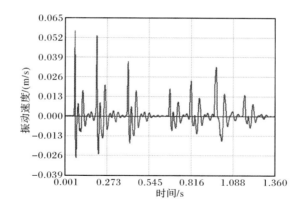

图 B-2 进尺 3.0m 时迎爆侧拱腰速度时程曲线

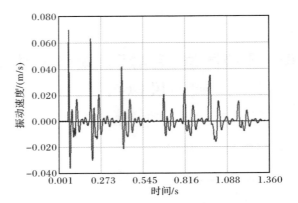

图 B-3　进尺 3.0m 时迎爆侧拱脚速度时程曲线

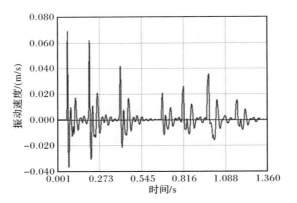

图 B-4　进尺 3.0m 时迎爆侧墙腰速度时程曲线

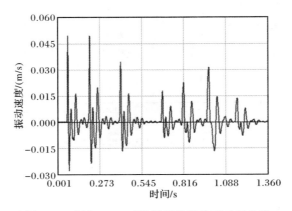

图 B-5　进尺 3.0m 时迎爆侧墙脚速度时程曲线

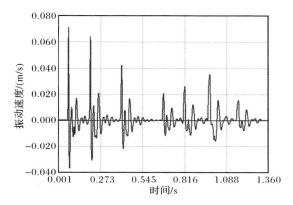

图 B-6　进尺 3.0m 时迎爆侧最大振动速度点速度时程曲线(V_{max}＝7.105cm/s)

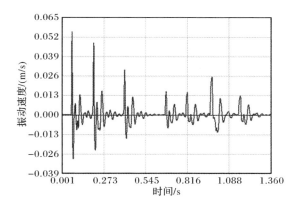

图 B-7　进尺 2.0m 时最大振动速度点速度时程曲线(V_{max}＝5.574cm/s)

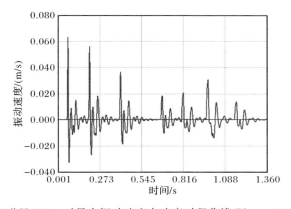

图 B-8　进尺 2.5m 时最大振动速度点速度时程曲线(V_{max}＝6.345cm/s)

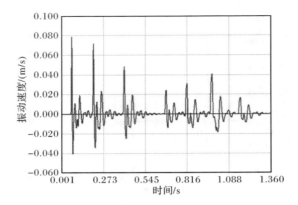

图 B-9　进尺 3.5m 时最大振动速度点速度时程曲线(V_{max}=7.855cm/s)

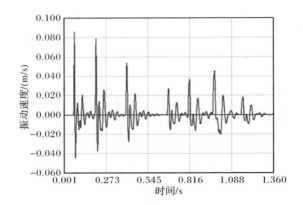

图 B-10　进尺 4.0m 时最大振动速度点速度时程曲线(V_{max}=8.598cm/s)

表 B-1　不同爆破进尺工况下,迎爆侧最大振动速度

进尺/m	振动速度/(cm/s)					
	最大振动速度点	拱顶	拱腰	拱脚	墙腰	墙脚
2.0	5.574	3.364	4.432	5.484	5.433	3.900
2.5	6.345	3.830	5.045	6.243	6.185	4.439
3.0	7.105	4.290	5.649	6.990	6.925	4.971
3.5	7.855	4.741	6.246	7.729	7.656	5.556
4.0	8.598	5.189	6.836	8.459	8.380	6.146

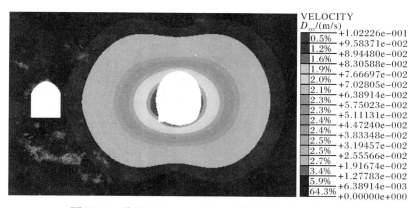

图 B-11　进尺 3.0m,t＝62ms 时刻水平方向速度云图

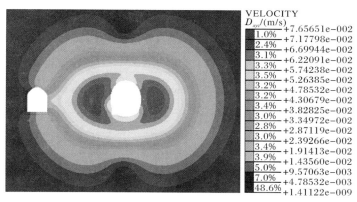

图 B-12　进尺 3.0m,t＝64ms 时刻水平方向速度云图

2. 位移(图 B-13,图 B-14,表 B-2)

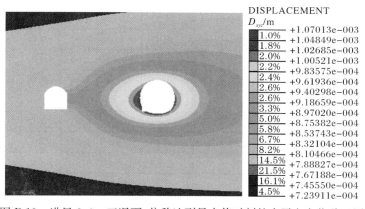

图 B-13　进尺 3.0m 工况下,位移达到最大值时刻的水平方向位移云图

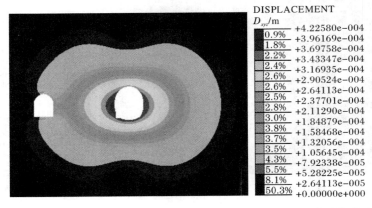

DISPLACEMENT

D_{xyz}/m

0.9%	+4.22580e−004
1.8%	+3.96169e−004
2.2%	+3.69758e−004
2.4%	+3.43347e−004
2.6%	+3.16935e−004
2.6%	+2.90524e−004
2.5%	+2.64113e−004
2.8%	+2.37701e−004
3.0%	+2.11290e−004
3.8%	+1.84879e−004
3.7%	+1.58468e−004
3.5%	+1.32056e−004
4.3%	+1.05645e−004
5.5%	+7.92338e−005
8.1%	+5.28225e−005
50.3%	+2.64113e−005
	+0.00000e+000

图 B-14　进尺 3.0m,迎爆侧墙腰振动速度峰值时刻($t=66$ms)水平位移云图

表 B-2　不同爆破进尺工况下,迎爆侧衬砌各点 x、z 方向位移(单位:mm)

衬砌位置	节点	进尺 2.0m		进尺 2.5m		进尺 3.0m		进尺 3.5m		进尺 4.0m	
		U_x	U_z	U_x	U_z	U_x	U_z	U_x	U_z	U_x	U_z
拱顶	36	0.58	−0.06	0.69	−0.07	0.81	−0.08	0.92	−0.09	1.04	−0.10
拱腰上部	33	0.58	−0.06	0.70	−0.07	0.81	−0.08	0.93	−0.09	1.04	−0.10
	30	0.59	−0.06	0.70	−0.07	0.82	−0.08	0.94	−0.09	1.05	−0.10
	27	0.59	−0.06	0.71	−0.06	0.83	−0.07	0.94	−0.08	1.06	−0.09
	24	0.59	−0.05	0.71	−0.06	0.83	−0.07	0.95	−0.08	1.07	−0.08
拱腰	21	0.59	−0.05	0.72	−0.06	0.84	−0.06	0.96	−0.07	1.08	−0.08
拱腰下部	18	0.60	−0.04	0.72	−0.05	0.85	−0.06	0.97	−0.06	1.09	−0.07
	15	0.60	−0.04	0.73	−0.04	0.85	−0.05	0.98	−0.06	1.10	−0.06
	12	0.61	−0.03	0.74	−0.04	0.86	−0.04	0.98	−0.05	1.10	−0.05
	9	0.61	−0.03	0.74	−0.03	0.87	−0.03	0.99	−0.04	1.11	−0.04
	6	0.62	−0.02	0.75	−0.02	0.87	−0.03	1.00	−0.03	1.12	−0.03
拱脚	3	0.62	−0.01	0.75	−0.02	0.88	−0.02	1.00	−0.02	1.12	−0.02
墙腰上部	70	0.62	−0.01	0.75	−0.01	0.88	−0.01	1.00	−0.01	1.13	−0.02
	71	0.62	−0.01	0.75	−0.01	0.88	−0.01	1.00	−0.01	1.13	−0.01
	72	0.62	−0.01	0.75	−0.01	0.88	−0.01	1.01	−0.01	1.13	−0.01
	73	0.62	0.01	0.75	0.01	0.88	0.01	1.01	0.01	1.13	0.01
	74	0.62	0.01	0.75	0.01	0.88	0.02	1.01	0.02	1.13	0.02

续表

衬砌位置	节点	进尺 2.0m		进尺 2.5m		进尺 3.0m		进尺 3.5m		进尺 4.0m	
		U_x	U_z	U_x	U_z	U_x	U_z	U_x	U_z	U_x	U_z
墙腰上部	75	0.62	0.02	0.75	0.02	0.88	0.02	1.01	0.02	1.13	0.02
	76	0.62	0.02	0.75	0.02	0.88	0.02	1.00	0.03	1.13	0.03
	77	0.62	0.02	0.75	0.02	0.88	0.03	1.00	0.03	1.13	0.03
	78	0.62	0.02	0.75	0.03	0.88	0.03	1.00	0.03	1.13	0.04
墙腰	79	0.62	0.03	0.75	0.03	0.87	0.03	1.00	0.04	1.12	0.04
墙腰下部	80	0.62	0.03	0.75	0.03	0.87	0.04	1.00	0.04	1.12	0.05
	81	0.62	0.03	0.75	0.04	0.87	0.04	1.00	0.05	1.12	0.05
	82	0.61	0.04	0.74	0.04	0.87	0.05	0.99	0.05	1.12	0.06
	83	0.61	0.04	0.74	0.04	0.87	0.05	0.99	0.05	1.11	0.06
	84	0.61	0.04	0.74	0.05	0.86	0.05	0.99	0.06	1.11	0.07
	85	0.61	0.04	0.74	0.05	0.86	0.06	0.98	0.06	1.11	0.07
	86	0.61	0.05	0.73	0.05	0.86	0.06	0.98	0.07	1.10	0.07
	87	0.60	0.05	0.73	0.06	0.85	0.06	0.98	0.07	1.10	0.08
	88	0.60	0.05	0.73	0.06	0.85	0.07	0.97	0.07	1.09	0.08
	89	0.59	0.05	0.72	0.06	0.84	0.07	0.96	0.08	1.08	0.08
墙脚	90	0.59	0.05	0.71	0.06	0.83	0.07	0.95	0.07	1.07	0.08
底板	213	0.59	0.05	0.71	0.06	0.82	0.07	0.94	0.07	1.06	0.08
	209	0.59	0.05	0.70	0.06	0.82	0.07	0.94	0.08	1.05	0.08
	205	0.58	0.05	0.70	0.06	0.82	0.07	0.93	0.08	1.05	0.09
	201	0.58	0.05	0.70	0.06	0.81	0.07	0.93	0.08	1.05	0.09
	197	0.58	0.05	0.69	0.06	0.81	0.07	0.93	0.08	1.04	0.09
	193	0.58	0.05	0.69	0.06	0.81	0.07	0.93	0.08	1.04	0.09
	189	0.58	0.05	0.69	0.06	0.81	0.07	0.92	0.08	1.04	0.09
	185	0.58	0.05	0.69	0.06	0.80	0.07	0.92	0.08	1.03	0.09

3. 应力（图 B-15～图 B-29，表 B-3～表 B-7）

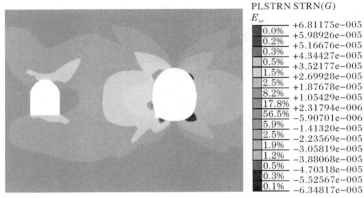

图 B-15　进尺 3.0m 加载峰值时刻 ε_x 云图

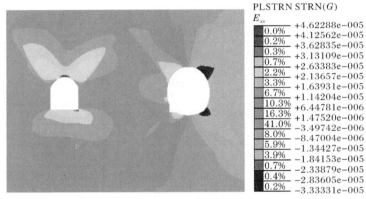

图 B-16　进尺 3.0m 拱顶 ε_x 达到峰值时刻 ε_x 云图

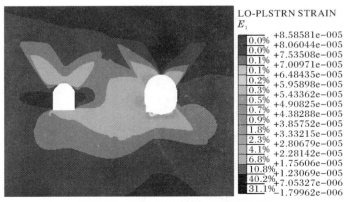

图 B-17　进尺 3.0m 第一主应变云图

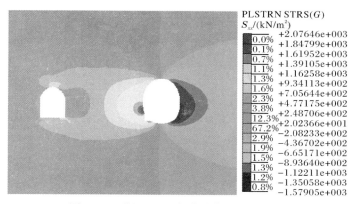

PLSTRN STRS(G)
$S_{xx}/(\mathrm{kN/m^2})$

0.0%	+2.07646e+003
0.1%	+1.84799e+003
0.7%	+1.61952e+003
1.1%	+1.39105e+003
1.3%	+1.16258e+003
1.6%	+9.34113e+002
2.3%	+7.05644e+002
3.8%	+4.77175e+002
12.3%	+2.48706e+002
67.2%	+2.02366e+001
2.9%	−2.08233e+002
1.9%	−4.36702e+002
1.5%	−6.65171e+002
1.3%	−8.93640e+002
1.2%	−1.12211e+003
0.8%	−1.35058e+003
	−1.57905e+003

图 B-18　进尺 3.0m 加载峰值时刻 σ_x 云图

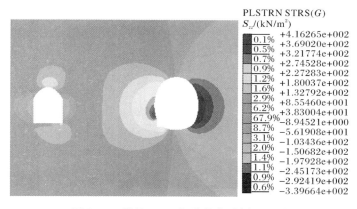

PLSTRN STRS(G)
$S_{zz}/(\mathrm{kN/m^2})$

0.1%	+4.16265e+002
0.5%	+3.69020e+002
0.7%	+3.21774e+002
0.9%	+2.74528e+002
1.2%	+2.27283e+002
1.6%	+1.80037e+002
2.9%	+1.32792e+002
6.2%	+8.55460e+001
67.9%	+3.83004e+001
8.7%	−8.94521e+000
3.1%	−5.61908e+001
2.0%	−1.03436e+002
1.4%	−1.50682e+002
1.1%	−1.97928e+002
0.9%	−2.45173e+002
0.6%	−2.92419e+002
	−3.39664e+002

图 B-19　进尺 3.0m 加载峰值时刻 σ_z 云图

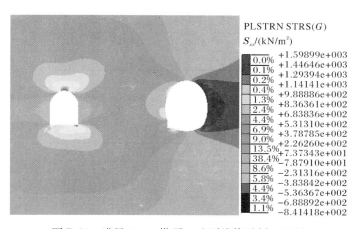

PLSTRN STRS(G)
$S_{xx}/(\mathrm{kN/m^2})$

0.0%	+1.59899e+003
0.1%	+1.44646e+003
0.2%	+1.29394e+003
0.4%	+1.14141e+003
1.3%	+9.88886e+002
2.4%	+8.36361e+002
4.4%	+6.83836e+002
6.9%	+5.31310e+002
9.0%	+3.78785e+002
13.5%	+2.26260e+002
38.4%	+7.37343e+001
8.6%	−7.87910e+001
5.8%	−2.31316e+002
4.4%	−3.83842e+002
3.4%	−5.36367e+002
1.1%	−6.88892e+002
	−8.41418e+002

图 B-20　进尺 3.0m 拱顶 σ_x 达到峰值时刻 σ_x 云图

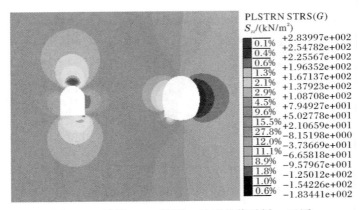

PLSTRN STRS(*G*)
$S_{zz}/(\text{kN/m}^2)$

0.1%	+2.83997e+002
0.4%	+2.54782e+002
0.6%	+2.25567e+002
1.3%	+1.96352e+002
2.1%	+1.67137e+002
2.9%	+1.37923e+002
4.5%	+1.08708e+002
9.6%	+7.94927e+001
15.5%	+5.02778e+001
27.8%	+2.10659e+001
12.0%	-8.15198e+000
11.1%	-3.73669e+001
8.9%	-6.65818e+001
1.8%	-9.57967e+001
1.0%	-1.25012e+002
0.6%	-1.54226e+002
	-1.83441e+002

图 B-21　进尺 3.0m 拱顶 σ_z 达到峰值时刻 σ_z 云图

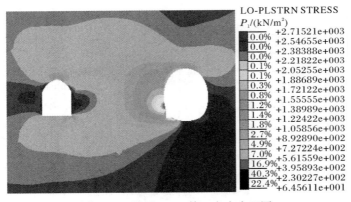

LO-PLSTRN STRESS
$P_1/(\text{kN/m}^2)$

0.0%	+2.71521e+003
0.0%	+2.54655e+003
0.0%	+2.38388e+003
0.1%	+2.21822e+003
0.1%	+2.05255e+003
0.3%	+1.88689e+003
0.8%	+1.72122e+003
1.2%	+1.55555e+003
1.4%	+1.38989e+003
1.8%	+1.22422e+003
2.7%	+1.05856e+003
4.9%	+8.92890e+002
7.0%	+7.27224e+002
16.9%	+5.61559e+002
40.3%	+3.95893e+002
22.4%	+2.30227e+002
	+6.45611e+001

图 B-22　进尺 3.0m 第一主应力云图

表 B-3　进尺 3.0m 时迎爆侧衬砌单元各方向最大拉应力　（单位：MPa）

衬砌位置	单元	σ_x	σ_y	σ_z	σ_1	σ_2	σ_3
拱顶	22	1.653	0.281	0.104	1.665	0.281	0.092
拱腰上部	20	1.525	0.271	0.167	1.603	0.271	0.090
	18	1.228	0.234	0.234	1.395	0.234	0.067
	16	0.895	0.185	0.261	1.120	0.185	0.035
	14	0.642	0.144	0.264	0.882	0.144	0.024
拱腰	12	0.440	0.109	0.241	0.669	0.109	0.012
拱腰下部	10	0.288	0.075	0.184	0.470	0.075	0.002
	8	0.166	0.045	0.115	0.285	0.045	-0.004
	6	0.088	0.031	0.148	0.200	0.036	0.031
	4	0.040	0.039	0.202	0.236	0.039	0.006
	2	0.039	0.052	0.286	0.304	0.052	0.020

续表

衬砌位置	单元	σ_x	σ_y	σ_z	σ_1	σ_2	σ_3
拱脚	45	0.024	0.054	0.314	0.321	0.054	0.017
	46	0.007	0.046	0.279	0.280	0.046	0.006
	47	0.007	0.042	0.257	0.258	0.042	0.006
	48	0.007	0.039	0.244	0.244	0.039	0.007
	49	0.007	0.038	0.236	0.236	0.038	0.007
边墙上部	50	0.007	0.037	0.230	0.230	0.037	0.007
	51	0.007	0.036	0.227	0.227	0.036	0.007
	52	0.007	0.036	0.224	0.224	0.036	0.007
	53	0.007	0.036	0.223	0.223	0.036	0.007
	54	0.007	0.035	0.222	0.222	0.035	0.007
墙腰	55	0.007	0.035	0.221	0.221	0.035	0.007
	56	0.007	0.035	0.221	0.221	0.035	0.007
	57	0.007	0.035	0.221	0.221	0.035	0.007
	58	0.007	0.036	0.222	0.222	0.036	0.007
	59	0.007	0.036	0.223	0.223	0.036	0.007
边墙下部	60	0.007	0.036	0.225	0.225	0.036	0.007
	61	0.009	0.037	0.228	0.228	0.037	0.009
	62	0.009	0.037	0.232	0.233	0.037	0.008
	63	0.037	0.039	0.238	0.240	0.039	0.035
	64	0.035	0.042	0.254	0.263	0.042	0.027
墙脚	65	0.847	0.206	0.450	0.894	0.403	0.206
	146	1.750	0.331	0.362	1.759	0.354	0.331
	143	1.371	0.223	0.020	1.372	0.223	0.020
	140	1.198	0.194	0.018	1.198	0.194	0.017
	137	1.098	0.177	0.007	1.098	0.177	0.006
底板	134	1.030	0.166	0.006	1.030	0.166	0.005
	131	0.981	0.158	0.004	0.981	0.158	0.004
	128	0.943	0.151	0.004	0.943	0.151	0.004
	125	0.914	0.147	0.004	0.914	0.147	0.004
	122	0.893	0.143	0.004	0.893	0.143	0.004

表 B-4　不同爆破进尺工况下衬砌最大第一主应力

衬砌位置	单元	σ_1/MPa				
		进尺 2.0m	进尺 2.5m	进尺 3.0m	进尺 3.5m	进尺 4.0m
拱顶	22	1.254	1.461	1.665	1.866	2.064
拱腰上部	20	1.209	1.407	1.603	1.797	1.988
	18	1.057	1.224	1.395	1.564	1.730
	16	0.856	0.983	1.120	1.256	1.389
	14	0.676	0.776	0.882	0.987	1.092
拱腰	12	0.524	0.596	0.669	0.744	0.818
拱腰下部	10	0.369	0.420	0.470	0.519	0.569
	8	0.224	0.255	0.285	0.315	0.345
	6	0.152	0.176	0.200	0.224	0.247
	4	0.178	0.207	0.236	0.264	0.292
	2	0.230	0.267	0.304	0.341	0.377
拱脚	45	0.242	0.282	0.321	0.360	0.398
墙腰上部	46	0.212	0.246	0.280	0.314	0.347
	47	0.194	0.226	0.258	0.289	0.319
	48	0.184	0.214	0.244	0.273	0.302
	49	0.178	0.207	0.236	0.264	0.292
	50	0.174	0.202	0.230	0.258	0.285
	51	0.171	0.199	0.227	0.254	0.281
	52	0.169	0.197	0.224	0.251	0.278
	53	0.168	0.196	0.223	0.250	0.276
	54	0.167	0.195	0.222	0.249	0.275
墙腰	55	0.167	0.194	0.221	0.248	0.274
墙腰下部	56	0.167	0.194	0.221	0.248	0.274
	57	0.167	0.194	0.221	0.248	0.274
	58	0.167	0.195	0.222	0.249	0.275
	59	0.168	0.196	0.223	0.250	0.277
	60	0.170	0.198	0.225	0.252	0.279
	61	0.172	0.201	0.228	0.256	0.283
	62	0.176	0.204	0.233	0.261	0.288
	63	0.181	0.211	0.240	0.269	0.297
	64	0.198	0.231	0.263	0.294	0.325

续表

衬砌位置	单元	σ_1/MPa				
		进尺 2.0m	进尺 2.5m	进尺 3.0m	进尺 3.5m	进尺 4.0m
墙脚	65	0.693	0.790	0.894	1.002	1.108
底板	146	1.335	1.543	1.759	1.971	2.181
	143	1.033	1.204	1.372	1.538	1.701
	140	0.902	1.052	1.198	1.343	1.486
	137	0.827	0.964	1.098	1.231	1.362
	134	0.776	0.904	1.030	1.155	1.277
	131	0.739	0.861	0.981	1.099	1.216
	128	0.711	0.828	0.943	1.057	1.170
	125	0.689	0.802	0.914	1.024	1.133
	122	0.673	0.784	0.893	1.000	1.107

表 B-5　不同爆破进尺工况下衬砌最大振动速度及最大应力

进尺/m	拱部		边墙	
	$\sigma_{1\,max}$/MPa	V_{max}/(cm/s)	$\sigma_{1\,max}$/MPa	V_{max}/(cm/s)
2.0	1.254	3.364	0.167	5.433
2.5	1.461	3.830	0.194	6.185
3.0	1.665	4.290	0.221	6.925
3.5	1.866	4.741	0.248	7.656
4.0	2.064	5.189	0.274	8.380

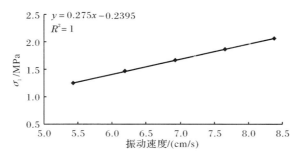

图 B-23　不同爆破进尺工况下衬砌最大振动速度-主拉应力关系曲线

表 B-6　不同爆破进尺工况下衬砌内侧动、静应力叠加结果（单位：MPa）

衬砌位置	单元	静力	进尺 2.0m		进尺 2.5m		进尺 3.0m		进尺 3.5m		进尺 4.0m	
			动力	静＋动	动力	静＋动	动力	静＋动	动力	静＋动	动力	静＋动
拱顶	22	−0.08	0.56	0.48	0.65	0.57	0.74	0.66	0.83	0.75	0.91	0.84
拱腰上部	20	−0.11	1.21	1.11	1.42	1.31	1.61	1.51	1.81	1.70	2.00	1.90
	18	−0.13	0.75	0.62	0.86	0.73	0.98	0.85	1.10	0.97	1.22	1.09
	16	−0.15	0.21	0.05	0.24	0.08	0.27	0.12	0.30	0.15	0.33	0.18
	14	−0.21	0.41	0.21	0.47	0.27	0.54	0.33	0.60	0.40	0.67	0.46
拱腰	12	−0.28	0.44	0.16	0.50	0.22	0.56	0.28	0.62	0.34	0.68	0.40
拱腰下部	10	−0.37	0.14	−0.23	0.15	−0.21	0.17	−0.19	0.19	−0.17	0.21	−0.16
	8	−0.46	0.10	−0.35	0.12	−0.34	0.13	−0.32	0.15	−0.31	0.16	−0.30
	6	−0.56	0.13	−0.43	0.15	−0.41	0.17	−0.39	0.19	−0.37	0.20	−0.35
	4	−0.69	0.11	−0.57	0.13	−0.56	0.15	−0.54	0.17	−0.52	0.18	−0.50
	2	−0.85	0.08	−0.77	0.09	−0.76	0.11	−0.74	0.12	−0.73	0.13	−0.72
拱脚	45	−0.83	0.16	−0.67	0.19	−0.64	0.21	−0.62	0.24	−0.59	0.26	−0.57
边墙上部	46	−0.64	0.03	−0.60	0.04	−0.60	0.04	−0.59	0.05	−0.59	0.05	−0.58
	47	−0.49	0.16	−0.33	0.19	−0.30	0.22	−0.28	0.24	−0.25	0.27	−0.22
	48	−0.39	0.15	−0.24	0.17	−0.22	0.19	−0.20	0.21	−0.18		
	49	−0.33	0.02	−0.31	0.02	−0.30	0.03	−0.30	0.03	−0.30	0.03	−0.30
	50	−0.29	0.12	−0.16	0.14	−0.14	0.16	−0.12	0.18	−0.10	0.20	−0.08
	51	−0.27	0.13	−0.14	0.15	−0.11	0.17	−0.09	0.19	−0.07	0.21	−0.05
	52	−0.26	0.02	−0.24	0.02	−0.23	0.02	−0.23	0.03	−0.23	0.03	−0.23
	53	−0.25	0.10	−0.15	0.12	−0.13	0.14	−0.12	0.15	−0.10	0.17	−0.08
	54	−0.26	0.17	−0.09	0.20	−0.06		−0.04	0.25	−0.01	0.28	0.02
墙腰	55	−0.27	0.14	−0.14	0.16	−0.11	0.18	−0.09	0.20	−0.07	0.22	−0.05
边墙下部	56	−0.30	0.02	−0.28	0.02	−0.27	0.03	−0.27	0.03	−0.27	0.03	−0.26
	57	−0.33	0.12	−0.21	0.12	−0.21	0.13	−0.20	0.15	−0.18	0.16	−0.16
	58	−0.37	0.15	−0.22	0.17	−0.20	0.20	−0.18	0.22	−0.15	0.24	−0.13
	59	−0.43	0.03	−0.40	0.03	−0.40	0.04	−0.40	0.04	−0.39	0.05	−0.39
	60	−0.52	0.08	−0.44	0.10	−0.42	0.11	−0.41	0.13	−0.40	0.14	−0.38
	61	−0.64	0.17	−0.48	0.19	−0.45	0.22	−0.42	0.25	−0.39	0.27	−0.37
	62	−0.80	0.05	−0.76	0.06	−0.75	0.06	−0.74	0.07	−0.73	0.08	−0.73
	63	−1.01	0.07	−0.94	0.08	−0.93	0.09	−0.92	0.10	−0.91	0.11	−0.90
	64	−1.28	0.22	−1.06	0.26	−1.02	0.29	−0.99	0.33	−0.95	0.36	−0.92

续表

衬砌位置	单元	静力	进尺 2.0m		进尺 2.5m		进尺 3.0m		进尺 3.5m		进尺 4.0m	
			动力	静+动	动力	静+动	动力	静+动	动力	静+动	动力	静+动
墙脚	65	-1.60	0.91	-0.69	1.03	-0.57	1.15	-0.45	1.28	-0.32	1.41	-0.19
	66	-1.96	0.87	-1.09	1.00	-0.96	1.14	-0.82	1.27	-0.69	1.40	-0.56
	67	-2.36	0.49	-1.87	0.56	-1.80	0.64	-1.72	0.71	-1.65	0.78	-1.58

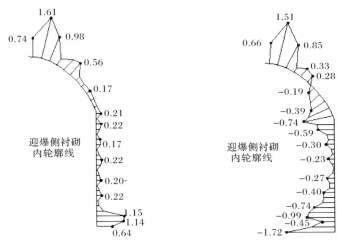

图 B-24　进尺 2.0m 时衬砌内侧动
应力(单位：MPa)

图 B-25　进尺 2.0m 时衬砌内侧
动静应力叠加(单位：MPa)

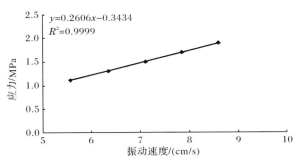

图 B-26　不同工况下,衬砌内侧边缘拉应力与最大振动速度关系曲线

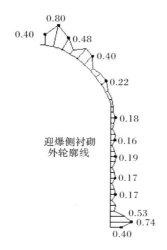

图 B-27　进尺 2.0m 时衬砌外侧动
应力(单位:MPa)

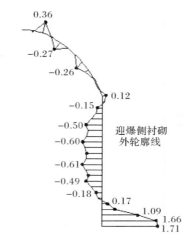

图 B-28　进尺 2.0m 时衬砌外侧动静
应力叠加(单位:MPa)

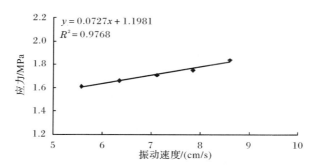

图 B-29　不同工况下衬砌外侧边缘拉应力与最大振动速度关系曲线

表 B-7　不同爆破进尺工况下,衬砌外侧动、静应力叠加结果(单位:MPa)

衬砌位置	单元	静力	进尺 2.0m		进尺 2.5m		进尺 3.0m		进尺 3.5m		进尺 4.0m	
			动力	静+动	动力	静+动	动力	静+动	动力	静+动	动力	静+动
拱顶	21	−0.45	0.30	−0.15	0.35	−0.10	0.40	−0.05	0.45	−0.00	0.50	0.05
拱腰上部	19	−0.44	0.61	0.17	0.70	0.27	0.80	0.36	0.90	0.46	1.00	0.56
	17	−0.44	0.36	−0.08	0.42	−0.02	0.48	0.03	0.53	0.09	0.59	0.14
	15	−0.46	0.14	−0.32	0.17	−0.29	0.19	−0.27	0.21	−0.25	0.23	−0.23
	13	−0.45	0.35	−0.10	0.41	−0.04	0.46	0.01	0.52	0.07	0.57	0.12
拱腰	11	−0.42	0.31	−0.11	0.36	−0.06	0.40	−0.01	0.45	0.03	0.50	0.08

续表

衬砌位置	单元	静力	进尺 2.0m		进尺 2.5m		进尺 3.0m		进尺 3.5m		进尺 4.0m	
			动力	静+动	动力	静+动	动力	静+动	动力	静+动	动力	静+动
拱腰下部	9	−0.37	0.08	−0.29	0.09	−0.28	0.11	−0.26	0.12	−0.25	0.14	−0.24
	7	−0.32	0.15	−0.16	0.18	−0.14	0.20	−0.12	0.22	−0.09	0.25	−0.07
	5	−0.24	0.17	−0.07	0.20	−0.04	0.22	−0.01	0.25	0.01	0.27	0.03
	3	−0.13	0.07	−0.06	0.08	−0.05	0.09	−0.04	0.10	−0.03	0.11	−0.02
	1	0.02	0.08	0.10	0.09	0.11	0.10	0.12	0.11	0.13	0.13	0.15
拱脚	69	0.00	0.06	0.06	0.07	0.07	0.08	0.08	0.09	0.09	0.10	0.10
边墙上部	70	−0.21	0.04	−0.16	0.05	−0.16	0.06	−0.15	0.06	−0.14	0.07	−0.14
	71	−0.36	0.14	−0.22	0.16	−0.20	0.18	−0.18	0.20	−0.16	0.22	−0.14
	72	−0.47	0.10	−0.37	0.11	−0.36	0.13	−0.34	0.14	−0.32	0.16	−0.31
	73	−0.54	0.03	−0.51	0.04	−0.51	0.04	−0.50	0.05	−0.50	0.05	−0.49
	74	−0.59	0.12	−0.48	0.14	−0.46	0.16	−0.44	0.17	−0.42	0.19	−0.40
	75	−0.63	0.12	−0.51	0.14	−0.49	0.16	−0.47	0.18	−0.45	0.20	−0.43
	76	−0.65	0.03	−0.61	0.04	−0.61	0.04	−0.60	0.05	−0.60	0.05	−0.59
	77	−0.66	0.10	−0.56	0.11	−0.54	0.13	−0.53	0.15	−0.51	0.16	−0.50
	78	−0.66	0.14	−0.52	0.17	−0.49	0.19	−0.47	0.21	−0.45	0.24	−0.43
墙腰	79	−0.66	0.12	−0.53	0.14	−0.51	0.16	−0.49	0.18	−0.47	0.20	−0.45
边墙下部	80	−0.65	0.03	−0.62	0.03	−0.61	0.04	−0.61	0.04	−0.60	0.05	−0.60
	81	−0.62	0.09	−0.53	0.11	−0.52	0.12	−0.50	0.14	−0.49	0.15	−0.47
	82	−0.59	0.13	−0.46	0.15	−0.44	0.17	−0.42	0.19	−0.40	0.21	−0.38
	83	−0.54	0.04	−0.50	0.04	−0.50	0.05	−0.49	0.05	−0.49	0.06	−0.48
	84	−0.46	0.09	−0.37	0.10	−0.36	0.12	−0.34	0.13	−0.33	0.14	−0.32
	85	−0.35	0.13	−0.22	0.15	−0.20	0.17	−0.18	0.19	−0.16	0.21	−0.14
	86	−0.20	0.05	−0.15	0.06	−0.14	0.07	−0.13	0.08	−0.12	0.09	−0.11
	87	0.00	0.13	0.13	0.15	0.15	0.17	0.17	0.19	0.19	0.21	0.21
	88	0.26	0.10	0.36	0.12	0.38	0.14	0.40	0.16	0.41	0.17	0.43
墙脚	89	0.57	0.40	0.97	0.47	1.03	0.53	1.09	0.59	1.16	0.66	1.22
	90	0.92	0.56	1.48	0.65	1.57	0.74	1.66	0.83	1.75	0.92	1.84
	91	1.31	0.30	1.61	0.35	1.66	0.40	1.71	0.44	1.75	0.49	1.80

附录 C　Ⅳ 级围岩爆破振动有限元数值模拟结果

1. 衬砌振动速度(图 C-1～图 C-20,表 C-1)

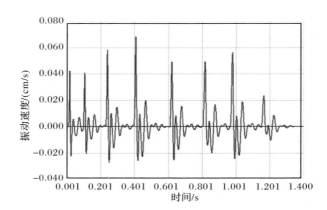

图 C-1　3.0m 进尺迎爆侧边墙高 0.45m 处速度时程曲线

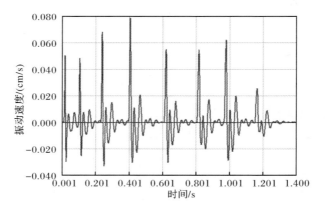

图 C-2　3.0m 进尺迎爆侧边墙高 3.6m 处速度时程曲线

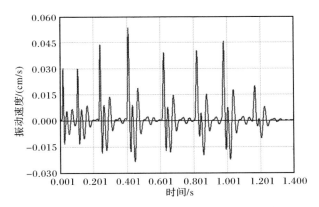

图 C-3　3.0m 进尺迎爆侧拱顶速度时程曲线

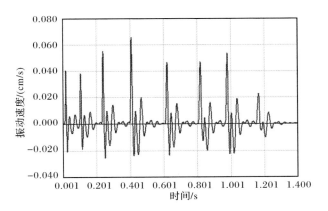

图 C-4　3.0m 进尺迎爆侧拱腰速度时程曲线

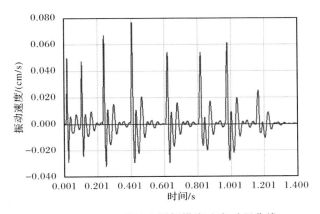

图 C-5　3.0m 进尺迎爆侧拱脚速度时程曲线

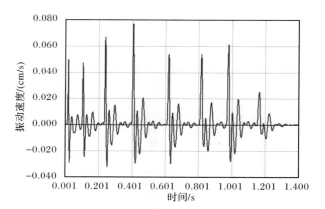

图 C-6 3.0m 进尺迎爆侧墙腰速度时程曲线

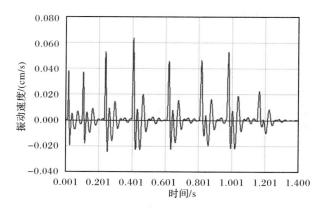

图 C-7 3.0m 进尺迎爆侧墙脚速度时程曲线

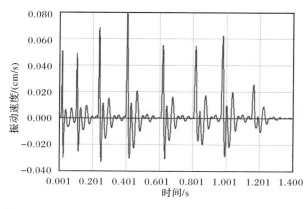

图 C-8 3.0m 进尺迎爆侧最大振动速度点的速度时程曲线

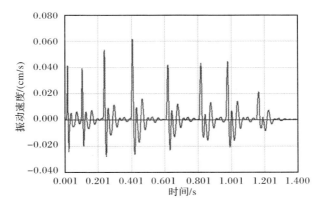

图 C-9　2.0m 进尺迎爆侧最大振动速度点的速度时程曲线

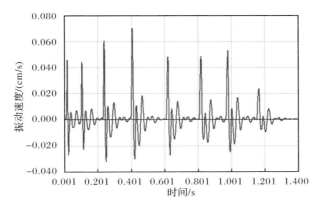

图 C-10　2.5m 进尺迎爆侧最大振动速度点的速度时程曲线

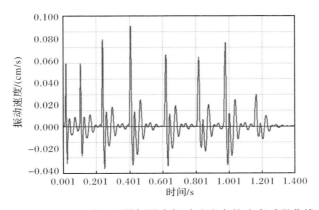

图 C-11　3.5m 进尺迎爆侧最大振动速度点的速度时程曲线

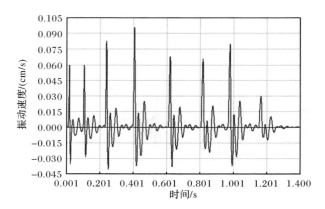

图 C-12　4.0m 进尺迎爆侧最大振动速度点的速度时程曲线

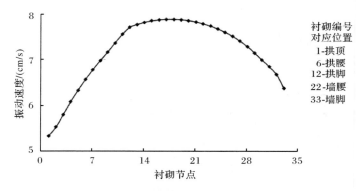

图 C-13　3.0m 进尺迎爆侧各节点最大振动速度曲线

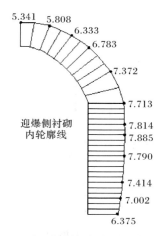

图 C-14　3.0m 进尺迎爆侧各节点最大振动速度分布

表 C-1 各工况迎爆侧振动速度最大值

进尺/m	振动速度/(cm/s)							
	最大振动速度点	边墙高 0.45m	边墙高 3.6m	拱顶	拱腰	拱脚	墙腰	墙脚
2.0	6.172	5.354	6.147	4.171	5.133	6.038	6.098	4.958
2.5	7.031	6.099	7.002	4.751	5.847	6.878	6.946	5.678
3.0	7.885	6.852	7.852	5.341	6.565	7.713	7.79	6.375
3.5	8.719	7.578	8.683	5.906	7.26	8.529	8.614	7.051
4.0	9.546	8.297	9.507	6.457	7.949	9.338	9.432	7.72

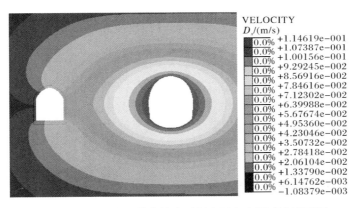

图 C-15 3.0m 进尺荷载最大时刻水平方向振动速度云图

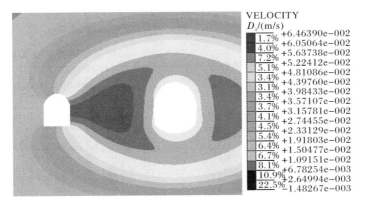

图 C-16 2.0m 进尺振动速度最大时刻水平方向振动速度云图

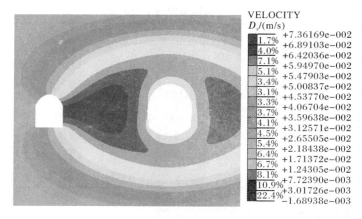

图 C-17　2.5m 进尺振动速度最大时刻水平方向振动速度云图

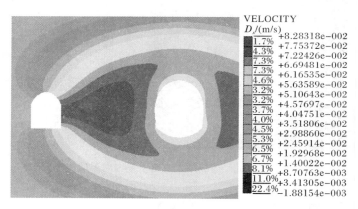

图 C-18　3.0m 进尺振动速度最大时刻水平方向振动速度云图

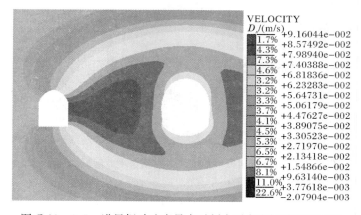

图 C-19　3.5m 进尺振动速度最大时刻水平方向振动速度云图

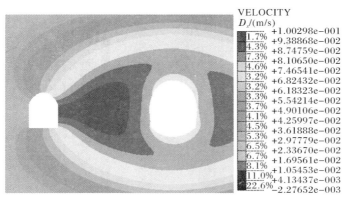

图 C-20　4.0m 进尺振动速度最大时刻水平方向振动速度云图

2. 位移（图 C-21～图 C-24，表 C-2）

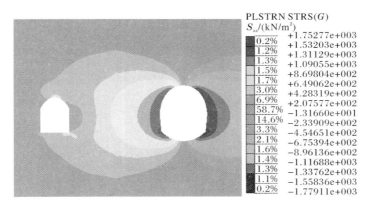

图 C-21　3.0m 进尺荷载峰值时刻水平方向应力云图

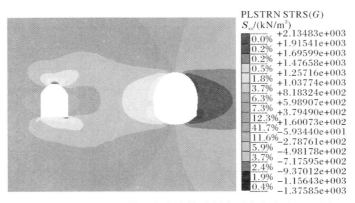

图 C-22　3.0m 进尺拱顶应力峰值时刻水平方向应力 σ_x 云图

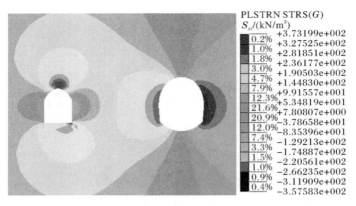

图 C-23　3.0m 进尺拱顶应力峰值时刻竖向应力 σ_z 云图

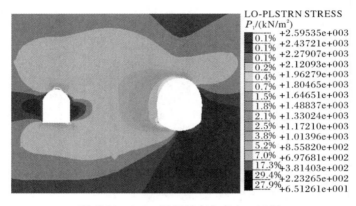

图 C-24　3.0m 进尺最大主应力 σ_1 云图

表 C-2　各工况下迎爆侧各节点位移值

初砌位置	节点	位移/mm									
		进尺 2.0m		进尺 2.5m		进尺 3.0m		进尺 3.5m		进尺 4.0m	
		U_x	U_z	U_x	U_z	U_x	U_z	U_x	U_z	U_x	U_z
拱顶	13440	1.19	0.03	1.37	0.03	1.56	0.04	1.73	0.04	1.90	0.05
拱腰上部	13441	1.19	0.03	1.37	0.03	1.57	0.04	1.74	0.04	1.91	0.05
	13442	1.20	0.03	1.37	0.03	1.57	0.03	1.74	0.04	1.92	0.04
	13443	1.20	0.02	1.38	0.03	1.58	0.03	1.76	0.04	1.94	0.04
	13444	1.20	0.02	1.38	0.03	1.59	0.03	1.77	0.04	1.96	0.04
拱腰	13445	1.21	0.02	1.39	0.02	1.60	0.03	1.79	0.03	1.97	0.04

续表

初砌位置	节点	位移/mm									
		进尺 2.0m		进尺 2.5m		进尺 3.0m		进尺 3.5m		进尺 4.0m	
		U_x	U_z	U_x	U_z	U_x	U_z	U_x	U_z	U_x	U_z
拱腰下部	13446	1.21	0.02	1.39	0.02	1.61	0.03	1.80	0.03	1.99	0.03
	13447	1.22	0.02	1.40	0.02	1.62	0.02	1.81	0.03	2.00	0.03
	13448	1.22	0.02	1.41	0.02	1.63	0.02	1.83	0.02	2.02	0.03
	13449	1.23	0.01	1.42	0.02	1.64	0.02	1.84	0.02	2.03	0.02
拱脚	13450	1.23	0.01	1.43	0.01	1.65	0.02	1.85	0.02	2.04	0.02
墙顶	13283	1.24	0.01	1.44	0.01	1.66	0.01	1.86	0.01	2.05	0.01
墙腰上部	13284	1.24	0.01	1.44	0.01	1.67	0.01	1.86	0.01	2.06	0.01
	13285	1.24	0.01	1.44	0.01	1.67	0.01	1.87	0.01	2.06	0.01
	13286	1.24	0.01	1.44	0.01	1.67	0.01	1.87	0.01	2.06	0.01
	13287	1.24	0.01	1.44	0.01	1.67	0.01	1.87	0.01	2.06	0.01
	13288	1.24	0.01	1.44	0.01	1.67	0.01	1.87	0.01	2.06	0.01
	13289	1.24	0.01	1.44	0.02	1.67	0.02	1.87	0.02	2.06	0.02
	13290	1.24	0.02	1.44	0.02	1.67	0.02	1.87	0.03	2.06	0.03
	13291	1.24	0.02	1.44	0.03	1.67	0.03	1.87	0.03	2.06	0.03
	13292	1.24	0.03	1.44	0.03	1.67	0.03	1.87	0.04	2.06	0.04
墙腰	13293	1.24	0.03	1.44	0.03	1.67	0.04	1.86	0.04	2.06	0.05
墙腰下部	13294	1.24	0.03	1.44	0.04	1.66	0.04	1.86	0.05	2.05	0.05
	13295	1.23	0.04	1.43	0.04	1.66	0.05	1.86	0.06	2.05	0.06
	13296	1.23	0.04	1.43	0.05	1.66	0.06	1.85	0.06	2.05	0.07
	13297	1.23	0.05	1.43	0.05	1.65	0.06	1.85	0.07	2.04	0.07
	13298	1.23	0.05	1.42	0.06	1.65	0.07	1.84	0.07	2.03	0.08
	13299	1.22	0.06	1.42	0.06	1.64	0.07	1.83	0.08	2.03	0.09
	13300	1.22	0.06	1.41	0.07	1.63	0.08	1.83	0.09	2.02	0.09
	13301	1.22	0.06	1.41	0.07	1.63	0.08	1.82	0.09	2.01	0.10
	13302	1.22	0.07	1.40	0.08	1.62	0.09	1.81	0.09	2.00	0.10
	13303	1.21	0.07	1.39	0.08	1.61	0.09	1.80	0.10	1.98	0.11
墙脚	13304	1.21	0.07	1.39	0.08	1.59	0.09	1.78	0.10	1.96	0.10

3. 应力(表 C-3～表 C-8,图 C-25～图 C-33)

表 C-3　3.0m 进尺拱顶应力峰值时刻拱部应力

衬砌位置	单元	应力/MPa					
		σ_1	σ_2	σ_3	σ_x	σ_y	σ_z
拱顶	13901	2.255	0.381	0.124	2.238	0.381	0.142
拱腰上部	13902	2.201	0.372	0.125	2.088	0.372	0.237
	13903	1.961	0.329	0.093	1.718	0.329	0.336
	13904	1.610	0.266	0.052	1.282	0.266	0.379
	13905	1.286	0.211	0.033	0.931	0.211	0.388
拱腰	13906	0.987	0.161	0.020	0.651	0.161	0.356
拱腰下部	13907	0.698	0.112	0.003	0.428	0.112	0.273
	13908	0.418	0.064	−0.009	0.252	0.064	0.158
	13909	0.222	0.027	0.025	0.124	0.027	0.123
	13910	0.206	0.033	0.022	0.051	0.033	0.177
拱脚	13911	0.273	0.046	0.018	0.032	0.046	0.258

表 C-4　3.0m 进尺拱顶应力峰值时刻边墙应力

衬砌位置	单元	应力/MPa					
		σ_1	σ_2	σ_3	σ_x	σ_y	σ_z
墙顶	13740	0.293	0.049	0.015	0.021	0.049	0.288
墙腰上部	13741	0.258	0.042	0.005	0.006	0.042	0.257
	13742	0.239	0.039	0.004	0.005	0.039	0.239
	13743	0.228	0.037	0.005	0.005	0.037	0.228
	13744	0.222	0.036	0.005	0.005	0.036	0.222
	13745	0.218	0.035	0.005	0.005	0.035	0.218
	13746	0.216	0.035	0.005	0.005	0.035	0.216
	13747	0.215	0.034	0.005	0.005	0.034	0.215
	13748	0.214	0.034	0.004	0.004	0.034	0.214
墙腰	13749	0.214	0.034	0.004	0.004	0.034	0.214
墙腰下部	13750	0.214	0.034	0.004	0.004	0.034	0.214
	13751	0.215	0.034	0.004	0.004	0.034	0.215
	13752	0.215	0.034	0.004	0.004	0.034	0.215
	13753	0.216	0.035	0.005	0.005	0.035	0.216

续表

衬砌位置	单元	应力/MPa					
		σ_1	σ_2	σ_3	σ_x	σ_y	σ_z
墙腰下部	13754	0.218	0.035	0.005	0.006	0.035	0.218
	13755	0.220	0.035	0.007	0.007	0.035	0.220
	13756	0.222	0.035	0.011	0.012	0.035	0.222
	13757	0.226	0.036	0.010	0.012	0.036	0.225
	13758	0.232	0.049	0.036	0.053	0.036	0.228
	13759	0.248	0.038	0.027	0.042	0.038	0.233
墙脚	13760	1.179	0.392	0.245	1.146	0.245	0.425
	13761	1.730	0.332	0.322	1.726	0.322	0.336

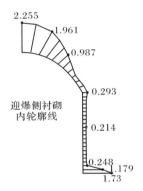

图 C-25　3.0m 进尺迎爆侧 σ_1 分布(单位:MPa)

表 C-5　各工况迎爆侧各单元第一主应力 σ_1

衬砌位置	单元	主应力 σ_1/MPa				
		进尺 2.0m	进尺 2.5m	进尺 3.0m	进尺 3.5m	进尺 4.0m
拱顶	13901	1.755	1.999	2.255	2.494	2.730
拱腰上部	13902	1.718	1.957	2.201	2.434	2.665
	13903	1.531	1.743	1.961	2.169	2.375
	13904	1.256	1.430	1.610	1.780	1.949
	13905	1.003	1.142	1.286	1.422	1.557
拱腰	13906	0.770	0.877	0.987	1.091	1.194

续表

衬砌位置	单元	主应力 σ_1/MPa				
		进尺 2.0m	进尺 2.5m	进尺 3.0m	进尺 3.5m	进尺 4.0m
拱腰下部	13907	0.545	0.621	0.698	0.771	0.845
	13908	0.327	0.372	0.418	0.462	0.505
	13909	0.173	0.196	0.222	0.247	0.272
	13910	0.160	0.182	0.206	0.235	0.263
拱脚	13911	0.212	0.242	0.273	0.311	0.349
墙顶	13740	0.229	0.260	0.293	0.334	0.375
墙腰上部	13741	0.202	0.231	0.258	0.295	0.330
	13742	0.188	0.214	0.239	0.272	0.305
	13743	0.179	0.204	0.228	0.259	0.291
	13744	0.174	0.198	0.222	0.252	0.283
	13745	0.171	0.195	0.218	0.248	0.278
	13746	0.169	0.193	0.216	0.245	0.275
	13747	0.168	0.192	0.215	0.244	0.273
	13748	0.168	0.191	0.214	0.243	0.273
墙腰	13749	0.168	0.191	0.214	0.243	0.273
墙腰下部	13750	0.168	0.191	0.214	0.243	0.273
	13751	0.168	0.192	0.215	0.244	0.273
	13752	0.169	0.192	0.215	0.245	0.274
	13753	0.170	0.193	0.216	0.246	0.276
	13754	0.171	0.195	0.218	0.247	0.278
	13755	0.172	0.196	0.220	0.250	0.280
	13756	0.174	0.198	0.222	0.253	0.284
	13757	0.176	0.201	0.226	0.258	0.289
	13758	0.180	0.205	0.232	0.264	0.296
	13759	0.191	0.217	0.248	0.282	0.315
墙脚	13760	0.921	1.049	1.179	1.303	1.427
	13761	1.349	1.536	1.730	1.913	2.095

表 C-6　各工况衬砌最大主应力及最大振动速度

进尺/m	拱圈		边墙	
	σ_1/MPa	V_{max}/(cm/s)	σ_1/MPa	V_{max}/(cm/s)
2.0	1.755	6.172	1.349	6.172
2.5	1.999	7.031	1.536	7.031
3.0	2.255	7.885	1.730	7.885
3.5	2.494	8.719	1.913	8.719
4.0	2.730	9.546	2.095	9.546

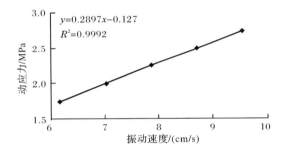

图 C-26　拱部应力-振动速度关系曲线

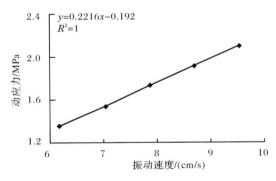

图 C-27　边墙应力-振动速度关系曲线

表 C-7　不同爆破进尺工况下衬砌内侧动、静应力叠加结果　（单位：MPa）

衬砌位置	单元	静力	进尺2.0m		进尺2.5m		进尺3.0m		进尺3.5m		进尺4.0m	
			动力	静+动	动力	静+动	动力	静+动	动力	静+动	动力	静+动
拱顶	13901	0.08	0.79	0.87	0.90	0.98	1.01	1.09	0.95	1.20	1.23	1.31

续表

衬砌位置	单元	静力	进尺 2.0m		进尺 2.5m		进尺 3.0m		进尺 3.5m		进尺 4.0m	
			动力	静+动	动力	静+动	动力	静+动	动力	静+动	动力	静+动
拱腰上部	13902	0.05	1.77	1.82	2.02	2.06	2.27	2.31	2.14	2.55	2.75	2.79
	13903	0.00	1.11	1.10	1.26	1.26	1.42	1.42	1.34	1.57	1.72	1.71
	13904	−0.06	0.30	0.24	0.35	0.28	0.39	0.33	0.37	0.37	0.47	0.41
	13905	−0.16	0.62	0.46	0.70	0.54	0.79	0.63	0.75	0.71	0.96	0.80
拱腰	13906	−0.30	0.66	0.36	0.75	0.45	0.84	0.54	0.80	0.63	1.02	0.72
拱腰下部	13907	−0.46	0.20	−0.26	0.23	−0.23	0.26	−0.21	0.24	−0.18	0.31	−0.15
	13908	−0.63	0.15	−0.48	0.17	−0.46	0.19	−0.44	0.18	−0.42	0.23	−0.40
	13909	−0.81	0.13	−0.68	0.14	−0.66	0.16	−0.65	0.15	−0.63	0.20	−0.61
	13910	−0.98	0.11	−0.87	0.12	−0.86	0.14	−0.84	0.13	−0.82	0.18	−0.80
	13911	−1.14	0.07	−1.07	0.08	−1.06	0.09	−1.05	0.08	−1.04	0.11	−1.03
拱脚	13740	−1.09	0.16	−0.93	0.18	−0.91	0.20	−0.89	0.19	−0.86	0.26	−0.83
边墙上部	13741	−0.86	0.03	−0.83	0.03	−0.83	0.04	−0.83	0.03	−0.82	0.05	−0.81
	13742	−0.67	0.16	−0.51	0.19	−0.49	0.21	−0.46	0.20	−0.44	0.26	−0.41
	13743	−0.52	0.12	−0.40	0.14	−0.38	0.16	−0.36	0.15	−0.34	0.20	−0.32
	13744	−0.40	0.02	−0.38	0.02	−0.38	0.02	−0.37	0.02	−0.37	0.03	−0.37
	13745	−0.31	0.13	−0.18	0.14	−0.17	0.16	−0.15	0.15	−0.13	0.20	−0.11
	13746	−0.25	0.13	−0.12	0.15	−0.10	0.16	−0.09	0.15	−0.07	0.20	−0.04
	13747	−0.21	0.02	−0.19	0.02	−0.19	0.02	−0.19	0.02	−0.19	0.03	−0.18
	13748	−0.21	0.11	−0.10	0.12	−0.08	0.14	−0.07	0.13	−0.05	0.17	−0.03
	13749	−0.22	0.17	−0.05	0.20	−0.02	0.22	0.00	0.21	0.03	0.28	0.06
墙腰	13750	−0.26	0.13	−0.13	0.15	−0.11	0.17	−0.09	0.16	−0.07	0.22	−0.05
边墙下部	13751	−0.33	0.02	−0.31	0.02	−0.31	0.03	−0.31	0.02	−0.30	0.03	−0.30
	13752	−0.43	0.11	−0.32	0.12	−0.31	0.14	−0.29	0.13	−0.28	0.17	−0.26
	13753	−0.56	0.14	−0.41	0.16	−0.39	0.18	−0.37	0.17	−0.35	0.24	−0.32
	13754	−0.71	0.02	−0.69	0.03	−0.69	0.03	−0.68	0.03	−0.68	0.04	−0.67
	13755	−0.91	0.09	−0.81	0.11	−0.80	0.12	−0.79	0.11	−0.77	0.15	−0.76
	13756	−1.13	0.17	−0.96	0.19	−0.94	0.21	−0.92	0.20	−0.89	0.27	−0.86
	13757	−1.40	0.04	−1.36	0.05	−1.35	0.06	−1.34	0.05	−1.34	0.07	−1.33
	13758	−1.70	0.06	−1.64	0.07	−1.63	0.08	−1.62	0.07	−1.61	0.10	−1.60
	13759	−2.04	0.22	−1.82	0.26	−1.78	0.29	−1.75	0.27	−1.71	0.37	−1.67
墙脚	13760	−2.41	1.17	−1.24	1.33	−1.08	1.51	−0.90	1.42	−0.74	1.83	−0.58

续表

衬砌位置	单元	静力	进尺 2.0m		进尺 2.5m		进尺 3.0m		进尺 3.5m		进尺 4.0m	
			动力	静+动	动力	静+动	动力	静+动	动力	静+动	动力	静+动
墙脚	13761	−2.82	1.17	−1.65	1.33	−1.49	1.50	−1.32	1.42	−1.16	1.81	−1.01
	13762	−3.25	0.60	−2.65	0.69	−2.56	0.77	−2.48	0.73	−2.40	0.93	−2.32

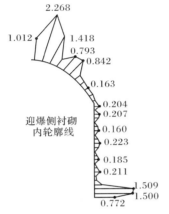

图 C-28　进尺 3.0m 衬砌内侧动
应力(单位:MPa)

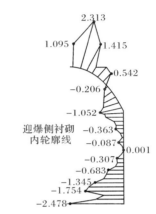

图 C-29　进尺 3.0m 衬砌内侧动静
叠加应力(单位:MPa)

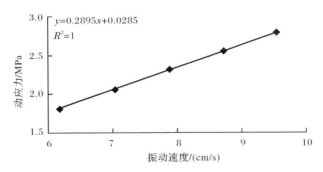

图 C-30　不同工况下衬砌内侧边缘拉应力与最大振动速度关系曲线

表 C-8　不同爆破进尺工况下衬砌外侧动、静应力叠加结果　(单位:MPa)

衬砌位置	单元	静力	进尺 1.5m		进尺 2.0m		进尺 2.5m		进尺 3.0m		进尺 3.5m	
			动力	静+动	动力	静+动	动力	静+动	动力	静+动	动力	静+动
拱顶	13923	−0.69	0.38	−0.32	0.43	−0.26	0.48	−0.21	0.46	−0.16	0.58	−0.11

续表

衬砌位置	单元	静力	进尺 1.5m		进尺 2.0m		进尺 2.5m		进尺 3.0m		进尺 3.5m	
			动力	静+动	动力	静+动	动力	静+动	动力	静+动	动力	静+动
拱腰上部	13924	−0.68	0.82	0.14	0.93	0.26	1.05	0.37	0.99	0.48	1.27	0.59
	13925	−0.66	0.48	−0.18	0.55	−0.11	0.62	−0.04	0.58	0.02	0.75	0.09
	13926	−0.64	0.19	−0.46	0.21	−0.43	0.24	−0.41	0.23	−0.38	0.29	−0.35
	13927	−0.59	0.51	−0.09	0.58	−0.02	0.65	0.05	0.61	0.12	0.78	0.19
拱腰	13928	−0.50	0.45	−0.05	0.52	0.01	0.58	0.08	0.55	0.14	0.70	0.20
拱腰下部	13929	−0.39	0.11	−0.28	0.12	−0.27	0.14	−0.25	0.13	−0.24	0.17	−0.22
	13930	−0.27	0.22	−0.05	0.25	−0.02	0.28	0.01	0.26	0.04	0.34	0.07
	13931	−0.13	0.23	0.10	0.26	0.13	0.29	0.16	0.28	0.20	0.36	0.23
	13932	0.00	0.05	0.05	0.05	0.05	0.06	0.06	0.06	0.07	0.08	0.08
	13933	0.13	0.10	0.23	0.11	0.24	0.13	0.26	0.12	0.27	0.16	0.29
拱脚	13764	0.08	0.04	0.12	0.04	0.13	0.05	0.13	0.04	0.14	0.06	0.15
边墙上部	13765	−0.15	0.06	−0.10	0.07	−0.09	0.07	−0.08	0.07	−0.07	0.09	−0.06
	13766	−0.35	0.13	−0.23	0.14	−0.21	0.16	−0.19	0.15	−0.17	0.21	−0.14
	13767	−0.52	0.08	−0.44	0.09	−0.42	0.10	−0.41	0.10	−0.40	0.13	−0.38
	13768	−0.65	0.04	−0.61	0.04	−0.60	0.05	−0.60	0.05	−0.59	0.06	−0.59
	13769	−0.75	0.12	−0.63	0.13	−0.61	0.15	−0.60	0.14	−0.58	0.19	−0.56
	13770	−0.82	0.11	−0.71	0.13	−0.69	0.14	−0.68	0.13	−0.66	0.18	−0.64
	13771	−0.86	0.03	−0.83	0.04	−0.82	0.04	−0.82	0.04	−0.81	0.05	−0.81
	13772	−0.88	0.10	−0.78	0.11	−0.77	0.13	−0.75	0.12	−0.73	0.16	−0.72
	13773	−0.87	0.14	−0.73	0.16	−0.71	0.19	−0.69	0.17	−0.66	0.24	−0.64
墙腰	13774	−0.84	0.12	−0.72	0.13	−0.70	0.15	−0.69	0.14	−0.67	0.19	−0.64
边墙下部	13775	−0.78	0.03	−0.75	0.03	−0.75	0.04	−0.74	0.04	−0.74	0.05	−0.73
	13776	−0.69	0.09	−0.60	0.11	−0.59	0.12	−0.58	0.11	−0.56	0.15	−0.54
	13777	−0.58	0.12	−0.45	0.14	−0.44	0.16	−0.42	0.15	−0.39	0.21	−0.37
	13778	−0.43	0.05	−0.38	0.05	−0.38	0.06	−0.37	0.06	−0.36	0.07	−0.36
	13779	−0.25	0.10	−0.15	0.12	−0.13	0.13	−0.12	0.12	−0.10	0.16	−0.09
	13780	−0.03	0.12	0.09	0.14	0.11	0.16	0.12	0.15	0.15	0.20	0.17
	13781	0.22	0.08	0.30	0.09	0.31	0.10	0.32	0.09	0.33	0.12	0.34
	13782	0.51	0.17	0.68	0.19	0.70	0.21	0.72	0.20	0.75	0.26	0.77
	13783	0.84	0.10	0.95	0.12	0.96	0.13	0.98	0.12	1.00	0.17	1.02
墙脚	13784	1.21	0.53	1.74	0.61	1.82	0.69	1.90	0.65	1.97	0.84	2.05

续表

衬砌位置	单元	静力	进尺 1.5m		进尺 2.0m		进尺 2.5m		进尺 3.0m		进尺 3.5m	
			动力	静+动	动力	静+动	动力	静+动	动力	静+动	动力	静+动
墙脚	13785	1.61	0.74	2.35	0.85	2.46	0.96	2.57	0.90	2.67	1.16	2.77
	13786	2.03	0.38	2.41	0.43	2.46	0.49	2.52	0.46	2.57	0.59	2.62

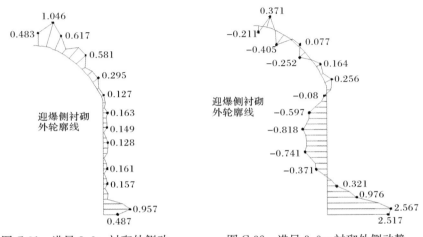

图 C-31　进尺 3.0m 衬砌外侧动
应力（单位：MPa）

图 C-32　进尺 3.0m 衬砌外侧动静
叠加应力（单位：MPa）

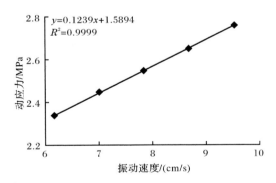

图 C-33　不同工况下衬砌外侧边缘拉应力与最大振动速度关系曲线